한국어 어문 규범의
이해와 평가

한국어 어문 규범의 이해와 평가

김진호 지음

국학자료원

머리말

언어는 의사소통의 도구로, '기호성, 자의성, 사회성, 규칙성, 역사성, 창조성' 등의 여러 보편적 특징을 지니고 있다. 이중, 언어의 규칙성은 일반 언어의 보편성과 개별 언어의 특수성으로 나타난다. 모든 언어에는 단어나 구절, 문장을 만들 때 적용되는 일정한 규칙이 있지만 그러한 규칙은 개별 언어마다 각기 다른 양상으로 나타나기 때문이다.

한국어는 언어로서의 보편적 특징을 지니면서도 다른 언어와 다른 특수성이 존재한다. 그렇기에 한국어에 내재해 있는 규칙을 지키고 따를 때에만 바른 표현에 의한 정확한 의사소통이 가능할 것이다. 본서는 한국어의 표기와 관련한 어문 규범의 내용을 담고 있다.

한국어의 어문 규범은 한글로써 우리말을 표기하는 규칙의 전반을 이르는 '한글 맞춤법', 표준어 사정의 원칙과 표준 발음법의 '표준어 규정', 외래어를 한글로 표기하는 '외래어 표기법', 우리말을 로마자로 표기하는 방법인 '국어의 로마자 표기법'으로 구성되어 있다.

한국어의 어문 규범은 내국인뿐만 아니라 한국어를 학습하는 외국인도 반드시 알아야 할 내용이다. 그렇기에 각종 시험이나 평가에서도 이에 대한 비중이나 중요도가 점차 커지고 있다. 저자는 『생활 속 글쓰기의 어문 규범』과 『한국어 어문 규범』의 두 권의 저서를 집필한 경험이 있다. 이 저서들은 '한국어 어문 규범'의 이론적 학습을 위한 것으로, 어문 규범 관련 평가서로서는 부족함이 있었다. 이에 여러 시험이나 평가를 앞둔 분들에게 실질적인 도움을 줄 수 있는 어문 규범 관련 평가서를 계획하여 오늘에서야 그 빛을 보게 되었다.

최근 어려운 출판 환경에서도 본서의 출판을 기꺼이 맡아주신 국학자료원의 정구형 대표님과 편집진에게도 감사의 말씀을 올린다. 끝으로 본서가 모든 이들의 성공적인 언어생활에 조금이나마 도움이 되길 희망한다.

2025년 5월 30일

김진호

목 차

머리말   5

제1부 한글 맞춤법 9

- 제1장 총칙   12
- 제2장 자모   13
- 제3장 소리에 관한 것   16
- 제4장 형태에 관한 것   22
- 제5장 띄어쓰기   39
- 제6장 그 밖의 것   48
- 모의 평가   68

제2부 표준어 규정 85

1 표준어 사정 원칙
- 제1장 총칙   87
- 제2장 발음 변화에 따른 표준어 규정   88
- 제3장 어휘 선택의 변화에 따른 표준어 규정   102

2 표준 발음법
- 제1장 총칙   113
- 제2장 자음과 모음   114
- 제3장 음의 길이   118
- 제4장 받침의 발음   121
- 제5장 음의 동화   127
- 제6장 경음화   131
- 제7장 음의 첨가   134
- 모의 평가   138

제3부 외래어 표기법 145

　　　제1장 표기의 기본 원칙　　　　　　　　　　　　　　　148
　　　제2장 표기 일람표　　　　　　　　　　　　　　　　　149
　　　제3장 표기 세칙 - 영어의 표기　　　　　　　　　　　155
　　　제4장 인명, 지명 표기의 원칙　　　　　　　　　　　160

제4부 국어의 로마자 표기법 163

　　　제1장 표기의 기본 원칙　　　　　　　　　　　　　　　165
　　　제2장 표기 일람　　　　　　　　　　　　　　　　　　166
　　　제3장 표기상의 유의점　　　　　　　　　　　　　　　171
　　　모의 평가　　　　　　　　　　　　　　　　　　　　176

- 연습 문제 풀이　　　　　　　　　　　　　　　　　　　181
- 모의 평가 정답　　　　　　　　　　　　　　　　　　　200
- 한글 맞춤법 본문　　　　　　　　　　　　　　　　　　201
- 참고 문헌　　　　　　　　　　　　　　　　　　　　　237

제1부 한글 맞춤법

제1부 한글 맞춤법

'한글 맞춤법'은 한글로써 우리말을 표기하는 규칙의 전반을 이른다. 현재의 맞춤법은 1933년의 『한글 마춤법 통일안』을 기본으로 하여, 1988년 1월 문교부가 확정·고시한 것을 바탕으로 하고 있다.[1] 『한글 맞춤법』은 6개의 본문과 부록(문장 부호)으로 구성되어 있다.

장	내용	절	항
제1장	총칙		제1항-제3항
제2장	자모		제4항
제3장	소리	제1절 된소리 제2절 구개음화 제3절 'ㄷ' 소리 받침 제4절 모음 제5절 두음 법칙 제6절 겹쳐 나는 소리	제5항 제6항 제7항 제8항-제9항 제10항-제12항 제13항
제4장	형태	제1절 체언과 조사 제2절 어간과 어미 제3절 접미사가 붙어서 된 말 제4절 합성어 및 접두사가 붙는 말 제5절 준말	제14항 제15항-제18항 제19항-제26항 제27항-제31항 제32항-제40항
제5장	띄어쓰기	제1절 조사 제2절 의존 명사, 단위를 나타내는 명사 및 열거하는 말 등 제3절 보조 용언 제4절 고유 명사 및 전문 용어	제41항 제42항-제46항 제47항 제48항-제50항
제6장	그 밖의 것		제51항-제57항
부록	문장 부호	마침표, 쉼표, 따옴표, 묶음표, 이음표, 드러냄표, 안드러냄표	

---

1) 『한글 맞춤법』은 문교부고시 제88-1호(1988. 1. 19.)로 제정되어, 1989. 3. 1.부터 시행되었다. 그 후, 문화체육관광부 고시 제2014-39호(2014. 12. 5.)와 제2017-12호(2017. 3. 28.)로 일부 개정되었다. 『한글 맞춤법』 일부 조항의 용례, 표현, 띄어쓰기 등의 오류와 <표준국어대사전>과의 불일치 사항이 있어 이를 수정할 필요가 생겼기 때문이다.

제1장은 '총칙'으로 『한글 맞춤법』의 대원칙(1항)과 띄어쓰기(2항) 그리고 외래어 표기법(3항)을 규정하고 있다. 제2장은 한글 자음과 모음의 수와 순서, 이름을 규정하고 있다. 6개의 절로 구분되어 있는 제3장은 한국어의 음성 변화와 관련한 표기 규정을 다루고 있다. 제4장은 5개의 절로 구성되어, 형태소끼리의 결합 과정에 나타나는 표기를 규정하고 있다. 제5장은 띄어쓰기를, 제6장은 발음이 유사한 형태들의 표기 차이를 다루며, 마지막으로 부록에서는 다양한 문장 부호의 사용법을 제시하고 있다.

제1장 총칙

제1항 한글 맞춤법은 표준어를 소리대로 적되, 어법에 맞도록 함을 원칙으로 한다.

> [탐구] 1. 다음 소리를 한글 맞춤법에 따라 표기한 후, 그 원리를 알아보자.
>
> (1) 소리: [오늘 / 하루 / 잠만 / 잔다.]
> → 표기:
>
> (2) 소리: [학꾜 / 지베 / 채글 / 익따.]
> → 표기:
>
> (3) 소리: [나제 놀다 두고 온 나문닙 빼가 생강난다.]
> → 표기:

제2항 문장의 각 단어는 띄어 씀을 원칙으로 한다.

> [탐구] 2. 다음 두 문장의 의미를 살펴보고, 그 의미 차이의 원인을 알아보자.
>
> (1) 나물좀다오.
> ①
> ②
>
> (2) 아버지가방에들어가신다.
> ①
> ②

제3항 외래어는 '외래어 표기법'에 따라 적는다.

[탐구] 3. 다음 밑줄 친 외래어의 올바른 표기를 찾은 후, 그 원리를 알아보자.

(1) 다음 report2)는 내일까지 제출하세요. ① 리포트
   ② 레포트

제2장 자모3)

[예] 1. 다음 중, 한글의 자모 설명으로 적절하지 <u>않은</u> 것은?

① 한글의 자음은 19개, 모음은 21자로 구성되어 있다.
② 한글의 자음은 평음, 경음, 격음으로 구성되어 있다.
③ 한글의 모음 중, 단모음이 이중 모음의 수보다 많다.
④ 한글의 자음과 모음은 발음의 방식에 차이가 나타난다.
⑤ 한글의 이중 모음은 단모음과 달리 발음의 변화가 일어난다.

[조항] 한글 맞춤법 제4항, [붙임1] / [붙임2]

[해설] 한국어의 음운은 ① 19개의 자음(ㄱ, ㄲ, ㄴ, ㄷ, ㄸ, ㄹ, ㅁ, ㅂ, ㅃ, ㅅ, ㅆ, ㅇ, ㅈ, ㅉ, ㅊ, ㅋ, ㅌ, ㅍ, ㅎ)과 21개의 모음(ㅏ, ㅐ, ㅑ, ㅒ, ㅓ, ㅔ, ㅕ, ㅖ, ㅗ, ㅘ, ㅙ, ㅚ, ㅛ, ㅜ, ㅝ, ㅞ, ㅟ, ㅠ, ㅡ, ㅢ, ㅣ)으로 구성된다. ② 자음은 평음(ㄱ, ㄴ, ㄷ, ㄹ, ㅁ, ㅂ, ㅅ, ㅇ, ㅈ, ㅎ), 경음(ㄲ, ㄸ, ㅃ, ㅆ, ㅉ), 격음(ㅊ, ㅋ, ㅌ, ㅍ)의 체계를 이룬다. ④ 자음은 구강이나 비강에서 공기의 흐름이 사유톱지 못한 반면 모음은 공기의 흐름에 어떠한 장애나 방해를 받지 아니한다. ⑤ 모음은 발음의 처음과 끝이 변하지 않는 10개의 단모음(ㅏ, ㅐ, ㅓ, ㅔ, ㅗ, ㅚ, ㅜ, ㅟ, ㅡ, ㅣ)과 발음의 처음과 끝이 변하는 11개의 이중 모음(ㅑ, ㅒ, ㅕ, ㅖ, ㅘ, ㅙ, ㅛ, ㅝ, ㅞ, ㅠ, ㅢ)의 체계를 이룬다.

---

2) 외래어 'report'의 실제 발음은 [rɪˈpɔːt]이다.
3) 한 개의 음절(音節)을 자음(子音)과 모음(母音)으로 갈라서 적을 수 있는 낱낱의 글자를 뜻한다. 즉, '강'이란 음절은 자모 'ㄱ', 'ㅏ', 'ㅇ'으로 가를 수 있다.

[정답] ③. 한글 단모음의 개수는 10개이며, 이중 모음은 11개로 이중 모음의 수가 많다.

> [예] 2. 다음 중, 한글의 자모와 이름이 바르게 연결된 것은?
>
> ① ㄱ – 기억 ② ㄷ – 디읃
> ③ ㅅ – 시옷 ④ ㅍ – 피읍
> ⑤ ㅎ – 히읏

[조항] 한글 맞춤법 제4항

[해설] 한글 자모의 이름에서 주의가 필요한 자음은 세 가지(ㄱ:기역, ㄷ:디귿, ㅅ:시옷)이다. 이를 제외한 나머지 자음의 이름은 규칙적이다. 즉, 치읓이다. 따라서 ① 'ㄱ-기역' ② 'ㄷ-디귿' ④ 'ㅍ-피읖' ⑤ 'ㅎ-히읗'이 되어야 한다.

[정답] ③. 한글 자음 'ㅅ'의 이름은 '시옷'이다.

[참고] 한글 자모의 이름은 『훈몽자회』에서 비롯한다. 당시 자모의 음가를 한문으로 기록해 놓았는데, 시간이 흐르면서 이 음가가 해당 자모의 이름으로 불렸다. 그런데 'ㄱ, ㄷ, ㅅ'의 경우, 'ㄴ: 尼隱(니은)'과 달리 둘째 음가의 '윽/읃/읏'에 해당하는 한자어가 없어 부득이 비슷한 소리와 뜻을 지닌 한자어 '(役)역/(末)귿/(衣)옷'을 활용할 수밖에 없었다.

> [예] 3. 다음 중, 사전 검색에서 가장 먼저 나오는 단어는?
>
> ① 어제 ② 에휴
> ③ 여가 ④ 예절
> ⑤ 얘기

[조항] 한글 맞춤법 제4항, [붙임2]

[해설] 사전에 올릴 적의 자모 순서는 'ㅐ, ㅓ, ㅔ, ㅕ, ㅖ'의 순이다. 따라서 '얘기 – 어제 – 에휴 – 여가 – 예절'의 순서임을 알 수 있다.

[정답] ⑤. 사전에서 가장 먼저 검색되는 단어는 '얘기'이다.

연습 문제 (정답 182쪽)

문 1. 다음 밑줄 친 한글 자모의 이름이 바른 것은?

① 낫 놓고 '<u>기윽</u>'도 모른다.
② 한글의 셋째 자모는 '<u>디귿</u>'이다.
③ '옷'의 음절 말 받침은 '<u>시옷</u>'이다.
④ '부엌'의 받침에 '<u>키역</u>'을 써야 한다.
⑤ '좋다'의 받침 자모를 '<u>히웅</u>'이라 한다.

[해설]
①
②
③
④
⑤

[정답] _____

문 2. 다음 중, 사전에 등재된 순서가 바르지 <u>않은</u> 것은?

① '곰' / '꿈' / '코'
② '빗' / '빚' / '빛'
③ '우유' / '월병' / '의사'
④ '애기' / '옛날' / '외가'
⑤ '기와' / '기우' / '기어'

[해설]
①
②
③
④
⑤

[정답] _____

제3장 소리에 관한 것

> 예 1. 다음 중, 밑줄 친 단어를 고쳐 쓴 것으로 적절하지 <u>않은</u> 것은?
>
> ① 얼굴이 <u>해슥하다</u>. → 해쓱하다
> ② 일이 <u>잔득</u> 많아졌다. → 잔뜩
> ③ 놀라서 <u>털석</u> 주저앉다. → 털썩
> ④ 오늘 먹은 <u>깍두기</u> 맛있다. → 깍뚜기
> ⑤ 시계의 초침이 <u>똑닥똑닥</u> 흘러간다. → 똑딱똑딱

[조항] 한글 맞춤법 제5항

[해설1] 된소리 발음 관련 표기 규칙이다. 이에 따르면, 한 단어 안에서 뚜렷한 까닭 없이 나는 된소리(1. 두 모음 사이에서 나는 된소리. 2. 'ㄴ, ㄹ, ㅁ, ㅇ' 받침 뒤에서 나는 된소리)는 다음 음절의 첫소리를 된소리로 적어야 한다. ①~③이 이에 해당하기에 된소리로 고쳐 쓰는 것이 옳다. 그러나 발음이 된소리로 나는 경우 된소리 표기를 허용하지 않는 단어도 있다. 'ㄱ, ㅂ' 받침 뒤의 'ㄱ, ㄷ, ㅂ, ㅅ, ㅈ'은 항상 된소리로 발음되기에 이를 표기에 반영하지 않는다.4) 따라서 ④의 바른 표기인 '깍두기'를 '깍뚜기'로 고치는 것은 잘못이다. 그렇다면 동일한 조건인 ⑤ 역시 '똑닥똑닥'이 바른 표기일까? 그렇지 않다.

[해설2] 제5항 다만, 'ㄱ, ㅂ' 받침 뒤에서 나는 된소리는, 같은 음절이나 비슷한 음절이 겹쳐나는 경우가 아니면 된소리로 적지 아니한다. '국수[국쑤], 딱지[딱찌], 색시[색씨] / 법석[법썩], 갑자기[갑짜기], 몹시[몹씨]'와 같다. 결국, 이 규정은 "같은 음절이나 비슷한 음절이 겹쳐나는 경우 된소리로 적는다."는 의미이다. 그렇다면 비슷한 음절이 반복되는 '똑딱'과 이의 첩어인 '똑딱똑딱'은 된소리로 적는 것이 옳다. '쌉쌀하다, 쓱싹쓱싹, 씁쓸하다, 짭짤하다' 등도 이에 해당한다.

[정답] ④. '깍두기'는 된소리되기 현상에 의해 [깍뚜기]로 발음된다. 그러나 이는 까닭 없이 나는 된소리에 해당하지 않기에 된소리 표기를 허용하지 않는다.

[참고] 한글 맞춤법 제13항: 한 단어 안에서 같은 음절이나 비슷한 음절이 겹쳐 나는 부분은 같은 글자로 적는다.

---

4) 한국어의 된소리되기 현상은 '표준 발음법'(제23항~제28항)을 참고하기 바란다.

[예] 2. 다음 밑줄 친 단어 중, 한글 맞춤법에 가장 적절한 것은?

① <u>핑게</u> 없는 무덤이 없다.
② 학급 <u>게시판</u>에 안내문이 붙었다.
③ 학생은 <u>으례</u> 수업에 집중해야 한다.
④ 학교 운동장의 국기 <u>계양대</u>에서 보자.
⑤ 고속도로 <u>휴계소</u>에서 잠깐 휴식을 하자.

[조항] • 한글 맞춤법 제8항 • 표준어 규정 제10항

[해설1] 모음 표기와 관련한 규정이다. '계, 례, 몌, 폐, 혜'의 'ㅖ'는 'ㅔ'로 소리 나는 경우가 있더라도 'ㅖ'로 적는다. 이에 따르면, 한자어 '계수(桂樹), 사례(謝禮), 혜택(惠澤), 연몌(連袂), 폐품(廢品)'과 고유어인 '계집, 핑계, 계시다'의 모음 'ㅖ'는 [ㅖ/ㅔ] 발음을 모두 인정한다. 그렇다고 해서 이들을 '게수, 사레, 헤택, 연메' 등으로 표기해서는 안 된다. 한자음 표기의 경우는 원래 음대로 표기하는 경우가 대부분이다. 그러나 '게송(偈頌), 게시판(揭示板), 휴게실(休憩室)' 등의 단어는 '계송, 계시판, 휴계실'로 적을 근거가 없다. 왜냐하면 '게(偈, 揭, 憩)'는 그 독음이 본래부터 '게'이고 현실 발음도 '게'이기 때문이다. 따라서 ① '핑게→핑계', ② '계시판→게시판', ⑤ '휴계소→휴게소'로 수정해야 한다.

[해설2] 표준어 규정의 모음 표기와 관련한 규정이다. 이에 따르면, 원래 '으례'의 이중 모음 'ㅖ'가 'ㅔ'로 변한 것을 현실 발음으로 인정하여 표준어로 삼는다. ③ '으례→으레'로 수정해야 한다.

제10항 다음 단어는 모음이 단순화한 형태를 표준어로 삼는다.(ㄱ을 표준어로 삼고, ㄴ을 버림.)

ㄱ	ㄴ	비고
괴팍-하다	괴퍅-하다/괴팩-하다	
미루-나무	미류-나무	←美柳~
케케-묵다	켸켸-묵다	

[정답] ④. 한자어 '게양대(揭揚臺)'의 '게(揭)'의 원음은 '게'이다.

[예] 3. 다음 밑줄 친 단어 중, 한글 맞춤법에 가장 적절한 것은?

① '<u>어이없다</u>'와 '어처구니없다'는 표준어이다.
② 서쪽에서 부는 바람을 '<u>하늬바람</u>'이라 이른다.
③ 밤이나 도토리 따위의 속껍질을 '<u>보늬</u>'라 한다.
④ 언덕 너머로 '<u>닐리리</u>' 피리 부는 소리가 들렸다.
⑤ '머뭇거리지 않고 단번에 빨리'를 '<u>닁큼</u>'이라 한다.

[조항] • 한글 맞춤법 제9항: '의'나 자음을 첫소리로 가지고 있는 음절의 'ㅢ'는 'ㅣ'로 소리 나는 경우가 있더라도 'ㅢ'로 적는다. • 표준 발음법 제5항, 다만 3. 자음을 첫소리로 가지고 있는 음절의 'ㅢ'는 [ㅣ]로 발음한다. 다만 4. 단어의 첫 음절 이외의 '의'는 [ㅣ]로, 조사 '의'는 [ㅔ]로 발음함도 허용[5]한다.

[해설] ② '하늬바람'의 표준 발음은 [하니바람]이다. 그러나 한글 맞춤법 제9항에 따라 '하니바람'으로 표기하지 않고 원래 형태인 'ㅢ' 모음을 밝혀 '하늬바람'으로 적는다. ③ '보늬'[보니], ④ '닐리리'[닐리리], ⑤ '닁큼'[닝큼] 또한 동일한 이유에서 이중 모음 'ㅢ'로 적는다.

[정답] ①. "일이 너무 뜻밖이어서 기가 막히는 듯하다."는 뜻을 나타내는 단어의 형태는 '어이없다'[어이업따]이다. 한글 맞춤법 제9항에 따라 표준 발음인 [어:의/어:이]를 '어의'로 표기하는 단어의 의미는 '궁궐 내에서, 임금이나 왕족의 병을 치료하던 의원'이다.

[참고] 1. '바람'은 불어오는 방향에 따라 동풍을 '샛바람', 남풍을 '마파람', 북풍을 '된바람', 동북풍을 '높새바람'이라 한다. 한편, '된바람'에는 '매섭게 부는 바람'이라는 의미도 있는데, 이 경우에는 '높바람'과 동의 관계에 있다.
2. '보늬'는 순우리말로, '껍질' 또는 '껍데기'[6]로 표현할 수 있다.

---

[5] 이중 모음 'ㅢ'의 표준 발음으로 [ㅣ]와 [ㅔ]를 인정한다 하더라도 'ㅣ'와 'ㅔ'로 표기해서는 안 된다. [주의/주이]로 발음 난다 하더라도 '주의'로만 적어야 하고, [우리의/우리에 소원]으로 발음 나더라도 '우리의 소원'으로 적어야 한다. 즉 이중 모음의 원형을 밝혀 적어야 한다.
[6] '껍질'은 '물체의 겉을 싸고 있는 단단하지 않은 물질'의 의미로, '귤의 껍질 (까다/벗기다)', '양파의 껍질 (까다/벗기다)' 등으로 쓰인다. 그러나 '껍데기'는 '달걀이나 조개 따위의 겉을 싸고 있는 단단한 물질'이나 '알맹이를 빼내고 겉에 남은 물건'(이불의 껍데기를 갈다, 베개 껍데기를 벗겼다, 속에 든 과자는 다 먹고 껍데기만 남았다.)의 의미를 나타낸다.

例 4. 다음 밑줄 친 단어 중, 한글 맞춤법에 적절하지 않은 것은?

① 청춘 남녀가 있다.
② 지난 꿈에 쌍용이 나왔다.
③ 동구릉은 세계문화유산에 속한다.
④ 남존여비의 구시대의 유물은 청산해야 한다.
⑤ 경제 상황의 악화로 은행의 연이율이 올라가고 있다.

[조항] 한글 맞춤법 제10항~제12항: 단어 첫머리의 한자어 '녀, 뇨, 뉴, 니'는 '여, 요, 유, 이'로 적고(제10항), 한자어 '랴, 려, 례, 료, 류, 리'는 '야, 여, 예, 요, 유, 이'로 적는다(제11항). 그리고 한자어 '라, 래, 로, 뢰, 루, 르'는 '나, 내, 노, 뇌, 누, 느'로 적는다(제12항).

[해설1] 두음 법칙은 단어 첫머리에 위치할 때만 적용되는 표기이다. 따라서 단어 첫머리 이외의 경우에는 본음대로 적기에, ① '남녀'와 ③ '동구릉'은 바른 표기이다.

[해설2] 접두사처럼 쓰이는 한자가 붙어서 된 말이나 합성어에서는 두음 법칙에 따라 적는다. ④의 '남존여비'와 ⑤의 '연이율'은 '남존+여비', '연+이율'의 구조로 분석되기에 '녀(女)'와 '리(利)'가 두음에 위치한 꼴이 되어 'ㄴ'과 'ㄹ'로 표기하지 않는다.

[정답] ②. 쌍룡(雙龍)의 '룡(龍)'은 단어의 첫머리에 위치한 것이 아니기에 한자음 본음대로 표기한다.

例 5. 다음 밑줄 친 단어 중, 한글 맞춤법에 가장 적절한 것은?

① 사실을 나렬하다.   ② 국산화 비률이 낮다.
③ 사격의 명중률을 높이다.   ④ 원 점수를 백분률로 환산하라.
⑤ 계획을 꼼꼼히 세워 실패률을 낮춰라.

[조항] 한글 맞춤법 제11항

[해설1] 단어의 첫머리에 오는 한자음 '려, 류'는 '여, 유'로 적어야 한다. 그래서 '렬'과 '률'은 단어의 첫머리에서 '열거(列擧)', '율법(律法)'으로 표기하고, 첫머리 이외의 경우에는 '강렬(强烈)', '취업률(就業律)'로 표기한다.

[해설2] 다만, 단어의 첫머리 이외에 올지라도 모음이나 'ㄴ' 받침 뒤에 이어지는 '렬, 률'은 '열, 율'로 적어야 한다. 따라서 비록 단어의 마지막 음절에 위치했더라도 모음과 'ㄴ' 받침 뒤에 이어진 ①은 '나렬→나열', ②는 '비률→비율', ④는 '백분률→백분율', ⑤는 '실패률→실패율'로 표기해야 한다.

[정답] ③. 명중률(命中率)의 '률'은 모음과 'ㄴ' 받침 뒤의 환경과 무관하기에 두음 법칙의 일반적 규정에 따라 본래 음대로 표기한다.

> 예 6. 다음 밑줄 친 단어 중, 한글 맞춤법에 가장 적절한 것은?
>
> ① <u>생산량</u>이 증가하였다.
> ② 하늘의 <u>구름량</u>이 많아졌다.
> ③ 이 기계는 <u>알칼리량</u>을 측정한다.
> ④ 어린이의 소식은 <u>어린이란</u>을 통해 알리자.
> ⑤ 국가대표 손흥민 선수의 기사가 <u>스포츠란</u>에 실렸다.

[조항] 한글 맞춤법 제11항~제12항

[해설1] 한자어 '량(量)'과 '란(欄)⁷⁾'은 두음 법칙에 따라 단어의 첫머리에서 각각 '양'과 '난'으로 표기한다. 예 양이 많고 적다. 빈 난을 채우다.

[해설2] 한자어 '량(量)'과 '란(欄)'이 단어의 끝음절에 위치할 때는 선행하는 어종에 따라 '량/양', '란/난'의 두 가지 표기 양상을 띤다. '고유어/외래어' 뒤에서는 '양, 난', '한자어' 뒤에서는 '량, 란'이다. 따라서 고유어(구름, 어린이)와 외래어(알칼리, 스포츠) 뒤에 '량'과 '란'이 결합하면, ②는 '구름량→구름양', ③은 '알칼리량→알칼리양', ④는 '어린이란→어린이난', ⑤는 '스포츠란→스포츠난'으로 표기해야 한다.

[정답] ①. 생산량(生産量)의 '량(量)'은 한자어 뒤에 위치해 본음인 '량'으로 표기한다.

---

7) 한자어 '란(欄)'은 '책, 신문, 잡지 따위의 지면에 글이나 그림 따위를 싣기 위하여 마련한 자리'를 뜻한다.

연습 문제 (정답 183쪽)

문 1. 다음 밑줄 친 단어 중, 한글 맞춤법에 가장 적절한 것은?

① 친구와 <u>법썩</u>을 피우며 장난을 친다.
② 들의 농부들이 <u>가을거지</u>에 여념이 없다.
③ <u>계송</u>은 부처의 공덕을 찬탄하는 노래이다.
④ 2023 <u>계묘년</u> 새해 건강하고 복 많이 받으세요.
⑤ 버스나 지하철의 <u>경노석</u>에 일반인이 앉으면 안 된다.

[해설]
①
②
③
④
⑤

[정답] _____

문 2. 다음 밑줄 친 단어 중, 한글 맞춤법에 적절하지 <u>않은</u> 것은?

① 오늘 기분이 <u>산듯하다</u>.
② <u>본의</u> 아니게 폐를 끼쳤습니다.
③ 백화점의 <u>할인율</u> 행사는 30%이다.
④ 이 배추는 강원도 <u>고랭지</u>에서 수확하였다.
⑤ 같은 무리끼리 서로 사귀는 것을 <u>유유상종</u>이라 한다.

[해설]
①
②
③
④
⑤

[정답] _____

제4장 형태에 관한 것

> [예] 1. 다음 밑줄 친 단어 중, 한글 맞춤법에 적절하지 <u>않은</u> 것은?
>
> ① 싸움이 <u>벌어지다</u>.
> ② 발걸음이 <u>늘어지다</u>.
> ③ 모였던 사람들이 <u>흩어지다</u>.
> ④ 수업이 끝나자 집으로 <u>돌아가다</u>.
> ⑤ 시간이 지나면 진실은 반드시 <u>들어나다</u>.

[조항] 한글 맞춤법 제15항, [붙임1]: 두 개의 용언이 어울려 한 개의 용언이 될 적에, 앞말의 본뜻이 유지되고 있는 것은 그 원형을 밝히어 적고, 그 본뜻에서 멀어진 것은 밝히어 적지 아니한다.

[해설] '① 벌어지다[8], ② 늘어지다, ③ 흩어지다, ④ 돌아가다'는 '벌어-지다, 늘어-지다, 흩어-지다, 돌아-가다'의 구성으로, 앞말의 본뜻이 유지되어 원형을 밝혀 적는다.

[정답] ⑤. '들어나다'는 '가려 있거나 보이지 않던 것이 보이게 되다. / 알려지지 않은 사실이 널리 밝혀지다.'라는 '드러나다'의 잘못이다. 즉, '드러나다'는 '들다'와 의미적으로 관련성이 없기 때문에 소리 나는 대로 적는다.

> [예] 2. 다음 밑줄 친 단어 중, 한글 맞춤법에 적절하지 <u>않은</u> 것은?
>
> ① 어서 <u>오십시오</u>.
> ② 이리로 <u>오시오</u>.
> ③ 이것은 책이 <u>아니요</u>.
> ④ 힘들지만 조금만 <u>참아요</u>.
> ⑤ 이것은 <u>책이요</u>, 저것은 공책이다.

[조항] 한글 맞춤법 제15항, [붙임2] / [붙임3]

---

[8] **벌어지다**[1] (동사): 갈라져서 사이가 뜨다. / 가슴이나 어깨, 등 따위가 옆으로 퍼지다. / 식물의 잎이나 가지 따위가 넓게 퍼져서 활짝 열리다. / 그릇 따위가 속은 얕고 위가 넓게 되다. / 막힌 데가 없이 넓게 탁 트이다. / 음식 따위를 번듯하게 차리다. / 차이가 커지다. / 사람의 사이에 틈이 생기다.
벌어지다[2] (동사): 어떤 일이 일어나거나 진행되다.

[해설1] '오'는 종결형 어미로 기능한다. 따라서 '요'로 소리 나는 경우가 있더라도 그 원형을 밝혀 '오'로 적는다. 반면, 연결형 어미는 '요'로 적는다. ①의 '어서 오십시오.'와 ②의 '이리로 오시오.'에는 각각 설명과 명령의 종결 어미 '오'가 쓰인 문장이다. ⑤의 '이것은 책이요, 저것은 공책이다.'에는 사물을 열거하는 연결 어미 '요'가 쓰인 문장이다.

	종결 어미 '-오'	연결 어미 '-요'
기능	(('이다', '아니다'의 어간, 받침 없는 용언의 어간, 'ㄹ' 받침인 용언의 어간 또는 어미 '-으시-' 뒤에 붙어)) 하오할 자리에 쓰여, 설명·의문·명령의 뜻을 나타내는 종결 어미.	'이다', '아니다'의 어간 뒤에 붙어, 어떤 사물이나 사실 따위를 열거할 때 쓰이는 연결 어미.
용례	그대를 사랑하**오**. 심려가 얼마나 크시**오**? 빨리 집으로 돌아가**오**.	이것은 말이**요**, 그것은 소이다. 우리는 친구가 아니**요**, 형제입니다.

[해설2] 한글 맞춤법 제17항에 따르면, 어미 뒤에 덧붙는 조사 '요'는 '요'로 적는다. ④의 '힘들지만 조금만 참아요.'에는 '힘들지만 조금만 참아.'란 문장에 존대의 뜻을 더하는 보조사 '요'가 쓰였다.

	보조사 '요'	
기능	((주로 해할 자리에 쓰이는 종결 어미나 일부 하게할 자리에 쓰이는 종결 어미 뒤에 붙어)) 청자에게 존대의 뜻을 나타내는 보조사.	((체언이나 부사어, 연결 어미 따위의 뒤에 붙어)) 청자에게 존대의 뜻을 나타내는 보조사.
용례	책을 읽어**요**. 새싹이 돋는군**요**. 어른인 내가 참으리**요**.	마음은**요** 더없이 좋아요. 어서**요** 읽어 보세요. 그렇게 해 주시기만 하면**요** 감사해요.

[정답] ③. '이것은 책이 아니요.'는 '아니다'의 어간 '아니-'에 설명의 종결 어미인 '-오'가 결합해야 한다. 따라서 '이것은 책이 아니오.'가 바른 표기이다.

[예] 3. 다음 밑줄 친 단어 중, 한글 맞춤법에 가장 적절한 것은?

① 문을 <u>잠궜다</u>.
② 겨울에 김치를 <u>담궜다</u>.
③ 입에서 씹던 껌을 <u>뱉었다</u>.
④ 친구가 과제를 도와주어 <u>고마왔다</u>.
⑤ 산과 바다의 경치가 그림처럼 <u>아름다왔다</u>.

[조항] • 한글 맞춤법 제16항: 어간의 끝음절 모음이 'ㅏ, ㅗ'일 때에는 어미를 '-아'로 적고, 그 밖의 모음일 때에는 '-어'로 적는다. • 한글 맞춤법 제18항: 어간의 끝 'ㅂ'이 'ㅜ'로 바뀔 적에는 바뀐 대로 적는다.

[해설1] 모음 'ㅡ'로 끝나는 어간의 경우, 양성과 음성의 자질을 갖고 있어 주의가 필요하다. 이에 따르면, ①과 ②의 '잠궜다'와 '담궜다'는 각각 '잠갔다'와 '담갔다'로 표기해야 한다.

· 양성 자질: 담그다, 잠그다
 '담그-' + '-아/-아서/-았' 〉 담가/담가서/담갔다
 '잠그-' + '-아/-아서/-았' 〉 잠가/잠가서/잠갔다
· 음성 자질: 들르다, 치르다
 '들르-' + '-어/-어서/-었' 〉 들러/들러서/들렀다
 '치르-' + '-어/-어서/-었' 〉 치러/치러서/치렀다

[해설2] 한글 맞춤법 제18항에 따르면, 용언의 어간이나 어미가 원칙에 벗어나면 벗어나는 대로 적어야 한다. 특히, 어간의 끝 'ㅂ'이 모음의 어미와 만나 'ㅜ'로 바뀔 적에는 바뀐 대로 적는다. 따라서 ④와 ⑤의 '고맙다'와 '아름답다'는 'ㅂ' 불규칙 활용에 의해 각각 '고마워'와 '아름다워'로 바뀌어 '고마웠다'와 '아름다웠다'로 표기해야 한다.

[정답] ③. '뱉었다'는 어간의 모음이 음성 자질을 지녀, 어미 '-어/-어서/-었'이 결합한다.

[참고] 다만, '돕-, 곱-'과 같은 단음절 어간에 어미 '-아'가 결합되어 '와'로 소리 나는 것은 '와'로 적는다.

돕다[助]	도와	도와서	도와도	도왔다
곱다[麗]	고와	고와서	고와도	고왔다

예 4. 다음 밑줄 친 단어 중, 한글 맞춤법에 가장 적절한 것은?

① 하늘을 날으는 꿈을 꾸다.
② 감기가 낫으면 이번 주에 보자.
③ 강물이 붇기 전에 빨리 강을 건너다.
④ 집을 다 짓으면 가족과 친구를 불러 놀자.
⑤ 집에 오다가 편의점에 들리어 우유를 샀다.

[조항] 한글 맞춤법 제18항: 1. 어간의 끝 'ㄹ'이 줄어질 적, 2. 어간의 'ㅅ'이 줄어질 적, 9. 어간의 끝음절 '르'의 'ㅡ'가 줄고, 그 뒤에 오는 어미 '-아/-어'가 '-라/-러'로 바뀔 적에는 바뀐 대로 적는다.

[해설] ①의 기본형은 '날다'이다. 어간 '날-'에 관형사형 어미 '-는'이 붙으면 어간의 받침 'ㄹ'이 탈락한다. 따라서 '하늘을 나는 꿈'으로 표기한다. ②와 ④의 기본형은 각각 '낫다'와 '짓다'이다. '낫-'과 '짓-'에 모음 어미 '-으면'이 결합하면 어간의 받침 'ㅅ'이 탈락하여 '나으면'과 '지으면'으로 표기한다. ⑤의 기본형은 '들르다'이다. 어간 '들르-'에 어미 '-어'가 결합하면 'ㅡ' 탈락에 의해 '들ㄹ'이 되고, 어미 '어'가 이어져 '들러'로 최종 활용한다.

[정답] ③. '붇기'는 기본형 '붇다'의 활용형이다. 한글 맞춤법 제18항 5. 어간의 끝 'ㄷ'이 'ㄹ'로 바뀔 적에는 바뀐 대로 적는다. 어간의 받침 'ㄷ'이 'ㄹ'로 바뀔 때에는 모음의 어미와 결합할 때이다. 그런데 예시는 어간 '붇-'에 자음의 어미 '-기'가 결합하여 어떠한 변화도 일어나지 않는다. 이는 '불어, 불으니, 붇는, 붇지'로 활용한다.

예 5. 다음 밑줄 친 단어 중, 한글 맞춤법에 적절하지 않은 것은?

① 얼굴이 하얬다.
② 색이 노랗니 잘 보인다.
③ 어제 산 옷이 색이 파랗니?
④ 두 입술의 색깔이 정말 빨가네.
⑤ 이 도자기의 입구 모양이 동그랗네.

[조항] 한글 맞춤법 제18항: 3. 어간의 끝 'ㅎ'이 줄어질 적에는 바뀐 대로 적는다. 한국어의 'ㅎ' 불규칙 용언은 모음의 어미와 종결 어미 '-네'와 결합하면 어간의 'ㅎ'이 탈락한다.

[해설] ①의 기본형은 '하얗다'이다. 어간 '하얗-'이 모음의 어미 '-아/-아서/-았'과 결합하면 'ㅎ'이 탈락하여 '하얘/하얘서/하얬다'로 활용한다. ③은 어간 '파랗-'에 자음의 어미 '-니'가 결합한 구조로 어간과 어미에 아무런 변화가 일어나지 않는다. 그러나 모음의 어미 '-으니'9)가 결합하면 'ㅎ' 탈락에 의해 '파라니'로 활용한다. ④와 ⑤의 '빨갛다'와 '동그랗다'의 어간에 종결 어미 '-네'가 결합하면 기존에는 'ㅎ'이 탈락한 '빨가네'와 '동그라네'만 맞는 것으로 처리하였다. 그러나 국립국어원은 2015년 이 말들의 활용형으로 '빨갛네'와 '동그랗네'도 맞는 것으로 인정하기로 했다.

[정답] ②. '노랗니'의 기본형은 '노랗다'이다. 만약 '노랗-'에 종결 어미 '-니', '-으니' 또는 '-네'가 결합한다면 '노랗니, 노라니, 노랗네, 노라네'가 모두 가능하다. 그러나 연결 어미 '-으니'가 쓰인 경우에는 이미 매개 모음을 앞세우므로, 어간의 'ㅎ'이 탈락한 '노라니'로만 쓰인다.

> 예 6. 다음 밑줄 친 단어 중, 한글 맞춤법에 가장 적절한 것은?
>
> ① 어름을 얼리다.
> ② 산 너머에 집이 있다.
> ③ 그는 놀음으로 많은 빚을 졌다.
> ④ 어제 산 목거리가 이 옷과 아주 잘 어울린다.
> ⑤ 사람을 돈이 있슴/없슴으로 차별해서는 안 된다.

[조항] 한글 맞춤법 제19항: 어간에 '-이'나 '-음/-ㅁ'이 붙어서 명사로 된 것과 '-이'나 '-히'가 붙어서 부사로 된 것은 그 어간의 원형을 밝히어 적는다.

[해설] ①은 '어름'(두 사물의 끝이 맞닿는 자리)과 '얼음'을 구분해야 한다. '얼음'은 어간 '얼(다)'에 접미사 '-음'이 결합한 파생명사로 어간의 원형을 밝혀 적는다. ③은 '놀음'(여러 사람이 모여서 즐겁게 노는 일. 또는 그런 활동)과 '노름'을 구분해야 한다. '노름'은 어간 '놀-'에 접미사 '-음'이 결합한 구조이지만 어간의 본뜻에서 멀어져 그 원형을 밝히지 않고 소리 나는 대로 적는다. ④는 목거리(목이 붓고 아픈 병) 대신 '목걸이'로 표기해야 한다. ⑤는 어간 '있-/없-'과 '-슴'이 결합한 형태로, 자주 발견되는 오류이다. '있다/없다'의 명사형은 받침 있는 어간 뒤에 결합하는 명사형 접미사 '-음'이 결합한 '있음/없음'이다.

---

9) 받침이 있는 형용사에 결합할 수 있는 종결 어미는 '-니'와 '-으니'가 있다. 이때, '파랗-+-니'가 되면 '파랗니'로 표기할 수 있고, '파랗-+-으니'가 되면 '파라니'로도 표기가 가능하다.
- -니(어미): ('이다'의 어간이나 용언의 어간 또는 어미 '-으시-', '-었-', '-겠-' 뒤에 붙어) 해라할 자리에 쓰여, 물음의 뜻을 나타내는 종결 어미.
- -으니(어미): ('ㄹ'을 제외한 받침 있는 형용사 어간 뒤에 붙어) 해라할 자리에 쓰여, 물음의 뜻을 나타내는 종결 어미.

[정답] ②. '너머'(높이나 경계로 가로막은 사물의 저쪽. 또는 그 공간)는 '넘어'와 다른 단어이다. '넘어'는 동사 '넘-'에 '-어'가 연결된 말로, 동사 '넘-'의 의미가 그대로 있어 어간의 원형을 밝혀 적는다. 그런데 '너머'는 '넘는다'는 뜻에서 멀어져 소리 나는 대로 적는다.

[참고] 1. 다만, 어간에 '-이'나 '-음'이 붙어서 명사로 바뀐 것이라도 그 어간의 뜻과 멀어진 것은 원형을 밝히어 적지 아니한다. 예 목거리, 거름(비료), 노름(도박)
2. 어간에 '-이'나 '-음' 이외의 모음으로 시작된 접미사가 붙어서 다른 품사로 바뀐 것은 그 어간의 원형을 밝히어 적지 아니한다. 예 너머, 마개, 주검(명사) / 너무, 자주, 차마(부사) / 나마, 부터, 조차(조사)

예 7. 다음 밑줄 친 단어 중, 한글 맞춤법에 가장 적절한 것은?

① <u>바두기</u>와 함께 놀다.
② 나무의 <u>잎파리</u>가 시들다.
③ 한숨을 쉬며 <u>넉두리</u>를 늘어놓다.
④ 밀가루 반죽을 병으로 <u>넙적하게</u> 펼친다.
⑤ '<u>넙치</u>가 되도록 얻어맞다'는 관용 표현이 있다.

[조항] • 한글 맞춤법 제20항: 명사 뒤에 '-이'가 붙어서 된 말은 그 명사의 원형을 밝히어 적는다. • 한글 맞춤법 제21항: 명사나 혹은 용언의 어간 뒤에 자음으로 시작된 접미사가 붙어서 된 말은 그 명사나 어간의 원형을 밝히어 적는다.

[해설] ①은 명사 '바둑'에 접미사 '-이'가 붙은 명사는 '바둑이'(털에 검은 점과 흰 점이 바둑무늬 모양으로 뒤섞여 있는 개. 또는 그런 개의 이름)로 표기한다. ②는 명사 뒤에 '-이' 이외의 모음으로 시작된 접미사가 붙어서 된 말은 그 명사의 원형을 밝히어 적지 아니한다는 한글 맞춤법 제20항 [붙임]에 따라 '이파리'로 표기한다. ③은 명사 뒤에 자음으로 시작된 접미사가 붙은 말로, '넋두리'처럼 명사의 원형을 밝혀 적어야 한다. ④는 용언의 어간 뒤에 자음의 접미사가 붙은 말로, '넓적하다'처럼 어간의 원형을 밝혀 적는다.

[정답] ⑤. '넙치'는 '넓다'와 관련 있지만 그 관계가 분명하지 않아 소리대로 적는다. '넙죽 받아먹다./절하다.'의 '넙죽' 또한 '넓다'의 본뜻에서 멀어졌기 때문에 '넓죽'으로 적지 않고, '넓적하다, 넓적다리' 등은 '넓다'의 의미를 지니고 있어 원형을 밝혀 적는다.

> 예 8. 다음 밑줄 친 단어 중, 한글 맞춤법에 적절하지 <u>않은</u> 것은?
>
> ① 안경의 도수를 <u>돋구다</u>.
> ② 투수가 마운드를 <u>돋우다</u>.
> ③ 웃어른께 음식을 정성껏 <u>받히다</u>.
> ④ 나뭇가지가 이웃집 담까지 <u>뻗치다</u>.
> ⑤ 그는 긴장하여 항상 정신을 <u>흩트리지</u> 않는다.

[조항] 한글 맞춤법 제22항: 용언의 어간에 '-기-, -리-, -히-, -구-, -우-, -추-, -으키-, -이키-, -애-'가 붙거나 '-치-, -뜨리/트리-'가 붙어서 이루어진 말들은 그 어간을 밝히어 적는다.

[해설] ①의 '돋구다'는 '안경의 도수 따위를 더 높게 하다.'라는 뜻, ②의 '돋우다'는 '밑을 괴거나 쌓아 올려 도드라지거나 높아지게 하다.'라는 뜻을 지닌다. 이들은 각각 어간 '돋-'에 사동 접미사 '-구-/-우-'가 붙어 어간의 원형을 밝혀 적는다. ④와 ⑤는 어간 '뻗-/흩-'에 강세 접미사 '-치-/트리-'가 붙은 것으로 역시 어간의 원형을 밝혀 적고 있다.

[정답] ③. '받다'의 파생어 '받히다'와 '받치다'는 서로 구별해서 써야 한다. '받치다'는 '받다'에 강세 접미사 '-치-'가 결합한 말로, '우산을 받치다, 그릇을 받쳐 들다.'처럼 '우산이나 양산 등을 펴 들다', '밑에서 괴다'라는 의미를 지닌다. 반면, '받히다'는 '받다'에 피동 접미사 '-히-'가 결합한 피동사로, '자동차에 받히다, 소뿔에 받히다'처럼 '머리나 뿔 따위로 세차게 부딪히다', '머리나 뿔 따위에 받음을 당하다'라는 의미를 지닌다. 그러나 '바치다'는 '받다'와 아무런 상관이 없는 별개의 단어로, '사람에게 물건을 드리다', '무엇을 위하여 모든 것을 아낌없이 내놓거나 쓴다.'는 의미의 말이다.

[참고] 1. 다만, '-이-, -히-, -우-'가 붙어서 된 말이라도 본뜻에서 멀어진 것은 소리대로 적는다. 예 도리다(칼로 ~), 드리다(용돈을 ~), 고치다, 바치다(세금을 ~), 부치다(편지를 ~), 거두다, 미루다, 이루다
2. [붙임] '-업-, -읍-, -브-'가 붙어서 된 말은 소리대로 적는다. 예 미덥다, 우습다, 미쁘다

예 9. 다음 밑줄 친 단어 중, 한글 맞춤법에 적절하지 않은 것은?

① 오뚝이처럼 다시 일어났다.
② 뚱뚱이의 반대말은 홀쭉이이다.
③ 지난 밤, 뻐꾹이 울음소리에 잠을 깼다.
④ 삐죽이 친구는 뭐가 불만인지 뾰로통해 있다.
⑤ 배불뚝이인 이웃 노총각에게 여자 친구가 없다.

[조항] 한글 맞춤법 제23항: '-하다'나 '-거리다'가 붙는 어근에 '-이'가 붙어서 명사가 된 것은 그 원형을 밝히어 적는다.

[해설] 제23항에 해당하는 예시로는 다음과 같다.(ㄱ을 취하고, ㄴ을 버림.)

ㄱ	ㄴ	ㄱ	ㄴ
깔쭉이	깔쭈기	쌕쌕이	쌕쌔기
꿀꿀이	꿀꾸리	푸석이	푸서기
더펄이	더퍼리	눈깜짝이	눈깜짜기
살살이	살사리	코납작이	코납자기

① '오뚝이', ② '홀쭉이', ④ '삐죽이', ⑤ '배불뚝이' 역시 이 규정의 적용을 받는 단어로 바른 표기이다.

[정답] ③. '뻐꾹이'는 틀린 표기로, '뻐꾸기'로 적어야 한다. 제23항 [붙임]에 따라, '-하다'나 '-거리다'가 붙을 수 없는 어근에 '-이'나 또는 다른 모음으로 시작되는 접미사가 붙어서 명사가 된 것은 그 원형을 밝히어 적지 아니하기 때문이다.

[참고] 제23항 [붙임]에 해당하는 용례는 다음과 같다. 예 개구리, 귀뚜라미, 기러기, 깍두기, 꽹과리, 날라리, 누더기, 동그라미, 두드러기, 딱따구리, 매미, 부스러기, 얼루기, 칼싹두기

예 10. 다음 밑줄 친 단어 중, 한글 맞춤법에 가장 적절한 것은?

① 갑작이 추워졌다. ② 일찌기 집을 나섰다.
③ 친구가 해주기 웃고 있다. ④ 복습은 반드시 해야 한다.
⑤ 나이도 어리고 더우기 몸도 약하다.

[조항] 한글 맞춤법 제25항: '-하다'가 붙는 어근에 '-히'나 '-이'가 붙어서 부사가 되거나, 부사에 '-이'가 붙어서 뜻을 더하는 경우에는 그 어근이나 부사의 원형을 밝히어 적는다.

[해설] ①의 바른 표기는 '갑자기'로, '-하다'가 붙지 않는 경우에는 소리대로 적는다는 [붙임] 조항을 따른 것이다. ②는 '일찍이', ③은 '해죽이', ⑤는 '더욱이'로 표기한다. 이들은 부사에 '-이'가 붙어 또 다른 부사가 되기에 그 원형을 밝혀 적는다.

[정답] ④. '반드시'는 '꼭, 틀림없이'의 의미로, '반듯'과의 의미적 유사성이 없다. 이에 소리 나는 대로 표기한다. 그러나 '반듯이'는 '반듯하다'의 원래 의미가 살아 있어 '반듯'에 접미사 '-이'가 결합한 것으로 보아 원래 형태를 밝혀 적는다.

[참고] '-하다'가 붙는 어근 '지긋' 역시 '지긋이'와 '지그시'로 표기한다. 먼저, '지긋하다(나이가 꽤 듬직하다)'와 관련이 있는 '지긋이'는 원형을 밝혀 적고, 그렇지 않은 '지그시'는 소리 나는 대로 적는다.

[예] 11. 다음 밑줄 친 단어 중, 한글 맞춤법에 가장 적절한 것은?

① <u>물랄리</u>로 고통을 받다.
② <u>푼소</u>가 풋사과를 먹고 있다.
③ 오늘이 집을 나선 지 <u>사흘날</u>이다.
④ 그는 <u>몇일</u> 동안 아무 일도 하지 않았다.
⑤ 그녀는 <u>홀몸</u>이 아니어서 장시간의 여행은 무리다.

[조항] • 한글 맞춤법 제27항: 둘 이상의 단어가 어울리거나 접두사가 붙어서 이루어진 말은 각각 그 원형을 밝히어 적는다. • 한글 맞춤법 제28항: 끝소리가 'ㄹ'인 말과 딴 말이 어울릴 적에 'ㄹ' 소리가 나지 아니하는 것은 아니 나는 대로 적는다. • 한글 맞춤법 제29항: 끝소리가 'ㄹ'인 말과 딴 말이 어울릴 적에 'ㄹ' 소리가 'ㄷ' 소리로 나는 것은 'ㄷ'으로 적는다.

[해설] ①은 '물'과 '난리'의 합성어로서, 각각의 원형을 밝혀 '물난리'로 표기한다. ③은 끝소리가 'ㄹ'인 '사흘'이 '날'과 어울리면 'ㄹ' 소리가 'ㄷ' 소리로 나기에 '사흗날'로 표기해야 한다. ④는 '몇+월'[며둴]처럼 '몇+일'로 분석할 수 없어 그 어원이 분명하지 않다. 따라서 원형을 밝혀 적지 않고 소리([며칠]) 나는 대로 '며칠'로 적어야 한다. ⑤의 '홀몸'은 '배우자나 형제가 없는 사람'을 뜻한다. 예문의 '임신하고 있다.'는 뜻으로는 '홑몸이 아니다.'만 쓸 수 있다.[10]

---

10) '홑몸'은 '아이를 배지 아니한 몸' 이외에 '딸린 사람이 없는 혼자의 몸'이라는 의미도 지닌다. 후자의 의미일 때에는 '홀몸'을 사용할 수도 한다.

[정답] ②. '풀소'는 '여름에 생풀만 먹고 사는 소'를 뜻한다. 이는 '풀'과 '소[牛]'가 결합하여 'ㄷ' 소리로 발음되는 단어로 굳어진 것이다. ③의 '사흗날'을 포함하여 '반짇고리, 삼짇날, 섣달, 숟가락, 이튿날, 잗주름' 등이 이에 속한다.

[참고] 한글 맞춤법 제7항: 'ㄷ' 소리로 나는 받침 중에서 'ㄷ'으로 적을 근거가 없는 것은 'ㅅ'으로 적는다. ②의 '풋사과'의 '풋'은 [푿]으로 소리가 나지만 '푿'으로 적을 근거가 없기 때문에 '풋'으로 적는다. '돗자리, 엇셈, 웃어른, 핫옷, 무릇, 사뭇, 얼핏, 자칫하면, 뭇[衆], 옛, 첫, 헛' 등이 이에 속한다.

> 예 12. 다음 밑줄 친 단어 중, 한글 맞춤법에 가장 적절한 것은?
>
> ① <u>햇님</u>이 방긋 웃다.　　　　② <u>싯가</u>보다 비싸게 팔다.
> ③ <u>피잣집</u>에서 피자를 먹다.　④ 요즘 <u>전셋방</u> 구하기가 어렵다.
> ⑤ 아주 비싼 <u>찻잔</u>에 커피를 마신다.

[조항] 한글 맞춤법 제30항: 사이시옷 표기

[해설1] 사이시옷이 나타나는 특정한 환경부터 이해해야 한다. 이를 필수 조건과 선택 조건으로 나누면 다음과 같다.

필수 조건	1. 합성어(명사)에서만 일어난다.
	2. 합성어를 구성하는 요소 중 반드시 고유어가 존재해야 한다.
선택 조건	1. 뒷말의 첫소리가 된소리로 나는 것.
	2. 뒷말의 첫소리 'ㄴ, ㅁ' 앞에서 'ㄴ' 소리가 덧나는 것.
	3. 뒷말의 첫소리 모음 앞에서 'ㄴㄴ' 소리가 덧나는 것.

[해설2] ①의 '햇님'은 합성어가 아닌 파생어(해+님:접미사)에 해당하기에 '해님'으로 표기한다. ②와 ④는 각각 '市+價', '傳貰+房'으로 합성어의 자격을 갖추고 있지만 하나 이상의 고유어가 있어야 한다는 조건을 만족하지 않기에 '시가'와 '전세방'으로 표기한다. ③처럼 외래어가 포함되는 합성어에서는 사이시옷 현상이 적용되지 않기에 '피자집'으로 표기한다.

[정답] ⑤. '찻잔'은 '차'와 '잔(盞)'의 합성어이며, '차'[11])가 고유어에 해당하기에 사이시옷 표기의 필수 조건을 만족한다. 그리고 선택 조건 1(뒷말의 첫소리가 된소리로 발음)에 해당한다.

> [예] 13. 다음 표기 모두가 한글 맞춤법에 맞지 <u>않은</u> 것은?
>
> ① 만두국, 인삿말   ② 머리말, 북엇국
> ③ 예삿일, 순댓국   ④ 김칫국, 머릿돌
> ⑤ 전셋집, 예사말

[조항] 한글 맞춤법 제30항

[해설] 예시어들은 모두 합성어로서 하나 이상의 고유어를 지니고 있다. ② '머리+말'의 표준 발음은 [머린말]이 아닌 [머리말]이다. 따라서 소리 나는 대로 표기한 것이다. 그러나 '북어+국'은 [부거꾹]으로 발음 나기에 '북엇국'으로 표기한다. ③은 '예사+일'[예산닐], '순대+국'[순대꾹]으로 발음되어, 사이시옷을 받치어 적었다. ④의 '김치+국'[김치꾹], '머리+돌'[머리똘] 역시 사이시옷을 받치어 적는다. ⑤ '전셋집'은 '전세+집'[전세찝]으로 발음되어 사이시옷을 받치어 적지만, '예사말'은 [예산말]이 아닌 [예사말]로 발음 나기에 사이시옷을 받치어 적지 아니한다.

[정답] ①. '만두국'은 '만두+국'[만두꾹]의 합성어로, '만둣국'처럼 사이시옷을 받치어 적어야 한다. 그러나 '인사+말'은 표준 발음이 [인산말]이 아닌 [인사말]이기에 사이시옷을 받치어 적을 수 없다. 따라서 이의 바른 표기는 소리 나는 대로 적은 '인사말'이다.

> [예] 14. 다음 밑줄 친 단어 중, 한글 맞춤법에 가장 적절한 것은?
>
> ① <u>셋방</u>을 구하다.   ② <u>칫과</u>에 가다.
> ③ <u>촛점</u>을 맞추다.   ④ <u>뒷뜰</u>에서 놀다.
> ⑤ <u>댓가</u>를 치르다.

[조항] 한글 맞춤법 제30항

[해설] ② '칫과', ③ '촛점', ⑤ '댓가'는 모두 한자어끼리의 합성어로, 사이시옷을 받치어 적을 수 없는 환경이다. 따라서 이들의 바른 표기는 '치과, 초점, 대가'이다. ④의 '뒷뜰'을 '뒤+뜰'[뒤뜰]로 인식해,

---

11) 고유어 '차'에 해당하는 한자어는 '다(茶)'임에 주의해야 한다.

선택 조건 1에 따라 사이시옷을 받치어 적은 경우라고 생각한다. 그러나 선택 조건 1은 된소리가 아닌 음이 다른 말과의 합성 과정에서 된소리로 발음 나는 것을 의미한다. 따라서 원래부터 뒷말이 된소리인 단어와의 합성에서는 사이시옷을 받치어 적지 아니한다. 이 경우, '뒤뜰'이 바른 표기이다.

[정답] ①. '셋방'은 '세(貰)+방(房)'의 합성어로, 사이시옷의 필수 조건을 만족하지 않는다. 그럼에도 사이시옷을 받치어 적은 '셋방'으로 표기한다.

[참고] 한자어끼리의 합성어이지만 사이시옷 표기를 예외적으로 인정하는 단어는, '셋방(貰房)', '곳간(庫間)', '숫자(數字)', '찻간(車間)', '툇간(退間)', '횟수(回數)' 6개이다.

[예] 15. 다음 밑줄 친 단어 중, 한글 맞춤법에 가장 적절한 것은?

① 어제 몸살이 <u>낫다</u>.
② 수학은 내가 너보다 <u>났다</u>.
③ 영수네 소가 송아지를 <u>나았다</u>.
④ 이것이 저것보다 더 <u>나아</u> 보인다.
⑤ 이제 감기가 <u>낳아서</u> 외출을 할 수 있다.

[조항] • 한글 맞춤법 제18항 • 한글 맞춤법 제34항: 모음 'ㅏ, ㅓ'로 끝난 어간에 '-아/-어, -았-/-었-'이 어울릴 적에는 준 대로 적는다.

[해설] ①은 문맥상 '병이 일어나다.'의 문장으로, 기본형 '나다'와 관련 있다. 과거형은 '나-+-았-+다〉났다'로 한글 맞춤법 제34항에 따라 동일 모음 'ㅏ' 탈락이 적용된다. ②는 '보다 더 좋거나 앞서 있다.'는 '낫다'를 사용해야 한다. ③은 '배 속의 아이, 새끼, 알을 몸 밖으로 내놓다.'는 '낳다'와 관련 있다. '낳았다'로 수정해야 한다. ⑤는 '병이나 상처 따위가 고쳐져 원래대로 되다.'는 '낫다'가 기본형이다. '낫다'는 'ㅅ' 불규칙 용언으로 '낫-+-아서〉나아서'처럼 표기한다.

[정답] ④. '낫다'는 'ㅅ' 불규칙 용언으로, '나아', '나으니', '나아서' 등으로 활용한다.

> 예 16. 다음 밑줄 친 부분이 한글 맞춤법에 적절하지 <u>않은</u> 것은?
>
> ① 설을 <u>쇘다</u>.
> ② 감 <u>놔라</u> 배 <u>놔라</u> 한다.
> ③ 잔디밭에 들어가면 안 <u>돼</u>.
> ④ 머리가 아파서 바람을 <u>쐐야겠다</u>.
> ⑤ 할아버지께서 착한 사람이 <u>돼라</u>고 하셨다.

[조항] 한글 맞춤법 제35항: 모음 'ㅗ, ㅜ'로 끝난 어간에 '-아/-어, -았-/-었-'이 어울려 'ㅘ/ㅝ, ㅘㅆ/ㅝㅆ'으로 될 적에는 준 대로 적는다. [붙임1] '놓아'가 '놔'로 줄 적에는 준 대로 적는다. [붙임2], 'ㅚ' 뒤에 '-어, -었-'이 어울려 'ㅙ, ㅙㅆ'으로 될 적에도 준 대로 적는다.

[해설] ①의 밑줄 친 동사의 기본형은 '쇠다'(명절, 생일, 기념일 같은 날을 맞이하여 지내다.)이다. 어간 '쇠-'에 '-어/-었-'이 어울리면 '쇠어, 쇠었다'가 되며, 이들의 준말 형태는 각각 '쇄, 쇘다'이다. ②의 '놔라'는 본말인 '놓아라'의 준말 형태이다. 한글 맞춤법 제35항에 따라, '놓다'가 어미 '-아'와 결합할 때 '놓아→놔, 놓아라→놔라, 놓았다→놨다'로 줄어들기 때문이다.12) ③의 '돼'는 '되어'의 준말 형태이다. ④의 밑줄 친 동사의 기본형은 '쐬다'(얼굴이나 몸에 바람이나 연기, 햇빛 따위를 직접 받다.)이다. 어간 '쐬-'에 '-어/-었-'이 어울리면 '쐬어, 쐬었다'가 되며, 이의 준말 형태는 '쐐, 쐤다'이다.

[정답] ⑤. 'ㅚ' 뒤에 모음 '-어/-었-'이 어울리면, '돼, 됐'으로 줄어든다. 그러나 자음의 어미 '-지요, -고, -면'과 어울리면 '되지요, 되고, 되면'이 된다. 한편, '되-'의 명령형은 두 가지 형태로 나타난다. 첫째, '되-+-어라>되어라>돼라'가 가능하다. 이는 구어체에서 화자가 청자에게 직접적으로 명령하는 경우에 사용된다. 둘째, '되-+-라>되라' 또한 가능하다. 이는 문어체나 간접 인용문에서 간접 명령형으로 사용된다.13)

---

12) '놓은'을 '논'으로 줄일 수는 없다. 예를 들면, "우승은 따 논 당상이다."의 바른 표기는 "우승은 따 놓은 당상이다."이다. 동사 '놓다'는 규칙 활용어로, 어간의 형태가 바뀌지 않는다. '닿다, 빻다, 찧다'와 형용사 '좋다' 등의 활용형에 '단, 빤, 찐, 존' 등이 존재하지 않는 것과 같다. 각각 '닿은, 빻은, 찧은, 좋은'이라고 해야 한다. 한편, 동사 '놀다'의 관형형은 '논'으로 나타난다.
13) '-어라'는 '마셔라, 달려라, 먹어라, 입어라'처럼 끝음절의 모음이 'ㅏ, ㅗ'가 아닌 동사 어간 뒤에 붙어, 명령의 뜻을 나타내는 종결 어미이다. 반면, '-라'는 문어체에서 쓰는 명령형의 종결 어미로, 모음으로 끝나는 동사의 어간에 붙어 '마시라, 달리라'와 같이 사용하며, 자음으로 끝나는 동사 어간에는 '먹으라, 입으라'처럼 '-으라'가 쓰인다. 따라서 '(관계 있는 것끼리) 이으라/이어라', '(그래프를) 그리라/그려라', '(알맞은 답을) 고르라/골라라', '(다음 물음에) 답하라/답하여라' 등은 모두 바른 표기로, 간접(문어체) 및 직접(구어체) 명령형으로 쓰인다.

예 17. 다음 밑줄 친 부분 중, 한글 맞춤법에 가장 적절한 것은?

① 얼굴에 미소를 <u>띠다</u>.
② 한옥의 지붕이 눈에 <u>띠다</u>.
③ 저 사람의 눈은 푸른색을 <u>띄다</u>.
④ 그는 회사의 중대한 임무를 <u>띄고</u> 출장을 갔다.
⑤ 눈에 <u>띠는</u> 행동으로 주위 사람의 시선을 사로잡다.

[조항] 한글 맞춤법 제37항: 'ㅏ, ㅕ, ㅗ, ㅜ, ㅡ'로 끝난 어간에 '-이-'가 와서 'ㅐ, ㅖ, ㅚ, ㅟ, ㅢ'로 줄 적에는 준 대로 적는다.

[해설] '띠다'와 달리 '띄다'는 '뜨이다'의 준말 형태로, 다음과 같은 의미를 지닌다.

띠다	1. 띠나 끈 따위를 두르다. 2. 물건을 몸에 지니다. 3. 용무나, 직책, 사명 따위를 지니다. 4. 빛깔이나 색채 따위를 가지다. 5. 감정이나 기운 따위를 나타내다. 6. 어떤 성질을 가지다.
띄다	1. '뜨이다'(눈에 보이다.)의 준말. 예 원고에 가끔 오자가 눈에 <u>띈다</u>. 2. '뜨이다'(남보다 훨씬 두드러지다.)의 준말. 예 빨간 지붕이 눈에 <u>띄는</u> 집. 3. 청각의 신경이 긴장되다. '뜨다'의 피동사. 예 귀에 번쩍 <u>띄는</u> 소리.

따라서 ②와 ⑤의 '띠다'는 '띄다'로, ③, ④의 '띄다'는 '띠다'로 표기해야 한다.

[정답] ①. 예문 ①의 '띠다'는 '4. 빛깔이나 색채 따위를 가지다.'는 의미로 사용되었다.

예 18. 다음 밑줄 친 준말의 표기가 한글 맞춤법에 적절하지 <u>않은</u> 것은?

① 벽에 낙서가 <u>쐬어/쓰어</u> 있다.
② 벌에 <u>쐬어/쏘여</u> 병원에 갔다.
③ 줄 사이를 <u>띄어/뜨여</u> 앉아라.
④ 여자 친구의 사진을 <u>뵈어/보여</u> 주었다.
⑤ 사방이 확 <u>틔어/트여</u> 있어 경치가 아주 좋다.

[조항] 한글 맞춤법 제38항: 'ㅏ, ㅗ, ㅜ, ㅡ' 뒤에 '-이어'가 어울려 줄어질 적에는 준 대로 적는다.

[해설] ①의 기본형은 '쓰다'로, '쓰-'에 '-이어'가 결합하면 '씌어'와 '쓰여'로 줄여 표기할 수 있다. ②의 '쏘다' 역시 '쏘-+-이어>쐬어/쏘여'가 가능하다. ④는 '보-+-이어>뵈어/보여'가 된다. ⑤는 '트-+-이어>틔어/트여'로 가능하다.

[정답] ③. '뜨다'(간격이 벌어지다.)의 경우, 어간 '뜨-'에 '-이어'가 어울리면 '뜨이어 (쓰다)'가 된다. 그런데 이의 준말 형태로 '띄어 (쓰다)'만 가능하며 '뜨여 (쓰다)'는 인정하지 않는다. 그러나 '눈에 뜨이다.' 또는 '눈이 뜨이다.'가 '눈에 띄어/눈에 뜨여', '눈이 띄어/눈이 뜨여'처럼 사용되기도 한다. 따라서 '뜨여'를 준말을 허용하는 경우도 존재한다.

[참고] '보이다'와 '뵈다'는 본말과 준말의 관계로, '뵈다'의 의미로 '뵈이다'는 허용하지 않는다. 한편, 본말인 '뵈다'14)(웃어른을 대하여 보다.)의 준말 형태는 '봬/뵀다'이다.

[예] 19. 다음 밑줄 친 준말의 표기가 한글 맞춤법에 가장 적절한 것은?

① 인생에 시련이 <u>적잖다</u>.
② 이 문제의 난이도가 <u>만만찮다</u>.
③ 큰 잔치에 차린 음식이 <u>변변찮다</u>.
④ 그에 대한 소문이 <u>심심잖게</u> 들려왔다.
⑤ 사실이 <u>그렇찮은데</u> 어떻게 알고 가만히 있어?

[조항] 한글 맞춤법 제39항: 어미 '-지' 뒤에 '않-'이 어울려 '-잖-'이 될 적과 '-하지' 뒤에 '않-'이 어울려 '-찮-'이 될 적에는 준 대로 적는다.

[해설] ①의 본말은 '적지 않다.'로, 이의 준말 형태는 '적찮다'15)가 아닌 '적잖다'이다. ③은 '변변하지 않다.'의 준말인 '변변찮다'가 바른 표기이다. ④ '심심하지 않다.'의 준말은 '심심찮게'이다. ⑤ '그렇지 않다.'는 '그렇잖다', '그렇잖은데'로 줄어든다.

[정답] ②. 본말인 '만만하지 않다.'의 준말('-하지+않-')은 '만만찮다'로 적는다.

---

14) "교수님, 내일 <u>뵈요</u>."에서 밑줄 친 표현은 잘못이다. 어간 '뵈-' 뒤에 보조사 '요'가 붙을 수 없기 때문이다. 이 경우에는 어간 '뵈-' 뒤에 어미 '-어'가 붙은 '뵈어'의 준말인 '봬' 뒤에 '요'가 붙어야 한다. 따라서 '봬요'로 적어야 한다. 한편, '뵈다'의 겸양어는 '뵙다'이다.
15) 한글 맞춤법 제36항의 규정에 따르면, '-지 않-'은 '-쟎-'으로, '-치 않'은 '-챦-'으로 줄어야 한다. 그러나 제39항의 예들은 준말 형태가 굳어져 한 단어처럼 쓰이고 있어 어원을 밝히어 적지 않고 발음대로 적는다.

예 20. 다음 밑줄 친 본말의 줄임말로 적절하지 않은 것은?

① 방이 깨끗하지 않다. → 깨끗지 않다.
② 살림이 넉넉하지 않다. → 넉넉지 않다.
③ 그 정도는 대단하지 않다. → 대단지 않다.
④ 이 일이 손에 익숙하지 않다. → 익숙지 않다.
⑤ 그와 함께하는 것이 탐탁하지 않다. → 탐탁지 않다.

[조항] 한글 맞춤법 제40항: 어간의 끝음절 '하'의 'ㅏ'가 줄고 'ㅎ'이 다음 음절의 첫소리와 어울려 거센소리로 될 적에는 거센소리로 적는다. [붙임2] 어간의 끝음절 '하'가 아주 줄 적에는 준 대로 적는다.

[해설] ①, ②, ④, ⑤는 한글 맞춤법 제40항, [붙임2]의 규정에 따라, 어간의 끝음절 '하-'가 탈락하기에 '깨끗지 않다, 넉넉지 않다, 익숙지 않다, 탐탁지 않다'로 표기하는 것이 맞다.

[정답] ③. '대단하지 않다'는 한글 맞춤법 제40항에 따른다. 즉, '대단ㅎ지 않다' → '대단치 않다' → '대단찮다'(한글 맞춤법 제39항)로 줄어든다.

[참고] 1. '하지 않다'가 '-치 않다'와 '-지 않다'로 나타나는 조건은 다음과 같다. 즉, 울림소리 받침(ㄴ, ㄹ, ㅁ, ㅇ, 모음)의 단어 뒤에서는 '하-'의 모음 'ㅏ'만 탈락하여 거센소리 현상이 나타나고, 그 밖의 받침 뒤에서는 '하' 전체가 탈락한다.

	'하'의 'ㅏ' 탈락 후 거센소리	어간 '하' 전체 탈락
받침 조건	간편하게 → 간편케	거북하지 → 거북지
	정결하다 → 정결타	익숙하지 → 익숙지
	심심하다 → 심심타	섭섭하지 → 섭섭지
	다정하다 → 다정타	생각하건대 → 생각건대
	연구하도록 → 연구토록	생각하다 못하여 → 생각다 못해

2. 한글 맞춤법 제39항의 '-하지' 뒤에 '않'이 올 경우에도 위의 규정이 적용된다. 즉, '만만하지 않다'의 경우, '만만ㅎ지 않다' → '만만치 않다' → '만만찮다'가 된다. 그러나 '깨끗하지 않다'의 경우, '깨끗지 않다' → '깨끗잖다'가 된다.
3. 기본형 '서슴다'와 '삼가다'는 '하'가 결합할 수 없는 단어로, '서슴치, 삼가하고, 삼가해' 등으로 활용하지 않는다.

연습 문제 (정답 184쪽)

문 1. 다음 밑줄 친 부분이 한글 맞춤법에 가장 적절한 것은?

① 몸이 <u>괴로와</u> 일찍 잤다.
② <u>아다시피</u> 내일 시험입니다.
③ 지금보다 더 <u>낳은</u> 회사로 옮겼다.
④ 라면이나 국수가 <u>불으면</u> 맛이 없다.
⑤ 코로나의 힘든 상황에서도 시험을 무사히 <u>치뤘다</u>.

[해설]
①
②
③
④
⑤

[정답] _____

문 2. 다음 밑줄 친 단어 중, 한글 맞춤법에 적절하지 <u>않은</u> 것은?

① <u>도저히</u> 참을 수가 없다.
② <u>아무튼</u> 그만하기 다행이다.
③ 가라앉은 분위기를 <u>띄우다</u>.
④ <u>막냇동생</u>이 응석을 부린다.
⑤ 사흘을 공부하고 <u>나흘날</u>에 시험을 보다.

[해설]
①
②
③
④
⑤

[정답] _____

제5장 띄어쓰기

[탐구] 한글 맞춤법 제2항, "문장의 각 단어는 띄어 씀을 원칙으로 한다."는 조항을 염두에 두고, 다음 밑줄 친 부분의 띄어쓰기의 차이에 대해 알아보자.

(1)
- 1등을 하겠다고 엄마에게 <u>큰소리</u>를 친다.
- 산 정상에 올라가 <u>큰 소리</u>로 '만세'를 불렀다.

(2)
- 철수네 <u>큰아버지</u> 댁은 농촌 마을에 위치해 있다.
- 키가 <u>큰 아버지</u>는 낮은 문에 머리를 자주 부딪치신다.

[예] 1. 다음 밑줄 친 부분의 띄어쓰기가 적절하지 <u>않은</u> 것은?

① 이것은 <u>책입니다</u>.
② <u>너같은</u> 바보는 처음 본다.
③ 나는 <u>보리차보다</u> 물이 좋다.
④ <u>너뿐만</u> 아니라 나도 힘들다.
⑤ 지갑에 <u>만 원밖에</u> 남지 않았다.

[조항] 한글 맞춤법 제41항: 조사는 그 앞말에 붙여 쓴다[16].

[해설] ①의 '입니다'는 서술격 조사 '-이다'의 활용형으로 앞말(책)에 붙여 쓴다. ③의 '보다'는 비교의 격 조사로, 비교의 대상이 되는 말(보리차)에 붙여 쓴다. '~에 비해서'의 뜻을 나타낸다. ④의 '뿐만'은 보조사 '뿐'과 '만'이 결합한 보조사로 앞말에 붙여 쓴다. ⑤ 부정을 나타내는 말과 어울리는 '밖에'는 보조사로 앞말에 붙여 쓴다.

[정답] ②. '같은'은 단어 '같다'(형용사)의 활용형으로, 앞말과 띄어 써야 한다.

[참고] 다만, '감쪽같다, 금쪽같다, 꿈같다, 한결같다'와 같은 합성 형용사의 어간 뒤에 어미 '-은'이 붙어 활용할 적에는 '감쪽같은, 금쪽같은, 꿈같은, 한결같은'과 같이 적는다.

---

[16] 조사는 단어의 자격을 지니지만 "문장의 각 단어는 띄어 씀을 원칙으로 한다."는 한글 맞춤법 제2항의 예외 규정이라고 볼 수 있다.

[예] 2. 다음 밑줄 친 부분의 띄어쓰기가 가장 적절한 것은?

① 개 같이 벌어 정승 같이 쓴다.
② 빨리는 커녕 천천히도 못 걷겠다.
③ 여기에서 부터 걸어 올라가야 한다.
④ 예상한 바와 같이 경제가 좋지 않다.
⑤ 집에서만 이라도 조용히 지냈으면 좋겠다.

[조항] 한글 맞춤법 제41항

[해설] ①의 '같이'는 '앞말이 보이는 전형적인 어떤 특징처럼'의 뜻을 나타내는 격 조사로, '개같이/정승같이'처럼 앞말에 붙여 써야 한다. ②는 보조사 '는'에 보조사 '커녕'이 결합한, 앞말을 지정하여 어떤 사실을 부정하는 뜻을 강조하는 보조사로 앞말에 붙여 쓴다. ③은 격 조사 '에서'와 보조사 '부터'가 결합한, 범위의 시작 시점이나 어떤 행동의 출발점, 비롯되는 대상임을 나타내는 격 조사로 붙여 써야 한다. ⑤는 격 조사 '에서'에 보조사 '만'과 '이라도'(그것이 썩 좋은 것은 아니나 그런대로 괜찮음을 나타내는 보조사)가 결합한 것으로, 여러 개의 조사가 결합되었다 하더라도 모두 붙여 써야 한다.

[정답] ④. '같이'는 부사의 기능을 갖기도 한다. 조사일 때와 달리 부사로 기능할 때(친구와 같이 숙제를 하다. 세월이 물과 같이 흐른다.)는 앞말과 띄어 쓴다.

[예] 3. 다음 밑줄 친 부분의 띄어쓰기가 가장 적절한 것은?

① 살다보면 할수 없는 일이 있다.
② 모든 일은 법대로 처리해야 한다.
③ 그는 고향을 떠난지 10년이 지났다.
④ 숨소리가 들릴만큼 방 안이 조용하다.
⑤ 이 소설을 읽고 느낀바를 공책에 적도록 해라.

[조항] 한글 맞춤법 제42항: 의존 명사는 띄어 쓴다.

[해설] ① '-은/-는/-을' 뒤에서 '있다', '없다' 따위와 함께 쓰여, '어떤 일을 할 만한 능력이나 어떤 일이 일어날 가능성'을 의미하는 '수'는 의존 명사이다. 따라서 '할 수 없는'처럼 앞말과 띄어 써야 한다. ③의 '지'는 '어떤 일이 있었던 때로부터 지금까지의 동안'을 나타내는 의존 명사로, '그는 고향을

떠난 지 10년이 지났다.'처럼 '시간의 길이'와 관련된 문맥에서 앞말과 띄어 쓴다. ④ 관형어 뒤의 '만큼'은 의존 명사로 기능하기에 '들릴 만큼'처럼 앞말과 띄어 쓴다. ⑤ '바'는 '-은/-는/-을 바에(는)' 구성으로 쓰여, '앞말이 나타내는 일의 기회나 그리된 형편'의 뜻을 나타내는 의존 명사로, '느낀 바를'처럼 띄어 쓴다.

[정답] ②. '대로'가 앞에 오는 말에 근거하거나 달라짐이 없음을 나타내거나 따로따로 구별됨을 나타낼 때에는 '법대로', '큰 것대로'로 붙여 쓴다. 그러나 '어떤 모양이나 상태와 같이'의 뜻을 나타내는 '대로'는 의존 명사로, '소리 나는 대로'와 같이 띄어 쓴다.

[참고] 1. 막연한 의문이 있는 채로 그것을 뒤 절의 사실이나 판단과 관련시키는 데 쓰는 '-(으)ㄴ지'는 연결 어미이다. "그는 기분이 좋은지 웃고 있다."처럼 앞말에 붙여 쓴다.
2. 앞말과 비슷한 정도나 한도임을 나타내는 '만큼'은 조사이므로, "나도 너만큼 할 수 있다."처럼 앞말에 붙여 쓴다.
3. 뒤 절에서 어떤 사실을 말하기 위하여 그 사실이 있게 된 것과 관련된 과거의 어떤 상황을 미리 제시(서류를 검토한바 몇 가지 미비한 사항이 발견되었다.)하거나 뒤 절에서 어떤 사실을 말하기 위하여 그 사실이 있게 된 것과 관련된 상황을 제시(너의 죄가 큰바 응당 벌을 받아야 한다.)할 때 쓰이는 '-(ㄴ)바'는 연결 어미로, 앞말에 붙여 쓴다.

[예] 4. 다음 밑줄 친 부분의 띄어쓰기가 적절하지 않은 것은?

① 한번 물면 놓지 않는다.
② 이 일을 네가 한번 해 봐.
③ 우리 학교에 한번 놀러 오세요.
④ 그 사람과 언젠가 한번은 만나겠지.
⑤ 이 책은 한번 읽어서는 이해할 수 없어.

[조항] 한글 맞춤법 제43항: 단위를 나타내는 명사는 띄어 쓴다.

[해설] ①, ②, ③의 '한번'은 부사 용법의 한 단어로 붙여 쓴다. ④는 '지난 어느 때나 기회'라는 의미를 지니는 명사로 역시 붙여 써야 한다.

[정답] ⑤. '번(番)'이 차례나 일의 횟수를 나타내는 단위성 의존 명사로 쓰일 때에는 '한 번, 두 번, 세 번'처럼 띄어 써야 한다.

[예] 5. 다음 밑줄 친 부분의 띄어쓰기가 적절하지 않은 것은?

① 숙제를 <u>하는 데</u> 친구가 왔다.
② 나도 언젠가는 사랑을 <u>할 거야</u>.
③ <u>기간 내에</u> 보고서를 제출하세요.
④ 그는 한국에 <u>삼 년 만</u>에 돌아왔다.
⑤ 사람이라면 하루 <u>세 끼</u>를 먹어야 한다.

[조항] • 한글 맞춤법 제42항 • 한글 맞춤법 제43항

[해설] ②의 '거'는 의존 명사 '것'의 구어 형태로, 수식을 받는 관형사형 '할'과 띄어 쓴다. ③의 '내(內)'는 '일정한 범위의 안'을 이르는 '의존 명사'이기에 앞말과 띄어 쓴다. ④는 단위성 의존 명사 '년'과 시간의 경과를 나타내는 의존 명사 '만'으로 앞말과 띄어 쓴다. ⑤의 '끼'는 밥을 먹는 횟수를 세는 단위성 의존 명사로 앞말과 띄어 쓴다.

[정답] ①. '하는데'의 '-는데'는 상황을 설명하는 연결 어미이므로 앞말에 붙여 쓴다. 그러나 '일, 경우'를 뜻하는 의존 명사 '데'(책을 다 읽는 데 꼬박 이틀 걸렸다.)는 앞말과 띄어 쓴다.

[참고] 1. '무엇을 하는 동안'을 뜻하는 '중', 어떤 일이나 현상이 일어날 때나 경우를 뜻하는 '시' 역시 의존 명사로, '운전 중/시'와 같이 앞말과 띄어 적는다. 다만 '그중/무의식중', '비상시(非常時), 유사시(有事時), 평상시(平常時), 필요시(必要時)'와 같이 하나의 단어로 굳어진 합성어는 붙여 적는다.
2. '아침·점심·저녁으로 하루에 세 번 먹는 밥'이라는 뜻으로, 하루하루의 끼니를 이르는 말은 '세끼'(명사)이다.

[예] 6. 다음 밑줄 친 부분의 띄어쓰기가 가장 적절한 것은?

① 제 <u>삼장</u>을 펼쳐라.
② 올해 <u>스물 한</u> 살이다.
③ 우리 내일 <u>쯤</u> 다시 보자.
④ <u>일 대 일</u>로 맞서 싸우다.
⑤ <u>청군 대 백군</u>으로 대결을 한다.

[조항] • 한글 맞춤법 제43항: 다만, 순서를 나타내는 경우나 숫자와 어울리어 쓰이는 경우에는 붙여 쓸 수 있다. • 한글 맞춤법 제44항: 수를 적을 때에는 '만(萬)' 단위로 띄어 쓴다. • 한글 맞춤법 제45항: 두 말을 이어 주거나 열거할 적에 쓰이는 말들은 띄어 쓴다.

[해설] ① 단위를 나타내는 의존 명사 '장'은 '삼 장'처럼 앞말과 띄어 써야 한다. 다만, 순서를 나타내는 경우이기에 '삼장'도 허용한다. 이에 접두사 '제(第)'가 결합하면, '제삼 장'과 '제삼장'이 가능한 표현이다. 그러나 '제 삼장'은 허용하지 않는다. ②는 '수'의 경우, 만 단위로 띄어 써야 하기에 '스물한'으로 붙여 표기한다. ③ '내일쯤'의 '쯤'은 접미사로 앞말에 붙여 쓴다. ④는 점수를 비교하는 상황이 아닌 '양쪽이 같은 비율이나 같은 권리로 상대함. 또는 한 사람이 한 사람을 상대함.'이라는 뜻의 명사 '일대일'로 표기한다.

[정답] ⑤. '대(對)'는 두 말을 이어주거나 열거할 때 쓰이는 의존 명사[17]이다. 따라서 제45항에 따라, 앞뒤에 오는 말과 띄어 쓰는 것이 옳다.

[참고] '-쯤'과 함께 '-여, -가량' 등도 접미사의 역할을 한다. 따라서 이들 역시 '삼십여 년', '30세가량'처럼 앞의 말에 붙여 써야 한다.

예 7. 다음 밑줄 친 부분의 띄어쓰기가 적절하지 <u>않은</u> 것은?

① 사과를 <u>먹어 보다</u>. ② 접시를 <u>깨뜨려 버렸다</u>.
③ 친구에게 <u>무시 당하다</u>. ④ 적의 침공을 <u>막아 내다</u>.
⑤ 날이 더워 꽃이 <u>시들어 간다</u>.

[조항] 한글 맞춤법 제47항: 보조 용언은 띄어 씀을 원칙으로 하되, 경우에 따라 붙여 씀도 허용한다.

[해설] ①의 '-어 보다'는 본용언 '먹(다)'에 결합하여 '시도'의 의미를 나타내는 보조 동사로, 띄어 씀을 원칙으로 하되 붙여 씀도 허용한다. ②의 '버리다' 또한 '-어 버리다' 구성[18]의 보조 동사로, 띄어 씀과 붙여 씀 모두 허용한다. ④의 '내다'는 '-어 내다' 구성으로, 앞말이 뜻하는 행동이 스스로의 힘으로 끝내 이루어짐을 나타내는 보조 동사[19]이기에 붙여 씀과 띄어 씀을 허용한다. ⑤의 '가다'는 '-어 가다' 구성으로, 앞말이 뜻하는 행동이나 상태가 계속 진행됨을 나타내는 보조 동사이기에 붙여 씀과 띄어 씀을 허용한다.

---

17) '겸', '내지', '등/등등', '등속(等屬): 나열한 사물과 같은 종류의 것들을 몰아서 이르는 말', '등지(等地): (지명 뒤에 쓰여) 그 밖의 곳들을 줄임을 나타내는 말', '및' 등이 이에 해당한다.
18) 앞말이 나타내는 행동이 이미 끝났음을 나타내거나 그 행동이 이루어진 결과, 말하는 이가 아쉬운 감정을 갖게 되었거나 또는 반대로 부담을 덜게 되었음을 나타낸다.
19) "콩꼬투리 속의 콩알을 털어 내다."의 '털어 내다'는 본용언 '털다'에 보조 용언 '-어 내다'가 결합한 것이다. 그러나 "머리에서 먼지를 떨어내다."는 한 단어의 합성어로 항상 붙여 쓴다.

[정답] ③. '-당하다'는 일부 명사 뒤에 붙어, '피동'의 뜻을 더하는 접미사[20]이다. 따라서 '무시당하다, 면박당하다, 부상당하다, 거절당하다, 이용당하다'처럼 앞말에 붙여 써야 한다.

[참고] 1. '-받다'는 서술성을 가지는 몇몇 명사 뒤에 붙어 '피동'의 뜻을 더하고 동사를 만드는 접미사이므로, '차별받다, 강요받다, 버림받다'와 같이 앞말에 붙여 쓴다.
2. '-시키다'는 일부 명사 뒤에 붙어, '사동'의 뜻을 더하는 접미사로, '교육시키다, 복직시키다, 오염시키다, 이해시키다, 진정시키다, 화해시키다'처럼 앞말에 붙여 쓴다.

예 8. 다음 밑줄 친 부분의 띄어쓰기가 가장 적절한 것은?

① 비가 올 듯하다.
② 잘 아는 척 한다.
③ 일이 될 법 하다.
④ 그가 올듯도 하다.
⑤ 그 일은 할만 하다.

[조항] 한글 맞춤법 제47항: 다만, 앞말에 조사가 붙거나 앞말이 합성 동사인 경우[21], 그리고 중간에 조사가 들어갈 적에는 그 뒤에 오는 보조 용언은 띄어 쓴다.

[해설] ②의 '척하다'는 의존 명사 '척' 뒤에 '-하다'가 붙은 보조 동사이기에 붙여 적는다.(그러나 '척' 뒤에 조사가 붙으면, "잘난 척을 한다. 애써 태연한 척을 하다."처럼 '척(을)'과 동사 '하다'를 띄어 적는다. ③의 '법하다'는 앞말이 뜻하는 상황이 실제 있거나 발생할 가능성이 있음을 나타내는 보조형용사이기에 붙여 쓴다. ④는 중간에 조사가 들어갈 적에는 그 뒤에 오는 보조 용언은 띄어 쓴다는 규정에 따라 '올 듯도 하다'로 써야 한다. ⑤ '만하다'는 보조 형용사로 '할 만하다' 또는 '할만하다'의 띄어쓰기가 가능하고, 중간에 조사가 들어가면 '알 만은 하다'처럼 띄어 써야 한다.

[정답] ①. '듯하다'는 관형사형 뒤에 오는 보조 형용사로, 앞말이 뜻하는 사건이나 상태 따위를 짐작하거나 추측함을 나타낸다. 보조 용언은 앞말과 띄어 쓰는 것이 원칙이되 붙여 쓸 수도 있기에 '올 듯하다', '올듯하다' 모두 가능하다.

[참고] 1. '듯'과 '하다'를 띄어 써야 하는 경우도 있다. "변덕이 죽 끓듯 하다. 구름에 달 가듯 가는 나그네"처럼 '듯'이 어간 다음에 바로 결합할 때이다.

---

20) 동사 '당하다'(해를 입거나 놀림을 받다.)는 "사기꾼에게 당하다."처럼 앞 말에 띄어 쓴다.
21) "네가 덤벼들어 보아라. 강물에 떠내려가 버렸다."의 '덤벼들어'와 '떠내려가'가 합성 동사인 관계로 뒤에 오는 보조 용언은 띄어 써야 한다.

2. '만하다'가 "강아지가 송아지만 하다. 집채만 한 파도가 밀려온다."처럼 체언 뒤에 올 때에는 보조사 '만'과 용언 '하다'가 결합한 구조이므로, '만 하다'로 띄어 써야 한다.

> 예 9. 다음 밑줄 친 부분의 띄어쓰기가 적절하지 <u>않은</u> 것은?
>
> ① 오죽헌은 <u>이율곡 선생</u>의 생가이다.
> ② <u>김○호 박사</u>는 국어학을 전공하였다.
> ③ 임진왜란에서의 영웅은 <u>이순신 장군</u>이다.
> ④ 이분의 성은 <u>김 씨</u>이고 저분의 성은 <u>박 씨</u>이다.
> ⑤ 강의실에 가서 <u>영희 양</u>에게 보고서를 제출하라고 하게.

[조항] 한글 맞춤법 제48항: 성과 이름, 성과 호 등은 붙여 쓰고, 이에 덧붙는 호칭어, 관직명 등은 띄어 쓴다.

[해설] ① '이율곡'의 성과 호는 붙이고, 그 뒤에 오는 호칭인 '선생'은 띄어 쓴다. ②, ③은 성과 이름 뒤의 호칭어, 관직명(박사, 장군)은 띄어 쓴다. ⑤의 '양(孃)'은 결혼하지 않은 여자의 성(姓)이나 성명, 이름 뒤에 쓰여, 아랫사람을 조금 높여 이르거나 부르는 말22)로 앞말과 띄어 쓴다.

[정답] ④. '씨'가 인명에서 성을 나타내는 명사 뒤에 붙어 '그 성씨 자체', '그 성씨의 가문이나 문중'의 뜻을 더하는 접미사일 때에는 앞말에 붙여 적어야 한다.

[참고] 다만, 성과 이름, 성과 호를 분명히 구분할 필요가 있을 경우에는 '남궁억/남궁 억, 황보지봉/황보 지봉'처럼 띄어 쓰는 것을 허용한다.

> 예 10. 다음 밑줄 친 부분의 띄어쓰기가 가장 적절한 것은?
>
> ① 잠을 <u>못자다</u>.   ② 이게 <u>얼마짜리냐</u>?
> ③ 지금은 비가 <u>안오다</u>.   ④ <u>가족간에</u> 화목이 중요해.
> ⑤ 그는 <u>해질녘</u>이 돼서야 집에 왔다.

---

22) 성과 이름 다음에 붙는 호칭어로는 '양' 외에도 '군', '씨', '옹', '님' 등이 있으며, 모두 앞말과 띄어 써야 한다.

[조항] • 한글 맞춤법 제2항 • 한글 맞춤법 제42항

[해설] ①과 ③의 '못자다', '안오다'라는 한 단어는 없다. 이는 "잠을 자다."와 "비가 오다."의 부정문으로 부정 부사 '못'과 '안'이 결합한 구조이다. 따라서 '못 자다'와 '안 오다'로 띄어 써야 한다. ④의 '간'은 의존 명사로, '가족 간, 서울과 부산 간, 부모와 자식 간, 공부를 하든지 운동은 하든지 간에'처럼 앞말과 띄어 쓴다. ⑤ '녘'은 의존 명사로, 관형사형 뒤에서는 '해질 녘, 동틀 녘'처럼 앞말과 띄어 쓴다.

[정답] ②. '짜리'는 '그만한 수나 양을 가진 것' 또는 '그만한 가치를 가진 것'의 뜻을 더하는 접미사로, '얼마짜리, 두 살짜리, 열 권짜리'처럼 앞말에 붙여 쓴다.

[참고] 1. '못하다'가 '어떤 일을 일정한 수준에 못 미치게 하거나, 그 일을 할 능력이 없다.'라는 의미를 지닌 동사로 기능할 때, "나는 노래를 못한다."로 적는다. '못되다'가 '성질이나 품행 따위가 좋지 않거나 고약하거나 일이 뜻대로 되지 않은 상태에 있다.'는 의미의 형용사일 때에도 '못된 놈, 그 일이 못된 게 남의 탓이겠어.'로 붙여 쓴다.
2. '안되다'가 '근심이나 병 따위로 얼굴이 많이 상하다.'라는 뜻을 나타낼 때는 형용사이므로 "네 얼굴이 안됐어."와 같이 적는다.
3. 합성어 '부자간, 형제간'에서는 '간'을 앞말에 붙여 쓴다. 그리고 '동안'의 뜻을 더하는 '간'은 접미사이므로, '이틀간'과 같이 앞말에 붙여 적는다.
4. 합성어 '남녘, 북녘'에서는 '녘'을 앞말에 붙여 쓰지만 합성어로 인정받지 않는 '아침 녘, 황혼 녘'의 '녘'은 띄어 적는다.
5. '지난주'는 '이 주의 바로 앞의 주'라는 한 단어의 합성어로 붙여 써야 한다. 그러나 '이번(다음) 주'는 명사 '이번(다음)'의 의미를 그대로 지니면서 뒤의 '주'를 꾸미고 있어 단어별로 띄어 적는다.
6. 한자어 '각(各)'은 '낱낱의'의 의미를 지닌 관형사로, '각 가정, 각 개인, 각 부처'처럼 뒷말과 띄어 쓴다. 그러나 '각처, 각국, 각가지' 등은 '각(各)'과 '처, 국, 가지'가 결합하여 만들어진 합성어로 붙여 쓴다.

연습 문제 (정답 185쪽)

문 1. 다음 밑줄 친 부분의 띄어쓰기가 적절하지 <u>않은</u> 것은?

① 머리 <u>아픈 데</u> 먹는 약이다.
② <u>공부한 만큼</u> 대가가 따라 온다.
③ 너는 모든 결정을 네 <u>뜻 대로</u> 하는구나.
④ 이 일을 할 사람은 <u>너 밖에</u>도 여럿 있다.
⑤ 저녁을 <u>먹은 지</u> 한참 지났으니 운동하러 가자.

[해설]
①
②
③
④
⑤

[정답] ____

문 2. 다음 밑줄 친 부분의 띄어쓰기가 가장 적절한 것은?

① 금 <u>서돈</u>을 받았다.
② 그는 너무 <u>잘난체</u>를 한다.
③ 내일 날씨가 맑아야 <u>할텐데</u>.
④ 어머니의 음식이 예전보다 <u>못하다</u>.
⑤ 가까운 <u>부부 간</u>일지라도 예의를 갖추어야 한다.

[해설]
①
②
③
④
⑤

[정답] ____

제6장 그 밖의 것

> **예 1.** 다음 밑줄 친 단어 중, 한글 맞춤법에 가장 적절한 것은?
>
> ① 방을 <u>깨끗히</u> 청소하다.
> ② 묻는 말에 <u>솔직이</u> 대답해라.
> ③ 이쪽으로 <u>가까이</u> 와서 앉아라.
> ④ 그는 <u>당당이</u> 시험에 합격했다.
> ⑤ 시간이 있을 때 <u>틈틈히</u> 책도 읽어라.

[조항] 한글 맞춤법 제51항: 부사의 끝음절이 분명히 '이'로만 나는 것은 '-이'로 적고, '히'로만 나거나 '이'나 '히'로 나는 것은 '-히'로 적는다.

[해설] ①은 [깨끄시]와 같이 소리 나므로, '깨끗이'로 적는다. ②는 [솔찌키]로 소리 나기에 '솔직히'로 적는다. ④는 [당당히]로 소리 나므로 '당당히'로 적는다. ⑤는 [틈트미]로 소리 나므로, '틈틈이'로 적는다.

[정답] ③. '가까이'는 형용사 '가깝-'에 부사 파생 접미사 '-이'가 결합한 부사이다. 'ㅂ' 불규칙 용언은 예외 없이 '이'로 소리 나므로 접미사 '-이'를 사용한다.

[참고] 부사 파생 접미사 '-이'와 '-히'의 사용을 발음에만 의존해 구별하기란 여간 어렵지 않다. 따라서 다음과 같은 형태론적 조건을 기억할 필요가 있다.

	접미사 '-히' 결합		접미사 '-이' 결합	
'-하다' 결합 가능	'ㅅ' 받침 이외 어근	솔직히, 간편히, 쓸쓸히, 열심히, 급급히, 답답히, 섭섭히, <u>당당히</u>, 분명히, 조용히, 도저히 등	'ㅅ' 받침 어근	<u>깨끗이</u>, 가붓이, 느긋이, 남짓이, 따뜻이, 의젓이, 지긋이, 산뜻이 등
'ㅂ' 불규칙 용언	×		<u>가까이</u>, 괴로이, 번거로이 등	
첩어, 준첩어 명사	×		<u>틈틈이</u>, 짬짬이, 나날이 등	
홀로 쓰이는 부사	×		더욱이, 일찍이, 히죽이 등[23]	
'-하다' 결합 불가	×		헛되이, 같이, 많이, 실없이 등	

---

23) '<u>곰곰</u>이, <u>생긋</u>이, <u>오뚝</u>이'와 달리 '꼼꼼히, <u>시시콜콜</u>히'는 예외 현상에 속한다.

예 2. 다음 밑줄 친 단어 중, 한글 맞춤법에 적절하지 <u>않은</u> 것은?

① <u>곰곰이</u> 생각을 하다.
② 파도 소리가 <u>간간이</u> 들리다.
③ 그는 <u>히죽이</u> 웃으며 웃는다.
④ <u>생긋이</u> 웃으며 손을 내밀었다.
⑤ 그녀는 강의 계획서를 <u>꼼꼼이</u> 살핀다.

[조항] • 한글 맞춤법 제51항 • 한글 맞춤법 제25항: '-하다'가 붙는 어근에 '-이'가 붙어서 부사가 되거나 부사에 '-이'가 붙어서 뜻을 더하는 경우에는 그 어근이나 부사의 원형을 밝히어 적는다.

[해설] ①은 홀로 쓰이는 부사 '곰곰'(여러모로 깊이 생각하는 모양)에 접미사 '-이'가 붙은 형태이다. ②는 부사 '간간'(시간적 사이/공간적 사이)과 접미사 '-이'가 결합하였다. ③은 부사 '히죽'(만족스러운 듯이 슬쩍 한 번 웃는 모양)에 '-이', ④는 부사 '생긋'(눈과 입을 살며시 움직이며 소리 없이 가볍게 웃는 모양)과 '-이'가 결합한 형태이다.

[정답] ⑤. 부사 '꼼꼼'(빈틈이 없이 차분하고 조심스러운 모양)에 접미사 '-히'가 결합한다.

예 3. 다음 밑줄 친 단어 중, 한글 맞춤법에 적절하지 <u>않은</u> 것은?

① <u>과감히</u> 행동하다.   ② <u>너그러이</u> 용서하다.
③ 땅 <u>깊숙이</u> 항아리를 묻다.   ④ 집 안팎을 <u>정결히</u> 청소하다.
⑤ 그는 일을 하며 <u>짬짬이</u> 공부를 한다.

[조항] 한글 맞춤법 제51항

[해설] ①은 '-하다'가 결합하는 'ㅅ' 받침 이외의 어근에 접미사 '-히'가 결합한다. ②는 '너그럽다'가 'ㅂ' 불규칙 용언이기에 접미사 '-이'가 결합한다. ④는 ①의 '과감-'과 같은 이유에서 접미사 '-히'가 결합한다. ⑤는 첩어의 '짬짬'에 부사화 접미사 '-이'가 결합한다.

[정답] ③. '깊숙이'는 끝음절이 분명히 '-이'로 나는 경우이다. 일반적으로 '촉촉이/ 빽빽이'처럼 'ㄱ' 받침의 어근은 접미사 '-이'를 취한다. 그러나 '솔직-, 톡톡-'에는 '-히'가 결합한다.

> 예 4. 다음 밑줄 친 부분이 한글 맞춤법에 적절하지 않은 것은?
>
> ① 내가 먼저 할께요.
> ② 이 일을 어떻게 할꼬?
> ③ 마음에 들지 모르겠다.
> ④ 우리 같이 노래를 부를까?
> ⑤ 내 말 안 들었다가는 후회할걸.

[조항] 한글 맞춤법 제53항: 다음과 같은 어미는 예사소리로 적는다.

[해설] 제53항에 해당하는 예시로는 다음과 같다.(ㄱ을 취하고, ㄴ을 버림.)

ㄱ	ㄴ	ㄱ	ㄴ
-(으)ㄹ거나	-(으)ㄹ꺼나	-(으)ㄹ지니라	-(으)ㄹ찌니라
-(으)ㄹ걸	-(으)ㄹ껄	-(으)ㄹ지라도	-(으)ㄹ찌라도
-(으)ㄹ게	-(으)ㄹ께	-(으)ㄹ지어다	-(으)ㄹ찌어다
-(으)ㄹ세	-(으)ㄹ쎄	-(으)ㄹ지언정	-(으)ㄹ찌언정
-(으)ㄹ세라	-(으)ㄹ쎄라	-(으)ㄹ진대	-(으)ㄹ찐대
-(으)ㄹ수록	-(으)ㄹ쑤록	-(으)ㄹ진저	-(으)ㄹ찐저
-(으)ㄹ시	-(으)ㄹ씨	-올시다	-올씨다
-(으)ㄹ지	-(으)ㄹ찌		

② '-(으)ㄹ꼬?'와 ④ '-(으)ㄹ까?'처럼 의문형 어미의 경우에는 'ㄹ' 뒤의 된소리를 표기에 반영한다. ③ '-(으)ㄹ지'는 추측에 대한 막연한 의문이 있는 채로 그것을 뒤 절의 사실이나 판단과 관련시키는 연결 어미로, 된소리로 소리가 나지만 예사소리로 적는다. ⑤ '-(으)ㄹ걸' 또한 된소리 소리를 예사소리로 적어야 하는 어미이다.

[정답] ①. '-(으)ㄹ게'는 어떤 행동에 대한 약속이나 의지를 나타내는 어미로, 된소리로 소리가 나지만 예사소리로 적는다.

[참고] 1. 된소리 형태의 의문형 어미에는 '-(스)ㅂ니까?', '-(으)ㄹ까?', '-(으)ㄹ쏘냐'도 있다.
2. '후회할걸'은 어간 '후회하-'에 어미 '-ㄹ걸'이 결합한 형태로 붙여 쓰지만, '여행을 갈 거야, 나중에 후회할 거다.'처럼 의존 명사 '것'이 있는 구성이면 앞말과 띄어 써야 한다.
3. 일상생활 속에서 "손님 이층으로 가실게요."처럼 '-(으)ㄹ게'를 화자가 아닌 상대방의 행동에 대해 사용하는 것은 잘못이다.

예 5. 다음 밑줄 친 단어 중, 한글 맞춤법에 가장 적절한 것은?

① 한 <u>나뭇군</u>이 살고 있다.
② 양말의 <u>뒤굼치</u>를 꿰매다.
③ 설렁탕 한 <u>뚝빼기</u>를 시키다.
④ 자신의 실수에 <u>멋쩍은</u> 웃음을 보였다.
⑤ <u>귓대기</u>가 떨어져 나갈 듯이 날이 매서웠다.

[조항] 한글 맞춤법 제54항: 다음과 같은 접미사는 된소리로 적는다.

[해설] 제54항에 해당하는 예시로는 다음과 같다.(ㄱ을 취하고, ㄴ을 버림.)

ㄱ	ㄴ	ㄱ	ㄴ
심부름꾼	심부름군	귀때기	귓대기
익살꾼	익살군	볼때기	볼대기
일꾼	일군	판자때기	판잣대기
장꾼	장군	뒤꿈치	뒷굼치
장난꾼	장난군	팔꿈치	팔굼치
지게꾼	지게군	이마빼기	이맛배기
때깔	땟갈	코빼기	콧배기
빛깔	빛갈	객쩍다	객적다
성깔	성갈	겸연쩍다	겸연적다

①의 '나뭇군'은 '나무꾼'으로 수정해야 한다. 이는 명사 '나무'에 접미사 '-꾼'(어떤 일을 전문적으로 하는 사람 또는 어떤 일을 습관적으로 하는 사람)이 결합한 것으로 사이시옷을 받쳐 적을 환경이 아니다. ②는 '-굼치' 대신 '-꿈치'를 결합한 '뒤꿈치'로 표기해야 한다. ③은 '찌개 따위를 끓이거나 설렁탕 따위를 담을 때 쓰는 오지그릇'으로 '뚝배기'가 바른 표기이다. ⑤는 '귀'를 속되게 이르는 접미사 '-때기'가 붙은 '귀때기'로 적는다.

[정답] ④. '멋쩍다'는 '하는 짓이나 모양이 격에 어울리지 않다. 어색하고 쑥스럽다.'는 의미로, '적다(少)'의 의미 없이 [쩍]으로 발음되는 경우에 해당하기에 '-쩍다'로 적는다.

[참고] 1. '낚시를 하는 사람'은 명사 '낚시'에 접미사 '-꾼'이 결합한 '낚시꾼'이다. 이를 '낚싯꾼, 낚싯군'으로 표기할 수는 없다.
2. '-꿈치' 역시 접미사이기에 '뒷꿈치, 뒷굼치'로 표기하지 않는다.

3. '-배기'와 '-빼기'는 다음 용법에 따라 구별, 사용해야 하는 접미사이다.

'-배기'	'-빼기'
• [배기]로 발음되는 경우 예 귀퉁배기, 육자배기, 주정배기 등	• 다른 형태소 뒤에서 [빼기]로 발음되는 경우 예 고들빼기, 그루빼기, 대갈빼기, 곱빼기, 언덕빼기 등
• 한 형태소 내부의 'ㄱ, ㅂ' 받침 뒤에서 [빼기]로 발음되는 경우24) 예 뚝배기, 학배기25) 등	

4. '-적다'와 '-쩍다'는 다음 용법에 따라 구별, 사용해야 하는 접미사이다.

'-적다'	'-쩍다'
• [적다]로 발음되는 경우 예 괘다리적다, 딴기적다, 열퉁적다26) 등	• '적다(少)'의 뜻이 없이, [쩍다]로 발음되는 경우 예 맥쩍다, 해망쩍다, 행망쩍다27) 등
• '적다(少)'의 뜻이 유지되는 합성어의 경우 예 맛적다(재미나 흥미가 거의 없어 싱겁다) 등	

5. '-때기'는 몇몇 명사 뒤에 붙어 '배때기, 이불때기, 송판때기, 표때기'처럼 '비하'의 뜻을 더하는 접미사이다.

예 6. 다음 밑줄 친 단어 중, 한글 맞춤법에 가장 적절한 것은?

① 책상 줄을 <u>마추다</u>.   ② 1번 문제를 <u>맞추다</u>.
③ 과녁을 정확히 <u>마치다</u>.   ④ 퀴즈의 정답을 <u>맞히다</u>.
⑤ 선물로 과일 세트가 <u>안성마춤</u>이다.

[조항] 한글 맞춤법 제55항: 두 가지로 구별하여 적던 다음 말들은 한 가지로 적는다.('맞추다, 뻗치다'를 취하고, '마추다, 뻐치다'는 버린다.)

---

24) 한글 맞춤법 제5항, 다만, 'ㄱ, ㅂ' 받침 뒤에서 나는 된소리는, 같은 음절이나 비슷한 음절이 겹쳐나는 경우가 아니면 된소리로 적지 아니한다.
25) '학배기[학빼기]'는 잠자리의 애벌레를 이르는 말이다.
26) '괘다리적다'는 '사람됨이 멋없고 거칠다. 성미가 무뚝뚝하고 퉁명스럽다.', '딴기적다'는 '기력이 약하여 힘차게 앞질러 나서는 기운이 없다.', '열퉁적다'는 '말이나 행동이 조심성이 없고 거칠며 미련스럽다.'는 뜻이다.
27) '맥쩍다'는 '심심하고 재미가 없다. 열없고 쑥스럽다.', '해망쩍다'는 '영리하지 못하고 아둔하다.', '행망쩍다'는 '주의력이 없고 아둔하다.'는 뜻이다.

[해설] ①은 '맞추다'로 표기한다.(1988년 〈한글 맞춤법〉을 기준으로, '마추다'를 '맞추다'로 통일하였다.) ②의 바른 표기는 '맞히다'이다. 이는 '맞다'의 사동사로서, '문제에 대한 답을 틀리지 않게 하다. 침, 주사 따위로 치료를 받게 하다/물체를 쏘거나 던져서 어떤 물체에 닿게 하다. 자연 현상에 따라 내리는 눈, 비 따위를 닿게 하다.'는 의미로 쓰인다. ③은 앞의 풀이에 따라 '맞히다[마치다]'로 적는다. ⑤는 ①의 설명에 따라 '맞추다'의 명사형 '(양복) 맞춤(마춤×)'이 되어야 한다.

[정답] ④. '맞히다'는 '맞다¹'(문제에 대한 답이 틀리지 아니하다.)의 사동사이다.

[참고] '맞히다'를 쓸 자리에 '맞추다'를 쓰는 경우가 흔히 있다. '맞추다'는 '대상끼리 서로 비교한다.'는 의미일 때에만 사용하다. 예를 들면, "퍼즐을 맞추다. 시험 답안지를 정답과 맞추다. 문짝을 문틀에 맞추다." 등으로 쓰인다.

> 예 7. 다음 밑줄 친 표기가 한글 맞춤법에 적절하지 <u>않은</u> 것은?
>
> ① 어제 날씨는 정말 <u>춥더라</u>.
> ② 얼마나 <u>웃었던지</u> 배가 아팠다.
> ③ 내가 어제 본 영화 정말 <u>재미있데</u>.
> ④ 점심을 <u>먹던지 말던지</u> 네 마음대로 해.
> ⑤ <u>국어든 영어든</u> 부족한 과목을 열심히 해.

[조항] 한글 맞춤법 제56항: 1. 지난 일을 나타내는 어미는 '-더라, -던'으로 적는다. 2. 물건이나 일의 내용을 가리지 아니하는 뜻을 나타내는 조사와 어미는 '-(든)지'로 적는다.

[해설] ①은 지난 일을 나타내는 어미 '-더라'가 쓰인 바른 표기이다. ②는 화자의 과거 경험을 회상하되 뒤 절의 일이나 상황을 일으키는 근거나 원인으로 추정됨을 나타내는 '-던-'을 사용한 바른 표기이다. ③은 과거 어느 때에 직접 경험하여 알게 된 사실을 현재의 말하는 장면에 그대로 옮겨 와서 말함을 나타내는 종결 어미 '데'로, '-더라'와 동일한 의미를 전달하고 있다. ⑤는 선택의 어미 '-든지'의 준말로 바른 표기이다.

[정답] ④. 나열된 동작이나 상태, 대상들 중에서 어느 것이든 선택될 수 있음을 나타내는 연결 어미는 '-든지'로, '-든지 -든지'('가든지 오든지', '자든지 말든지' 등)로 쓰인다.

[참고] 종결 어미 '-대'('-다고 해'의 준말)는 남이 말한 내용을 간접적으로 전달할 때 쓰인다.

[예] 8. 다음 밑줄 친 단어의 쓰임이 가장 적절한 것은?

① 내일까지 반듯이 과제를 해 오너라.
② 축제 기간에 어름낚시를 할 수 있다.
③ 그는 인턴 과정을 걷혀서 정직원이 되었다.
④ 광장에 모인 사람은 걷잡아 만 명은 될 것 같다.
⑤ 여러분 가정에 행운이 깃들길 기원하는 것으로 치사를 갈음하겠습니다.

[조항] 한글 맞춤법 제57항: 다음 말들은 각각 구별해서 적는다.

[해설] ①은 '틀림없이, 꼭'의 의미를 지니는 '반드시'로 표기한다. ②는 '물이 얼어서 굳어진 물질'로, '얼다'의 어간에 '-음'이 붙은 '얼음'으로 적는다. ③은 '어떤 과정이나 단계를 겪거나 밟다.'는 '거치다'의 활용형 '거쳐서'로 표기한다. ④는 '겉으로 보고 대강 짐작하여 헤아리다.'는 '겉잡다'의 활용형 '겉잡아'로 적는다.

[정답] ⑤. '갈음'은 '갈다(交替)'의 명사형으로, '다른 것으로 바꾸어 대신함'이라는 뜻을 지닌다.

[예] 9. 다음 밑줄 친 단어의 쓰임이 가장 적절한 것은?

① 아내는 부엌에서 김치전을 붙이고 있다.
② 이순신 장군은 나라를 위해 목숨을 받쳤다.
③ 이미 벌려 놓은 일이니까 마무리를 해야 한다.
④ 그는 자신의 배역을 위해 몸무게를 20kg이나 늘렸다.
⑤ 어머니는 할머니의 한약을 정성스럽게 다리고 계신다.

[조항] 한글 맞춤법 제57항

[해설] ①은 '번철이나 프라이팬 따위에 기름을 발라 음식을 익혀서 만들다.'는 '부치다'를 사용한다. ②는 '윗사람에게 물건을 드리다.', '무엇을 위하여 모든 것을 아낌없이 내놓거나 쓴다.'는 뜻의 '바치다'를 사용한다. ③은 '일을 계획하여 시작하거나 펼쳐 놓다.'의 '벌이다'를 사용한다. ⑤는 '약재 따위에 물을 부어 우러나도록 끓이다.'는 '달이다'로 표기한다.

[정답] ④. '늘리다'는 '수나 분량 따위를 본디보다 많아지게 하거나 무게를 더 나가게 하다.'는 '늘다'의 사동사이다.

예 10. 다음 밑줄 친 단어의 쓰임이 적절하지 않은 것은?

① 할머니께서 손자를 무릎에 앉히다.
② 멸치와 고추를 사서 간장에 졸였다.
③ 혈액 순환이 잘 안 돼 팔이 저리다.
④ 그는 먹을 것이 없어 여러 날을 주렸다.
⑤ 감기에 걸린 아이에게 주사를 맞히니 금세 좋아졌다.

[조항] 한글 맞춤법 제57항

[해설] ①은 '앉다'의 사동사 '앉히다'로, 바른 표기이다. ③은 '피가 잘 통하지 못하여 감각이 둔하고 아리다.'는 '저리다'를 사용하였다. ④는 '제대로 먹지 못하여 배를 곯다.'는 '주리다'로, 바른 표기이다. ⑤ '주사 따위로 치료를 받게 하다.'는 '맞다'의 사동사는 '맞히다'이다.

[정답] ②. '졸이다'(물을 증발시켜 분량을 적어지게 하다.) 대신 '조리다'(고기나 생선, 채소 따위를 국물에 넣고 바짝 끓여서 양념이 배어들게 하다.)를 사용해야 한다.

예 11. 다음 밑줄 친 단어의 쓰임이 가장 적절한 것은?

① 공부하느라고 밤을 새웠다.
② 자세한 설명은 있다가 할게.
③ 그는 문을 꽝 닫히고 나갔다.
④ 어머니가 아들에게 심부름을 식히다.
⑤ 그녀는 학생회 임원으로써 회의에 참석한다.

[조항] 한글 맞춤법 제57항

[해설] ②는 '조금 지난 뒤에'라는 부사 '이따가'를 사용해야 한다. ③은 '닫다'의 강세어, '닫치다(힘차게 닫다.)'로 표기해야 한다. ④는 '어떤 일이나 행동을 하게 하다.'는 뜻의 '시키다'를 사용한다. ⑤는 지위나 신분 또는 자격을 나타내는 격 조사 '-로서'를 사용해야 한다.

[정답] ①. '-느라고'는 앞 절의 사태가 뒤 절의 사태에 목적이나 원인이 됨을 나타내는 연결 어미로, 문맥적 흐름에 자연스럽다.

제6장 그 밖의 것(제57항)

『한글 맞춤법』의 제57항은 실제 생활에서 정확히 구별, 사용해야 하는 단어들의 모음이다. 다음 밑줄 친 표현 중 바른 것을 찾아 각각의 의미와 기능에 대해 살펴보기로 하자.

①
- 학생들을 둘로 <u>가름/갈음</u>하다.
- 새 책상으로 <u>가름/갈음</u>하였다.

②
- 풀을 썩힌 <u>거름/걸음</u>을 뿌리다.
- 빠른 <u>거름/걸음</u>으로 학교에 갔다.

③
- 부산에서 대구를 <u>거쳐/걷혀</u> 왔다.
- 요새는 외상값이 잘 <u>거친다/걷힌다</u>.

④
- 일이 <u>걷잡을/겉잡을</u> 수 없는 상태이다.
- 이 일은 <u>걷잡아/겉잡아</u> 이틀 걸리겠다.

⑤
- 그는 부지런하다. <u>그러므로/그럼으로</u> 잘 산다.
- 그는 열심히 공부한다. <u>그러므로/그럼으로</u> 효도한다.

⑥
- 그는 <u>노름/놀음</u>으로 전 재산을 다 날렸다.
- 즐거운 <u>노름/놀음</u> 준비에 모두들 한창이다.

⑦
- 옷을 <u>다리다/달이다</u>.
- 한약을 <u>다리다/달이다</u>.

⑧
- 학업 진도가 너무 느리다/늘이다/늘리다.
- 짧은 고무줄을 길게 느리다/늘이다/늘리다.
- 작년보다 올해 수출량을 더 느리다/늘이다/늘리다.

⑨
- 부주의로 손을 다쳤다/닫혔다/닫쳤다.
- 방문이 저절로 다쳤다/닫혔다/닫쳤다.
- 화장실 문을 힘껏 다쳤다/닫혔다/닫쳤다.

⑩
- 벌써 일을 다 마쳤다/맞혔다.
- 내가 너보다 문제를 더 마쳤다/맞혔다.

⑪
- 목이 붓고 아픈 병이 '목거리/목걸이'이다.
- 그녀의 목에 '목거리/목걸이'가 걸려 있다.

⑫
- 나라를 위해 목숨을 바쳤다/받쳤다/받혔다/밭쳤다.
- 커피를 쟁반에 바치고/받치고/받히고/밭치고 간다.
- 농장에서 쇠뿔에 바쳐/받쳐/받혀/밭쳐 뒤로 넘어졌다.
- 국수를 찬물에 헹군 후 체에 바쳐/받쳐/받혀/밭쳐 놓았다.

⑬
- 약속은 무슨 일이 있어도 반드시/반듯이 지켜라.
- 의자에 앉을 때에는 허리를 반드시/반듯이 펴고 앉아라.

⑭
- 시내에서 차와 차가 정면으로 부딪쳤다/부딪혔다.
- 횡단보도를 건너 갈 때, 자전거에 부딪쳤다/부딪혔다.

⑮
- 편지를 <u>부치다/붙이다</u>.
- 봉투에 우표를 <u>부치다/붙이다</u>.

⑯
- 아이에게 심부름을 <u>시키다/식히다</u>.
- 끓인 물은 차갑게 <u>시켜/식혀</u> 마셔라.

⑰
- 세 <u>아름/알음/앎</u>이 되는 나무이다.
- 그와 나는 <u>아름/알음/앎</u>이 있는 사이이다.
- 단편적인 <u>아름/알음/앎</u>에 만족해서는 안 된다.

⑱
- 아침에 밥을 <u>안치다/앉히다</u>.
- 아이를 의자에 <u>안치다/앉히다</u>.

⑲
- 바닷물과 민물의 <u>어름/얼음</u>에 있다.
- 추운 날씨에 <u>어름/얼음</u>이 꽁꽁 얼다.

⑳
- <u>이따가/있다가</u> 조용할 때 이야기하자.
- 학교에 <u>이따가/있다가</u> 친구를 만나러 갔다.

㉑
- 힘든 노동을 했더니 손발이 <u>저리다/절이다</u>.
- 김장을 위해서 배추를 소금에 <u>저리다/절이다</u>.

㉒
- 밥맛이 없을 때에는 생선을 <u>조려/졸여</u> 먹어라.
- 찌개나 국의 국물을 줄게 하는 것을 '<u>조리다/졸이다</u>'라 한다.

㉓
- 먹을 게 없어 배를 주리다/줄이다.
- 과소비를 주려/줄여 경제적 생활을 한다.

㉔
- 하노라고/하느라고 한 일이 이 모양이다.
- 숙제를 하노라고/하느라고 어제 밤을 새웠다.

㉕
- 여기서 고생하느니보다/고생하는 이보다 고향에 가자.
- 오후에는 학교에 오는 이가 가느니보다/가는 이보다 적다.

㉖
- 나를 미워하리만큼/미워할 이만큼 그에게 잘못한 일이 없다.
- 이 일에 찬성할 이도 반대하리만큼/반대할 이만큼 많을 것이다.

㉗
- 친구를 만나러/만나려 간다.
- 도둑을 잡으러/잡으려 했지만 용기가 없었다.

㉘
- 학생으로서/학생으로써 그럴 수는 없다.
- 그는 닭으로서/닭으로써 꿩을 대신했다.

㉙
- 그가 나를 믿으므로/믿음으로 나도 믿는다.
- 그는 믿음으로서/믿음으로써 산 보람을 느낀다.

제6장 그 밖의 것 - 해설 -

① (1) 학생들을 둘로 <u>가름/갈음</u>하다.   (2) 새 책상으로 <u>가름/갈음</u>하였다.

[해설] '가름'은 '가르다(分)'의 명사형이며, '갈음'은 '갈다(代替)'의 명사형이다. 따라서 "학생들을 둘로 **가름**하다."와 "새 책상으로 **갈음**하였다."로 적는다.

② (1) 풀을 썩힌 <u>거름/걸음</u>을 뿌리다.   (2) 빠른 <u>거름/걸음</u>으로 학교에 갔다.

[해설] '거름'은 '걸다'(흙이나 거름 따위가 기름지고 양분이 많다.)의 명사형이며, '걸음'은 '걷다(步)'의 명사형이다. 따라서 "풀을 썩힌 **거름**을 뿌리다."와 "빠른 **걸음**으로 학교에 갔다."로 적는다.

[참고] '거름'은 '걸다'의 본뜻에서 멀어져 '비료'를 뜻하기에 소리 나는 대로 적는다. '걸음'은 '걷다'의 'ㄷ' 불규칙 활용에 의해 '걸음'으로 적는다.

③ (1) 부산에서 대구를 <u>거쳐/걷혀</u> 왔다.   (2) 요새는 외상값이 잘 <u>거친다/걷힌다</u>.

[해설] '거치다'는 '경유하다'는 뜻이고, '걷히다'는 '걷다'의 피동사로 "안개(비)가 걷히다. 그물이 걷히다. 돈이 걷히다." 등으로 쓰인다. 따라서 "부산에서 대구를 **거쳐** 왔다."와 "요새는 외상값이 잘 **걷힌다**."로 적는다.

④ (1) 일이 <u>걷잡을/겉잡을</u> 수 없는 상태이다.
(2) 이 일은 <u>걷잡아/겉잡아</u> 이틀 걸리겠다.

[해설] '걷잡다'는 '쓰러지는 것을 거두어 붙잡다.'는 뜻이고, '겉잡다'는 '겉가량하여 먼저 어림치다.'란 뜻을 나타낸다. 따라서 "일이 **걷잡을** 수 없는 상태이다."와 "이 일은 **겉잡아** 이틀 걸리겠다."로 적는다.

⑤ (1) 그는 부지런하다. <u>그러므로/그럼으로</u> 잘 산다.
(2) 그는 열심히 공부한다. <u>그러므로/그럼으로</u> 효도한다.

[해설] '그러므로'는 앞의 내용이 뒤의 내용의 이유나 원인, 근거가 될 때 쓰는 접속 부사이다. 반면, '그럼으로(그렇게 하는 것으로써)'는 앞 내용이 뒤 내용의 수단이 될 때 사용한다. 따라서 "그는 부지런하다. **그러므로**(그렇기 때문에) 잘 산다."와 "그는 열심히 공부한다. **그럼으로**(그렇게 하는 것으로써) 효도한다."로 적는다.

⑥
(1) 그는 노름/놀음으로 전 재산을 다 날렸다.
(2) 즐거운 노름/놀음 준비에 모두들 한창이다.
[해설] '노름'과 '놀음'은 어간 '놀-'과 명사형 접미사 '-음'이 붙은 형태이다. '노름'은 '놀다'의 본뜻에서 멀어져 소리대로 적고, 본뜻을 지닌 '놀음'은 원형을 밝혀 적는다. 따라서 "그는 **노름**으로 전 재산을 날렸다.", "즐거운 **놀음** 준비에 모두들 한창이다."로 적는다.

⑦
(1) 옷을 다리다/달이다.   (2) 한약을 다리다/달이다.
[해설] '다리다'는 '옷이나 천 따위의 주름이나 구김을 펴기 위하여 다리미나 인두로 문지르다.'는 뜻이고, '달이다'는 "액체 따위를 끓여서 진하게 만들다./약재 따위에 물을 부어 우러나도록 끓이다."는 뜻이다. 따라서 "옷을 **다리다**."와 "한약을 **달이다**."로 적는다.

⑧
(1) 학업 진도가 너무 느리다/늘이다/늘리다.
(2) 짧은 고무줄을 길게 느리다/늘이다/늘리다.
(3) 작년보다 올해 수출량을 더 느리다/늘이다/늘리다.
[해설] '느리다'는 '속도가 빠르지 못하다.'는 뜻이고, '늘이다'는 '본디보다 더 길게 하다.'는 뜻이다. '늘리다'는 '늘다(수나 분량, 시간 따위가 본디보다 많아지다.)'의 사동사로, '크게 하거나 많게 하다.'는 뜻이다. 따라서 "학업 진도가 너무 **느리다**.", "짧은 고무줄을 길게 **늘이다**.", "작년보다 올해 수출량을 더 **늘리다**."로 적는다.

⑨
(1) 부주의로 손을 다쳤다/닫혔다/닫쳤다.
(2) 방문이 저절로 다쳤다/닫혔다/닫쳤다.
(3) 화장실 문을 힘껏 다쳤다/닫혔다/닫쳤다.
[해설] '다치다'는 '상처를 입다.'는 뜻이고, '닫히다'는 '닫다(閉)'의 피동사이다. '닫치다'는 '열린 문짝, 뚜껑, 서랍 등을 꼭꼭 또는 세게 닫다.'는 의미를 지닌다. 따라서 "부주의로 손을 **다쳤다**.", "방문이 저절로 **닫혔다**.", "화장실 문을 힘껏 **닫쳤다**."로 적는다.

⑩
(1) 벌써 일을 다 마쳤다/맞혔다.
(2) 내가 너보다 문제를 더 마쳤다/맞혔다.
[해설] '마치다'는 '어떤 일이나 과정, 절차 따위를 끝나게 하다.'는 뜻이다. '맞히다'는 '맞다'의 사동사로, '문제에 대한 답을 틀리지 않게 하다.'는 뜻이다. 따라서 "벌써 일을 다 **마쳤다**.", "내가 너보다 문제를 더 **맞혔다**."로 적는다.

⑪
(1) 목이 붓고 아픈 병이 '목거리/목걸이'이다.
(2) 그녀의 목에 '목거리/목걸이'가 걸려 있다.
[해설] '목거리'와 '목걸이'는 '목+걸-+-이'의 구성이다. 다만, '목거리'는 본뜻에서 멀어져 소리 나는 대로 적고, 본뜻을 지닌 '목걸이'는 원형을 밝혀 적는다. 따라서 "목이 붓고 아픈 병이 **목거리이다**.", "그녀의 목에 **목걸이**가 걸려 있다."로 적는다.

⑫
(1) 나라를 위해 목숨을 바쳤다/받쳤다/받혔다/밭쳤다.
(2) 커피를 쟁반에 바치고/받치고/받히고/밭치고 간다.
(3) 농장에서 쇠뿔에 바쳐/받쳐/받혀/밭쳐 뒤로 넘어졌다.
(4) 국수를 찬물에 헹군 후 체에 바쳐/받쳐/받혀/밭쳐 놓았다.
[해설] '바치다'는 '신이나 웃어른에게 정중하게 드리다.'는 뜻이다. '받치다'는 '받다'에 강세 접미사 '-치-'가 결합하여, '우산이나 양산 등을 펴 들다.', '밑에서 괴다.'라는 의미를 지닌다. '받히다'는 '받다'에 피동 접미사 '-히-'가 결합해, '머리나 뿔 따위로 세차게 부딪히다.', '머리나 뿔 따위에 받음을 당하다.'의 의미이다. '밭치다'는 '밭다(건더기와 액체가 섞인 것을 체나 거르기 장치에 따라서 액체만을 따로 받아 내다./구멍이 뚫린 물건 위에 국수나 야채 따위를 올려 물기를 빼다.)'를 강조하여 이르는 말이다. 따라서 "나라를 위해 목숨을 **바쳤다**.", "커피를 쟁반에 **받치고** 간다.", "농장에서 쇠뿔에 **받혀** 뒤로 넘어졌다.", "국수를 찬물에 헹군 후 체에 **밭쳐** 놓았다."로 적는다.

⑬
(1) 약속은 무슨 일이 있어도 반드시/반듯이 지켜라.
(2) 의자에 앉을 때에는 허리를 반드시/반듯이 펴고 앉아라.
[해설] '반드시'는 '꼭, 틀림없이'란 의미로, '반듯하다'는 의미와 관련 없어 소리 나는 대로 적는다. '반듯이'는 〈한글 맞춤법〉 제25항('-하다'가 붙는 어근에 '-히'나 '-이'가 붙어서 부사가 되거나, 부사에 '-이'가 붙어서 뜻을 더하는 경우에는 그 어근이나 부사의 원형을 밝히어 적는다.)에 따라 적은 것으로, '반듯하다'는 의미와 관련 있다. 따라서 "약속은 무슨 일이 있어도 **반드시** 지켜라.", "의자에 앉을 때에는 허리를 **반듯이** 펴고 앉아라."로 적는다.

⑭
(1) 시내에서 차와 차가 정면으로 부딪쳤다/부딪혔다.
(2) 횡단보도를 건너 갈 때, 자전거에 부딪쳤다/부딪혔다.
[해설] '부딪치다'는 주어가 부딪는 행위를 하는 능동사로, '부딪다'의 강조 표현이다. '부딪히다'는 피동사로, 주어가 부딪는 행위를 당한 경우에 쓰인다. 따라서 "시내에서 차와 차가 정면으로 **부딪쳤다**.", "횡단보도를 건너 갈 때, 자전거에 **부딪혔다**."로 적는다.

⑮
(1) 편지를 부치다/붙이다.
(2) 봉투에 우표를 부치다/붙이다.

[해설] '부치다'와 '붙이다'는 '붙다'와 관련이 있지만, '붙다'(맞닿아 떨어지지 아니하다.)의 의미가 살아있는 '붙이다'와 그렇지 않은 '부치다'로 구분한다. 먼저, '부치다'는 '힘이 미치지 못하다, 편지 또는 물건을 보내다, 논밭을 다루어서 농사를 짓다, 프라이팬에 기름을 바르고 빈대떡 등을 익혀 만들다, 어떤 문제를 의논 대상으로 내놓다, 원고를 인쇄에 넘기다, 몸이나 식사 따위를 의탁하다.' 등의 의미를 나타낸다. 반면, '붙이다'는 '붙게 하다, 서로 맞닿게 하다, 두 편의 관계를 맺게 하다, 불이 옮아서 타게 하다, 딸려 붙게 하다, 습관이나 취미 등이 익어지게 하다, 이름을 가지게 하다.' 등의 뜻을 나타낸다. 따라서 "편지를 **부치다**."와 "봉투에 우표를 **붙이다**."로 적는다.

⑯
(1) 아이에게 심부름을 시키다/식히다.
(2) 끓인 물은 차갑게 시켜/식혀 마셔라.

[해설] '시키다'는 '어떤 일이나 행동을 하게 하다.'란 뜻이며, '식히다'는 '식다'(더운 기를 없애다.)의 사동사로 '식게 하다'란 뜻이다. 따라서 "아이에게 심부름을 **시키다**."와 "끓인 물을 차갑게 **식혀** 마셔라."로 적는다.

⑰
(1) 세 아름/알음/앎이 되는 나무이다.
(2) 그와 나는 아름/알음/앎이 있는 사이이다.
(3) 단편적인 아름/알음/앎에 만족해서는 안 된다.

[해설] '아름'은 '두 팔을 벌려 껴안은 둘레의 길이'의 명사와 '둘레의 길이를 나타내는 단위'의 의존 명사로 기능한다. 반면, '알다'의 명사형 '알음'은 '사람끼리 서로 아는 일'을 의미하며, '앎'은 '지식'이라는 의미의 독립 명사로 굳어진 말이다. 따라서 "세 **아름**이 되는 나무이다.", "그와 나는 **알음**이 있는 사이이다.", "단편적인 **앎**에 만족해서는 안 된다."로 적는다.

⑱
(1) 아침에 밥을 안치다/앉히다.
(2) 아이를 의자에 안치다/앉히다.

[해설] '안치다'는 '밥, 찌개 등의 음식을 만들기 위해 재료를 솥, 냄비에 넣어 불 위에 올려놓는다.'의 의미로 사용한다. 반면, 사람이나 동물 등의 몸을 특정한 자리에 올려놓을 때에는 '앉다'의 사동사인 '앉히다(앉게 하다)'를 사용한다. 따라서 "아침에 밥을 **안치다**.", "아이를 의자에 **앉히다**."로 적는다.

⑲
(1) 바닷물과 민물의 어름/얼음에 있다.
(2) 추운 날씨에 어름/얼음이 꽁꽁 얼다.
[해설] '어름'은 '두 물건의 끝이 닿은 데'를 뜻한다. 반면, '얼음(물이 얼어서 굳어진 것)'은 '얼다'의 어간 '얼-'에 '-음'이 붙은 형태로 어간의 본 모양을 밝히어 적는다. 따라서 "바닷물과 민물의 **어름**에 있다.", "추운 날씨에 **얼음**이 꽁꽁 얼다."로 적는다.

⑳
(1) 이따가/있다가 조용할 때 이야기하자.
(2) 학교에 이따가/있다가 친구를 만나러 갔다.
[해설] 부사 '이따가'는 '조금 지난 뒤에'란 뜻이다. '있다가'는 동사 어간 '있-'에 연결 어미 '-다가'가 결합한 것으로, '있다'의 본뜻이 남아 있어 그 원형을 밝혀 적고 있다. 따라서 "**이따가** 조용할 때 이야기하자.", "학교에 **있다가** 친구를 만나러 갔다."로 적는다.

㉑
(1) 힘든 노동을 했더니 손발이 저리다/절이다.
(2) 김장을 위해서 배추를 소금에 저리다/절이다.
[해설] '저리다'는 '다리에 피가 통하지 않아 힘이 없고 감각이 둔하다.'는 뜻이다. '절이다'는 '절다'의 사동사로서 '생선이나 야채 따위를 간이 들거나 숨이 죽도록 소금기가 배어들게 하다.'의 뜻이다. 따라서 "힘든 노동을 했더니 손발이 **저리다**.", "김장을 위해서 배추를 소금에 **절이다**."로 적는다.

㉒
(1) 밥맛이 없을 때에는 생선을 조려/졸여 먹어라.
(2) 찌개나 국의 국물을 줄게 하는 것을 조리다/졸이다'라 한다.
[해설] '조리다'는 '고기나 생선, 채소 따위를 양념하여 국물이 거의 없게 바짝 끓이다.'는 뜻이다. 반면, '졸이다'는 '마음을 초조하게 먹다.'란 뜻이다. 따라서 "밥맛이 없을 때에는 생선을 **조려** 먹어라.", "찌개나 국의 국물을 줄게 하는 것을 '**졸이다**'라 한다."로 적는다.

㉓
(1) 먹을 게 없어 배를 주리다/줄이다.
(2) 과소비를 조려/줄여 경제적 생활을 한다.
[해설] '주리다'는 '먹을 것이 없어 배를 곯다.'는 뜻으로, 유의어 '굶주리다'로 많이 사용한다. '줄이다'는 '줄다'의 사동사로 '물체의 길이, 면적 등이 작아지게 하고, 수나 분량이 적어지게 한다.'는 뜻이다. 따라서 "먹을 게 없어 배를 **주리다**.", "과소비를 **줄여** 경제적 생활을 한다."로 적는다.

㉔
(1) <u>하노라고</u>/<u>하느라고</u> 한 일이 이 모양이다.
(2) 숙제를 <u>하노라고</u>/<u>하느라고</u> 어제 밤을 새웠다.

[해설] '-노라고'는 화자 자신의 의지나 목적을 드러내는 연결 어미로, '자기 나름으로는 한다고' 정도의 의미를 나타낸다. 반면 '-느라고'는 앞의 내용이 뒤 내용의 원인이 됨을 표현하는 연결 어미로, '-는 일로 인하여'란 의미를 나타낸다. 따라서 "**하노라고** 한 일이 이 모양이다.", "숙제를 **하느라고** 어제 밤을 새웠다."로 적는다.

㉕
(1) 여기서 <u>고생하느니보다</u>/<u>고생하는 이보다</u> 고향에 가자.
(2) 오후에는 학교에 오는 이가 <u>가느니보다</u>/<u>가는 이보다</u> 적다.

[해설] '-느니(보다)'는 '-느니(앞 절을 선택하기보다는 뒤 절의 사태를 선택함을 나타내는 연결 어미)'의 활용형이다. 반면, '-는 이보다'는 관형사형 어미 '-는' 뒤에 '사람'을 뜻하는 의존 명사 '-이'와 비교의 의미를 지는 격 조사 '보다'가 결합한 구조이다. 따라서 "여기서 **고생하느니보다** 고향에 가자.", "오후에는 학교에 오는 이가 **가는 이보다** 적다."로 적는다.

[참고] (1)과 (2) 표현에서 띄어쓰기를 주의해야 한다.

㉖
(1) 나를 <u>미워하리만큼</u>/<u>미워할 이만큼</u> 그에게 잘못한 일이 없다.
(2) 이 일에 찬성할 이도 <u>반대하리만큼</u>/<u>반대할 이만큼</u> 많을 것이다.

[해설] '-(으)리만큼'은 '-을 정도로'의 뜻을 나타내는 연결 어미로, '안타깝다'와 결합하면 '안타까우리만큼'과 같이 모음 음절을 붙여 적는다. 반만, '-(으)ㄹ 이만큼'은 '-ㄹ 사람만큼'이란 뜻으로, 관형사형 어미 '-(으)ㄹ' 뒤에 의존 명사 '이'와 보조사 '만큼'이 결합한 것이다. 따라서 "나를 **미워하리만큼** 그에게 잘못한 일이 없다.", "이 일에 찬성할 이도 **반대할 이만큼** 많을 것이다."로 적는다.

㉗
(1) 친구를 <u>만나러</u>/<u>만나려</u> 간다.
(2) 도둑을 <u>잡으러</u>/<u>잡으려</u> 했지만 용기가 없었다.

[해설] 연결 어미 '-(으)러'는 주로 '가다, 오다'와 힘께 쓰여 동작의 목적을 나타내고, '-(으)려'는 '하다'와 어울려 화자 자신의 욕망이나 의도를 나타낸다. 의도 표현의 '-(으)려'에 '고'를 결합하면 목적의 의미가 나타난다. 따라서 "친구를 **만나러** 간다.", "도둑을 **잡으려** 했지만 용기가 없었다."로 적는다.

[참고] 연결 어미 '-(으)려'는 주체의 의도나 욕망 외에 곧 일어날 움직임이나 상태의 변화를 나타내기도 한다. 예를 들면, "새싹이 돋으려 한다.", "날이 밝으려 한다."와 같다.

㉘
(1) 학생으로서/학생으로써 그럴 수는 없다.
(2) 그는 닭으로서/닭으로써 꿩을 대신했다.

[해설] '-(으)로서'와 '-(으)로써'는 둘 다 체언 뒤에 붙는 조사라는 점에서 동일하다. 그러나 전자는 '지위, 자격, 신분'으로 쓰이고, 후자는 '재료, 수단, 방법'의 의미로 사용된다. 따라서 "**학생으로서** 그럴 수는 없다.", "그는 **닭으로써** 꿩을 대신했다."로 적는다.

㉙
(1) 그가 나를 믿으므로/믿음으로 나도 믿는다.
(2) 그는 믿음으로서/믿음으로써 산 보람을 느낀다.

[해설] '-(으)므로'는 까닭의 의미를 나타내는 어미로, 예문 (1)은 '믿기 때문에'로 해석이 가능하다. 반면 '(-ㅁ, -음)으로(써)'는 용언의 명사형에 조사가 결합한 구조로, '도구'나 '수단' 또는 '방법'의 의미를 나타낸다. 따라서 원인의 '-기 때문에'와 교체가 가능하면 '-(으)므로'를 사용하고, 그렇지 않으면 '(-ㅁ, -음)으로(써)'를 사용해야 한다. 결국, "그가 나를 **믿으므로** 나도 믿는다.", "그는 **믿음으로써** 산 보람을 느낀다."로 적는다.

연습 문제 (정답 186쪽)

문 1. 다음 밑줄 친 부분이 한글 맞춤법에 가장 적절한 것은?

① 오늘은 웬지 기분이 좋다.
② 아까운 재능을 썪이고 있다.
③ 숫자 15은 3의 다섯 갑절이다.
④ 추수가 끝난 논바닥에서 낟알을 줍다.
⑤ 전래동화는 예부터 전해 내려오는 이야기이다.

[해설]
①
②
③
④
⑤

[정답] _____

문 2. 다음 밑줄 친 부분이 한글 맞춤법에 적절하지 않은 것은?

① 지겟꾼을 불러 짐을 옮기다.
② 그는 부지런하므로 잘 산다.
③ 좋은 기회를 번번이 놓치다.
④ 그 정치인은 말을 참 잘하던데!
⑤ 아버지 옆에 지긋이 앉아 말씀을 듣고 있다.

[해설]
①
②
③
④
⑤

[정답] _____

- 한글 맞춤법 모의 평가 (정답 200쪽) -

문 1. 다음 중, 한글 자모의 이름이 바른 것끼리 묶인 것은?

① ㄱ:기윽, ㄷ:디귿 ② ㄱ:기역, ㅎ:히읗
③ ㄷ:디귿, ㅅ:시읏 ④ ㅇ:이응, ㅋ:키윽
⑤ ㄱ:기역, ㅅ:시옷

문 2. 다음 중, 한글 맞춤법 표기로 적절하지 않은 것은?

① 떡볶이를 먹다.
② 뒷꿈치를 들어 들어가다.
③ 책의 머리말을 먼저 읽다.
④ 지난 며칠 폭우가 내리고 있다.
⑤ 우리는 시험을 본 이튿날 여행을 갔다.

문 3. 다음 중, 한글 맞춤법 표기로 가장 적절한 것은?

① 옷을 꺼꾸로 입었다.
② 세수하면서 눈꼽을 뗐다.
③ 나무에 딱다구리가 앉아 있다.
④ 교실의 게시판에 안내문이 붙었다.
⑤ 집으로 오다가 오뚜기 장난감을 샀다.

문 4. 다음 중, 한글 맞춤법 표기로 적절하지 않은 것은?

① 하마터면 큰일날 뻔했다.
② 이번 일은 아무튼 내가 미안하다.
③ 친구의 생일 선물로 꽃이 안성맞춤이다.
④ 그는 선생님 앞에서도 서슴치 않고 말한다.
⑤ 그녀는 대학에 합격하기 위해 갖은 노력을 다하였다.

문 5. 다음 <보기>의 설명에 해당하는 단어로 바르게 묶인 것은?

> 순우리말로 된 합성어로서, 앞말이 모음으로 끝나고 뒷말의 첫소리가 된소리로 나면 사이시옷을 받치어 적는다.

① 냇가, 냇물
② 귓밥, 귓병
③ 나룻배, 전셋집
④ 머릿방, 아랫방
⑤ 나뭇가지, 머릿기름

문 6. 다음 중, 한글 맞춤법 표기로 적절하지 않은 것은?

① 깍뚜기 김치
② 선생님의 따님
③ 미닫이 문틈
④ 돼지고기의 비계
⑤ 소나무의 이파리

문 7. 다음 중, 한글 맞춤법 표기로 가장 적절한 것은?

① 이 쌀은 햇쌀이다.
② 생선을 싯가로 판다.
③ 나의 졸업 연도가 궁금하다.
④ 어제는 날씨가 많이 춥드라.
⑤ 그는 멋적은 듯 어색한 표정을 지었다.

문 8. 다음 중, 한글 맞춤법 표기로 적절하지 않은 것은?

① 살림이 넉넉지 않다.
② 그는 개구쟁이 장난꾸러기이다.
③ 집안을 아주 깨끗이 청소하도록 해라.
④ 그녀는 시집을 와서 귀먹어리 삼 년을 보냈다.
⑤ 경제가 살아나기 위해서는 수출량이 증가해야 한다.

문 9. 다음 중, 한글 맞춤법 표기로 가장 적절한 것은?

① 얼굴에 미소를 띠다. ② 손님, 어서 오십시요.
③ 약속은 반드시 지킬께. ④ 어머니의 거칠은 손을 보다.
⑤ 낚싯꾼들이 모여 낚시를 한다.

문 10. 다음 중, 한글 맞춤법 표기로 적절하지 않은 것은?

① 씹던 껌을 빨리 뱉어라.
② 그는 나를 보고 넙죽 절을 했다.
③ 벌에 쐬여 얼굴이 퉁퉁 부었다.
④ 이 자리를 빌려 감사한 마음을 전합니다.
⑤ 할아버지께서 착한 사람이 되라고 하셨다.

문 11. 다음 중, 한글 맞춤법 표기로 가장 적절한 것은?

① 이번 일은 순조로웠다.
② 비가 왔음에 강물이 넘쳤다.
③ 다음 공난에 알맞은 답을 써라.
④ 내가 생각컨대 어제 일은 내 잘못이야.
⑤ 모두를 위해 실내에서 흡연을 삼가해 주십시오.

문 12. 다음 중, 한글 맞춤법 표기로 적절하지 않은 것은?

① 학교에 가든가 말든가 마음대로 해.
② 철수가 그러는데, 아바타2 정말 재미있데.
③ 저 산 너머 외딴 곳에는 아무도 살지 않는다.
④ '꼬꼬무'의 이야기는 귀에 번쩍 띄는 이야기이다.
⑤ 씨름 선수들이 가장 잘 쓰는 기술이 밭다리 기술이다.

문 13. 다음 중, 한글 맞춤법 표기로 가장 적절한 것은?

① 휴일에 빈대떡을 <u>붙여</u> 먹었다.
② 선인은 나라를 위해 목숨을 <u>받쳤다</u>.
③ 회사의 면접을 위해 새 양복을 <u>마쳤다</u>.
④ 목장에 있는 <u>푼소</u>가 풋사과를 먹고 있다.
⑤ 내일 떠나기 전까지 <u>아몰든</u> 숙제 다 해 놓아라.

문 14. 다음 중, 한글 맞춤법 표기로 적절하지 <u>않은</u> 것은?

① <u>아지랑이</u>가 피어 오른다.
② 철수가 공부를 열심히 <u>않</u> 한다.
③ 오늘과 내일 설거지는 내가 <u>할게</u>.
④ 커피를 탄 후, <u>찻잔</u>에 받쳐 갖다 드려라.
⑤ 책상 옆에는 아주 <u>조그만</u> 인형이 놓여 있다.

문 15. 다음 중, 한글 맞춤법 표기로 가장 적절한 것은?

① <u>옛스러운</u> 멋이 있다.
② 싸움으로 밖이 <u>떠들석하다</u>.
③ 토론에서 친구와 논쟁을 <u>벌이다</u>.
④ 나는 여자 친구에게 <u>넋두리</u>를 늘어놓았다.
⑤ 우리 모두 코로나 <u>낳으면</u> 대면으로 만나자.

문 16. 다음 중, 한글 맞춤법 표기로 적절하지 <u>않은</u> 것은?

① 한복의 빛깔이 <u>곱다</u>.
② '달님과 <u>해님</u>'의 동화는 재미있다.
③ 그 신사는 의자에 앉은 채 <u>지그시</u> 눈을 감았다.
④ 옛 선인의 말씀을 <u>좇는</u> 삶도 의미 있는 삶이다.
⑤ 이번 문제를 <u>맞춘</u> 사람에게 햄버거와 감자튀김을 선물한다.

문 17. 다음 중, 밑줄 친 부분의 띄어쓰기가 가장 적절한 것은?

① 저 개는 <u>강아지 만하다</u>.
② 보고서는 <u>기한내까지</u> 제출하세요.
③ 시험에 꼭 합격해야 <u>할 텐데</u> 걱정이다.
④ 살다가 너처럼 <u>엉터리같은</u> 녀석은 처음 본다.
⑤ 그는 고향을 <u>떠난지</u> 삼 년 만에 다시 고향으로 돌아왔다.

문 18. 다음 중, 밑줄 친 부분의 띄어쓰기가 적절하지 <u>않은</u> 것은?

① 그의 나이 <u>서른다섯</u>이다.
② 수중에 돈이 <u>만 원밖에</u> 없다.
③ 헬스를 <u>하고서부터</u> 몸이 건강해졌다.
④ 너도 시간이 있으면 도서관에 <u>한 번</u> 가 봐.
⑤ 장학생이 되었다는 연락이 <u>온 바</u> 이를 알려 드립니다.

문 19. 다음 중, 밑줄 친 부분의 띄어쓰기가 가장 적절한 것은?

① 그는 <u>가수겸 배우</u>이다.   ② 커피 <u>한잔</u> 주세요.
③ 우리가 <u>3대 1</u>로 이겼다.   ④ <u>본대로</u> 들은 대로 말해라.
⑤ 집에서 <u>공부하는데</u> 친구가 왔다.

문 20. 다음 중, 밑줄 친 부분의 띄어쓰기가 적절하지 <u>않은</u> 것은?

① <u>큰 소리</u>에 깜짝 놀랐다.
② 다음 <u>김진호님</u> 들어오십시오.
③ 나는 밥을 <u>먹는 데</u> 오랜 시간이 걸린다.
④ 그 사람은 우유부단해서 변덕이 죽 <u>끓듯</u> 하다.
⑤ 돼지 등뼈와 감자가 가득한 감자탕이 <u>먹음직하다</u>.

문 21. 다음 중, 한글 맞춤법 표기로 가장 적절한 것은?

① 낫으로 풀을 <u>배다</u>.
② 가족이 모여 만두를 <u>빗다</u>.
③ 과제를 하느라 꼬박 밤을 <u>세우다</u>.
④ 적은 세 <u>갑절</u>이나 많은 병력을 갖추었다.
⑤ 지하철에는 <u>홀몸</u>이 아닌 사람을 위한 자리가 있다.

문 22. 다음 중, 한글 맞춤법 표기로 적절하지 <u>않은</u> 것은?

① 부주의로 손을 <u>다쳤다</u>.
② 너 좀 <u>이따가</u> 나 좀 보고 가라.
③ 그와 나는 전부터 <u>앎</u>이 있는 사이이다.
④ 그가 나를 <u>믿으므로</u> 나 또한 그를 믿는다.
⑤ 뜨거운 음식은 목에 안 좋으니 <u>식혀서</u> 먹어라.

문 23. 다음 중, 한글 맞춤법 표기로 적절하지 <u>않은</u> 것은?

① <u>느긋이</u> 하다.   ② <u>소홀이</u> 하다.
③ <u>틈틈이</u> 하다.   ④ <u>과감히</u> 하다.
⑤ <u>조용히</u> 하다.

문 24. 다음 중, 한글 맞춤법 표기로 가장 적절한 것은? (두 가지를 고르시오.)

① 우리 집 <u>막냇동생</u>이 귀엽다.
② 요즘 <u>전셋방</u> 구하기기 힘들다.
③ <u>댓가</u>를 바라고 친구를 도와주면 안 된다.
④ 그는 아무런 <u>인삿말</u>도 없이 그 자리를 떠났다.
⑤ 메뉴판에는 <u>만둣국</u>, <u>순댓국</u>, <u>복엇국</u>, <u>김칫국</u> 등이 있다.

- 문장 부호 -

문장 부호는 글에서 문장의 구조를 드러내거나 글쓴이의 의도를 전달하기 위하여 사용하는 부호이다. 문장 부호의 이름과 사용법은 다음과 같이 정한다.

1. 마침표(.)/온점

(1) 서술, 명령, 청유 등을 나타내는 문장의 끝에 쓴다.
 예) 젊은이는 나라의 기둥입니다.   예) 제 손을 꼭 잡으세요.   예) 집으로 돌아갑시다.

[붙임 1] 직접 인용한 문장의 끝에는 쓰는 것을 원칙으로 하되, 쓰지 않는 것을 허용한다.(ㄱ을 원칙으로 하고, ㄴ을 허용함.)
 예) ㄱ. 그는 "지금 바로 떠나자."라고 말하며 서둘러 짐을 챙겼다.
   ㄴ. 그는 "지금 바로 떠나자"라고 말하며 서둘러 짐을 챙겼다.

[붙임 2] 용언의 명사형이나 명사로 끝나는 문장에는 쓰는 것을 원칙으로 하되, 쓰지 않는 것을 허용한다.(ㄱ을 원칙으로 하고, ㄴ을 허용함.)
 예) ㄱ. 목적을 이루기 위하여 몸과 마음을 다하여 애를 씀.
   ㄴ. 목적을 이루기 위하여 몸과 마음을 다하여 애를 씀

다만, 제목이나 표어에는 쓰지 않음을 원칙으로 한다.
 예) 압록강은 흐른다   예) 꺼진 불도 다시 보자   예) 건강한 몸 만들기

(2) 아라비아 숫자만으로 연월일을 표시할 때 쓴다.
 예) 1919. 3. 1.   예) 10. 1.~10. 12.

(3) 특정한 의미가 있는 날을 표시할 때 월과 일을 나타내는 아라비아 숫자 사이에 쓴다.
 예) 3.1 운동   예) 8.15 광복

[붙임] 이때는 마침표 대신 가운뎃점을 쓸 수 있다.
 예) 3·1 운동   예) 8·15 광복

(4) 장, 절, 항 등을 표시하는 문자나 숫자 다음에 쓴다.
 예) 가. 인명   예) ㄱ. 머리말   예) Ⅰ. 서론

2. 물음표(?)

(1) 의문문이나 의문을 나타내는 어구의 끝에 쓴다.
　　예 점심 먹었어?　　　　　　예 남북이 통일되면 얼마나 좋을까?

　[붙임 1] 한 문장 안에 몇 개의 선택적인 물음이 이어질 때는 맨 끝의 물음에만 쓰고, 각 물음이 독립적일 때는 각 물음의 뒤에 쓴다.
　　　예 너는 중학생이냐, 고등학생이냐?
　　　예 너는 여기에 언제 왔니? 어디서 왔니? 무엇하러 왔니?

　[붙임 2] 의문의 정도가 약할 때는 물음표 대신 마침표를 쓸 수 있다.
　　　예 도대체 이 일을 어쩐단 말이냐.　예 이것이 과연 내가 찾던 행복일까.

　　다만, 제목이나 표어에는 쓰지 않음을 원칙으로 한다.
　　　예 역사란 무엇인가　　　　예 아직도 담배를 피우십니까

(2) 특정한 어구의 내용에 대하여 의심, 빈정거림 등을 표시할 때, 또는 적절한 말을 쓰기 어려울 때 소괄호 안에 쓴다.
　　예 우리와 의견을 같이할 사람은 최 선생(?) 정도인 것 같다.
　　예 30점이라, 거참 훌륭한(?) 성적이군.

(3) 모르거나 불확실한 내용임을 나타낼 때 쓴다.
　　예 최치원(857~?)은 통일 신라 말기에 이름을 떨쳤던 학자이자 문장가이다.
　　예 조선 시대의 시인 강백(1690?~1777?)의 자는 자청이고, 호는 우곡이다.

3. 느낌표(!)

(1) 감탄문이나 감탄사의 끝에 쓴다.
　　예 이거 정말 큰일이 났구나!　　예 어머!

　[붙임] 감탄의 정도가 약할 때는 느낌표 대신 쉼표나 마침표를 쓸 수 있다.
　　　예 어, 벌써 끝났네.　　　　예 날씨가 참 좋군.

(2) 특별히 강한 느낌을 나타내는 어구, 평서문, 명령문, 청유문에 쓴다.
　　예 청춘! 이는 듣기만 하여도 가슴이 설레는 말이다.　예 이야, 정말 재밌다!
　　예 지금 즉시 대답해!　　　　　　　　　　예 앞만 보고 달리자!

(3) 물음의 말로 놀람이나 항의의 뜻을 나타내는 경우에 쓴다.
예 이게 누구야!   예 내가 왜 나빠!

(4) 감정을 넣어 대답하거나 다른 사람을 부를 때 쓴다.
예 네!   예 언니!

4. 쉼표(,)/반점

(1) 같은 자격의 어구를 열거할 때 그 사이에 쓴다.
예 근면, 검소, 협동은 우리 겨레의 미덕이다.   예 5보다 작은 자연수는 1, 2, 3, 4이다.

다만, (가) 쉼표 없이도 열거되는 사항임이 쉽게 드러날 때는 쓰지 않을 수 있다.
예 아버지 어머니께서 함께 오셨어요.
예 네 돈 내 돈 다 합쳐 보아야 만 원도 안 되겠다.

(나) 열거할 어구들을 생략할 때 사용하는 줄임표 앞에는 쉼표를 쓰지 않는다.
예 광역시: 광주, 대구, 대전……

(2) 짝을 지어 구별할 때 쓴다.
예 닭과 지네, 개와 고양이는 상극이다.

(3) 이웃하는 수를 개략적으로 나타낼 때 쓴다.
예 5, 6세기   예 6, 7, 8개

(4) 열거의 순서를 나타내는 어구 다음에 쓴다.
예 첫째, 몸이 튼튼해야 한다.   예 마지막으로, 무엇보다 마음이 편해야 한다.

(5) 문장의 연결 관계를 분명히 하고자 할 때 절과 절 사이에 쓴다.
예 콩 심은 데 콩 나고, 팥 심은 데 팥 난다.
예 떡국은 설날의 대표적인 음식인데, 이걸 먹어야 비로소 나이도 한 살 더 먹는다고 한다.

(6) 같은 말이 되풀이되는 것을 피하기 위하여 일정한 부분을 줄여서 열거할 때 쓴다.
예 여름에는 바다에서, 겨울에는 산에서 휴가를 즐겼다.

(7) 부르거나 대답하는 말 뒤에 쓴다.

　　예 지은아, 이리 좀 와 봐.　　　　예 네, 지금 가겠습니다.

(8) 한 문장 안에서 앞말을 '곧', '다시 말해' 등과 같은 어구로 다시 설명할 때 앞말 다음에 쓴다.

　　예 책의 서문, 곧 머리말에는 책을 지은 목적이 드러나 있다.

　　예 원만한 인간관계는 말과 관련한 예의, 즉 언어 예절을 갖추는 것에서 시작된다.

(9) 문장 앞부분에서 조사 없이 쓰인 제시어나 주제어의 뒤에 쓴다.

　　예 돈, 돈이 인생의 전부이더냐?

　　예 열정, 이것이야말로 젊은이의 가장 소중한 자산이다.

(10) 한 문장에 같은 의미의 어구가 반복될 때 앞에 오는 어구 다음에 쓴다.

　　예 그의 애국심, 몸을 사리지 않고 국가를 위해 헌신한 정신을 우리는 본받아야 한다.

(11) 도치문에서 도치된 어구들 사이에 쓴다.

　　예 이리 오세요, 어머님.　　　　예 다시 보자, 한강수야.

(12) 바로 다음 말과 직접적인 관계에 있지 않음을 나타낼 때 쓴다.

　　예 갑돌이는, 울면서 떠나는 갑순이를 배웅했다.

　　예 철원과, 대관령을 중심으로 한 강원도 산간 지대에 예년보다 일찍 첫눈이 내렸습니다.

(13) 문장 중간에 끼어든 어구의 앞뒤에 쓴다.

　　예 나는, 솔직히 말하면, 그 말이 별로 탐탁지 않아.

[붙임 1] 이때는 쉼표 대신 줄표를 쓸 수 있다.

　　　　예 나는 — 솔직히 말하면 — 그 말이 별로 탐탁지 않아.

[붙임 2] 끼어든 어구 안에 다른 쉼표가 들어 있을 때는 쉼표 대신 줄표를 쓴다.

　　　　예 이건 내 것이니까 — 아니, 내가 처음 발견한 것이니까 — 절대로 양보할 수 없다.

(14) 특별한 효과를 위해 끊어 읽는 곳을 나타낼 때 쓴다.

　　예 이 전투는 바로 우리가, 우리만이, 승리로 이끌 수 있다.

(15) 짧게 더듬는 말을 표시할 때 쓴다.

　　예 선생님, 부, 부정행위라니요? 그런 건 새, 생각조차 하지 않았습니다.

5. 가운뎃점(·)

(1) 열거할 어구들을 일정한 기준으로 묶어서 나타낼 때 쓴다.
   예 민수·영희, 선미·준호가 서로 짝이 되어 윷놀이를 하였다.
   예 지금의 경상남도·경상북도, 전라남도·전라북도, 충청남도·충청북도 지역을 예부터 삼남이라 일러 왔다.

(2) 짝을 이루는 어구들 사이에 쓴다.
   예 한(韓)·이(伊) 양국 간의 무역량이 늘고 있다.
   예 우리는 그 일의 참·거짓을 따질 겨를도 없었다.

   다만, 이때는 가운뎃점을 쓰지 않거나 쉼표를 쓸 수도 있다.
   예 한(韓) 이(伊) 양국 간의 무역량이 늘고 있다.
   예 우리는 그 일의 참, 거짓을 따질 겨를도 없었다.

(3) 공통 성분을 줄여서 하나의 어구로 묶을 때 쓴다.
   예 상·중·하위권   예 금·은·동메달   예 통권 제54·55·56호

   [붙임] 이때는 가운뎃점 대신 쉼표를 쓸 수 있다.
   예 상, 중, 하위권   예 금, 은, 동메달   예 통권 제54, 55, 56호

6. 쌍점(:)

(1) 표제 다음에 해당 항목을 들거나 설명을 붙일 때 쓴다.
   예 문방사우: 종이, 붓, 먹, 벼루   예 일시: 2014년 10월 9일 10시

(2) 희곡 등에서 대화 내용을 제시할 때 말하는 이와 말한 내용 사이에 쓴다.
   예 김 과장: 난 못 참겠다.   예 아들: 아버지, 제발 제 말씀 좀 들어 보세요.

(3) 시와 분, 장과 절 등을 구별할 때 쓴다.
   예 오전 10:20(오전 10시 20분)   예 두시언해 6:15(두시언해 제6권 제15장)

(4) 의존명사 '대'가 쓰일 자리에 쓴다.
   예 65:60(65 대 60)   예 청군:백군(청군 대 백군)

   [붙임] 쌍점의 앞은 붙여 쓰고 뒤는 띄어 쓴다. 다만, (3)과 (4)에서는 쌍점의 앞뒤를 붙여 쓴다.

7. 빗금(/)

(1) 대비되는 두 개 이상의 어구를 묶어 나타낼 때 그 사이에 쓴다.
    예) 먹이다/먹히다   예) 남반구/북반구

(2) 기준 단위당 수량을 표시할 때 해당 수량과 기준 단위 사이에 쓴다.
    예) 100미터/초   예) 1,000원/개

(3) 시의 행이 바뀌는 부분임을 나타낼 때 쓴다.
    예) 산에 / 산에 / 피는 꽃은 / 저만치 혼자서 피어 있네

    다만, 연이 바뀜을 나타낼 때는 두 번 겹쳐 쓴다.
    예) 산에는 꽃 피네 / 꽃이 피네 / 갈 봄 여름 없이 / 꽃이 피네 // 산에 / 산에 / 피는 꽃은 / 저만치 혼자서 피어 있네

[붙임] 빗금의 앞뒤는 (1)과 (2)에서는 붙여 쓰며, (3)에서는 띄어 쓰는 것을 원칙으로 하되 붙여 쓰는 것을 허용한다. 단, (1)에서 대비되는 어구가 두 어절 이상인 경우에는 빗금의 앞뒤를 띄어 쓸 수 있다.

8. 큰따옴표(" ")

(1) 글 가운데에서 직접 대화를 표시할 때 쓴다.
    예) "어머니, 제가 가겠어요." - "아니다. 내가 다녀오마."

(2) 말이나 글을 직접 인용할 때 쓴다.
    예) 나는 "어, 광훈이 아니냐?" 하는 소리에 깜짝 놀랐다.
    예) 밤하늘에 반짝이는 별들을 보면서 "나는 아무 걱정도 없이 가을 속의 별들을 다 헬 듯합니다."라는 시구를 떠올렸다.

9. 작은따옴표(' ')

(1) 인용한 말 안에 있는 인용한 말을 나타낼 때 쓴다.
    예) 그는 "여러분! '시작이 반이다.'라는 말 들어 보셨죠?"라고 말하며 강연을 시작했다.

(2) 마음속으로 한 말을 적을 때 쓴다.
    예) 나는 '일이 다 틀렸나 보군.' 하고 생각하였다.

10. 소괄호(( ))

(1) 주석이나 보충적인 내용을 덧붙일 때 쓴다.
　　예 니체(독일의 철학자)의 말을 빌리면 다음과 같다.　예 2014. 12. 19.(금)

(2) 우리말 표기와 원어 표기를 아울러 보일 때 쓴다.
　　예 기호(嗜好), 자세(姿勢)　　　　　　　　예 커피(coffee), 에티켓(étiquette)

(3) 생략할 수 있는 요소임을 나타낼 때 쓴다.
　　예 학교에서 동료 교사를 부를 때는 이름 뒤에 '선생(님)'이라는 말을 덧붙인다.
　　예 광개토(대)왕은 고구려의 전성기를 이끌었던 임금이다.

(4) 희곡 등 대화를 적은 글에서 동작이나 분위기, 상태를 드러낼 때 쓴다.
　　예 현우: (가쁜 숨을 내쉬며) 왜 이렇게 빨리 뛰어?
　　예 "관찰한 것을 쓰는 것이 습관이 되었죠. 그러다 보니, 상상력이 생겼나 봐요." (웃음)

(5) 내용이 들어갈 자리임을 나타낼 때 쓴다.
　　예 우리나라의 수도는 (　　)이다.
　　예 다음 빈칸에 알맞은 조사를 쓰시오. - 민수가 할아버지(　) 꽃을 드렸다.

(6) 항목의 순서나 종류를 나타내는 숫자나 문자 등에 쓴다.
　　예 사람의 인격은 (1) 용모, (2) 언어, (3) 행동, (4) 덕성 등으로 표현된다.
　　예 (가) 동해, (나) 서해, (다) 남해

11. 중괄호({ })

(1) 같은 범주에 속하는 여러 요소를 세로로 묶어서 보일 때 쓴다.

　　예 주격 조사　　{ 이 / 가 }

　　예 국가의 성립 요소　{ 영토 / 국민 / 주권 }

(2) 열거된 항목 중 어느 하나가 자유롭게 선택될 수 있음을 보일 때 쓴다.
　　예 아이들이 모두 학교{에, 로, 까지} 갔어요.

12. 대괄호([ ])

(1) 괄호 안에 또 괄호를 쓸 필요가 있을 때 바깥쪽의 괄호로 쓴다.
  ㉠ 어린이날이 새로 제정되었을 당시에는 어린이들에게 경어를 쓰라고 하였다.[윤석중 전집(1988), 70쪽 참조]
  ㉠ 이번 회의에는 두 명[이혜정(실장), 박철용(과장)]만 빼고 모두 참석했습니다.

(2) 고유어에 대응하는 한자어를 함께 보일 때 쓴다.
  ㉠ 나이[年歲]   ㉠ 낱말[單語]   ㉠ 손발[手足]

(3) 원문에 대한 이해를 돕기 위해 설명이나 논평 등을 덧붙일 때 쓴다.
  ㉠ 그것[한글]은 이처럼 정보화 시대에 알맞은 과학적인 문자이다.
  ㉠ 신경준의 ≪여암전서≫에 "삼각산은 산이 모두 돌 봉우리인데, 그 으뜸 봉우리를 구름 위에 솟아 있다고 백운(白雲)이라 하며 [이하 생략]"

13. 겹낫표(『 』)와 겹화살괄호(≪ ≫)

책의 제목이나 신문 이름 등을 나타낼 때 쓴다.
  ㉠ 우리나라 최초의 민간 신문은 1896년에 창간된 『독립신문』이다.
  ㉠ 윤동주의 유고 시집인 ≪하늘과 바람과 별과 시≫에는 31편의 시가 실려 있다.

[붙임] 겹낫표나 겹화살괄호 대신 큰따옴표를 쓸 수 있다.
  ㉠ 우리나라 최초의 민간 신문은 1896년에 창간된 "독립신문"이다.
  ㉠ 윤동주의 유고 시집인 "하늘과 바람과 별과 시"에는 31편의 시가 실려 있다.

14. 홑낫표(「 」)와 홑화살괄호(< >)

소제목, 그림이나 노래와 같은 예술 작품의 제목, 상호, 법률, 규정 등을 나타낼 때 쓴다.
  ㉠ 「국어 기본법 시행령」은 「국어 기본법」에서 위임된 사항과 그 시행에 필요한 사항을 규정함을 목적으로 한다.
  ㉠ 백남준은 2005년에 <엄마>라는 작품을 선보였다.

[붙임] 홑낫표나 홑화살괄호 대신 작은따옴표를 쓸 수 있다.
  ㉠ 사무실 밖에 '해와 달'이라고 쓴 간판을 달았다.
  ㉠ '한강'은 사진집 "아름다운 땅"에 실린 작품이다.

15. 줄표(—)

제목 다음에 표시하는 부제의 앞뒤에 쓴다.
    예 이번 토론회의 제목은 '역사 바로잡기 — 근대의 설정 —'이다.
    예 '환경 보호 — 숲 가꾸기 —'라는 제목으로 글짓기를 했다.

다만, 뒤에 오는 줄표는 생략할 수 있다.
    예 이번 토론회의 제목은 '역사 바로잡기 — 근대의 설정'이다.
    예 '환경 보호 — 숲 가꾸기'라는 제목으로 글짓기를 했다.

[붙임] 줄표의 앞뒤는 띄어 쓰는 것을 원칙으로 하되, 붙여 쓰는 것을 허용한다.

16. 붙임표(-)

(1) 차례대로 이어지는 내용을 하나로 묶어 열거할 때 각 어구 사이에 쓴다.
    예 멀리뛰기는 도움닫기-도약-공중 자세-착지의 순서로 이루어진다.
    예 김 과장은 기획-실무-홍보까지 직접 발로 뛰었다.

(2) 두 개 이상의 어구가 밀접한 관련이 있음을 나타내고자 할 때 쓴다.
    예 드디어 서울-북경의 항로가 열렸다.
    예 원-달러 환율   예 남한-북한-일본 삼자 관계

17. 물결표(~)

기간이나 거리 또는 범위를 나타낼 때 쓴다.
    예 9월 15일~9월 25일   예 김정희(1786~1856)
    예 서울~천안 정도는 출퇴근이 가능하다.   예 이번 시험의 범위는 3~78쪽입니다.

[붙임] 물결표 대신 붙임표를 쓸 수 있다.
    예 9월 15일-9월 25일   예 김정희(1786-1856)
    예 서울-천안 정도는 출퇴근이 가능하다.   예 이번 시험의 범위는 3-78쪽입니다.

18. 드러냄표(˙)와 밑줄(＿)

문장 내용 중에서 주의가 미쳐야 할 곳이나 중요한 부분을 특별히 드러내 보일 때 쓴다.

㉠ 한글의 본디 이름은 훈민정음이다.
㉠ 중요한 것은 왜 사느냐가 아니라 어떻게 사느냐이다.

[붙임] 드러냄표나 밑줄 대신 작은따옴표를 쓸 수 있다.
㉠ 한글의 본디 이름은 '훈민정음'이다.
㉠ 중요한 것은 '왜 사느냐'가 아니라 '어떻게 사느냐'이다.

19. 숨김표(○, ×)

(1) 금기어나 공공연히 쓰기 어려운 비속어임을 나타낼 때, 그 글자의 수효만큼 쓴다.
㉠ 배운 사람 입에서 어찌 ○○○란 말이 나올 수 있느냐?
㉠ 그 말을 듣는 순간 ×××란 말이 목구멍까지 치밀었다.

(2) 비밀을 유지해야 하거나 밝힐 수 없는 사항임을 나타낼 때 쓴다.
㉠ 1차 시험 합격자는 김○영, 이○준, 박○순 등 모두 3명이다.
㉠ 육군 ○○ 부대 ○○○ 명이 작전에 참가하였다.

20. 빠짐표(□)

(1) 옛 비문이나 문헌 등에서 글자가 분명하지 않을 때 그 글자의 수효만큼 쓴다.
㉠ 大師爲法主□□賴之大□薦

(2) 글자가 들어가야 할 자리를 나타낼 때 쓴다.
㉠ 훈민정음의 초성 중에서 아음(牙音)은 □□□의 석 자다.

21. 줄임표(……)

(1) 할 말을 줄였을 때 쓴다.
㉠ "어디 나하고 한번……." 하고 민수가 나섰다.

(2) 말이 없음을 나타낼 때 쓴다.
㉠ "빨리 말해!" - "……."

(3) 문장이나 글의 일부를 생략할 때 쓴다.

〚예〛'고유'라는 말은 문자 그대로 본디부터 있었다는 뜻은 아닙니다. …… 같은 역사적 환경에서 공동의 집단생활을 영위해 오는 동안 공동으로 발견된, 사물에 대한 공동의 사고방식을 우리는 한국의 고유 사상이라 부를 수 있다는 것입니다.

(4) 머뭇거림을 보일 때 쓴다.
　〚예〛"우리는 모두…… 그러니까…… 예외 없이 눈물만…… 흘렸다."

[붙임 1] 점은 가운데에 찍는 대신 아래쪽에 찍을 수도 있다.
　　〚예〛"어디 나하고 한번......." 하고 민수가 나섰다.
　　〚예〛"실은...... 저 사람...... 우리 아저씨일지 몰라."

[붙임 2] 점은 여섯 점을 찍는 대신 세 점을 찍을 수도 있다.
　　〚예〛"어디 나하고 한번…." 하고 민수가 나섰다.
　　〚예〛"실은… 저 사람… 우리 아저씨일지 몰라."

[붙임 3] 줄임표는 앞말에 붙여 쓴다. 다만, (3)에서는 줄임표의 앞뒤를 띄어 쓴다.

제2부 표준어 규정

제2부 표준어 규정

1 표준어 사정 원칙

『표준어 규정』은 '제1부 표준어 사정 원칙'과 '제2부 표준 발음법'으로 구분된다. 먼저, '표준어 사정 원칙' 부분은 크게 3장으로 구성되어 있다.

장	내용	절	항
제1장	총칙		제1항 ~ 제2항
제2장	발음 변화에 따른 표준어 규정	제1절 자음 제2절 모음 제3절 준말 제4절 단수 표준어 제5절 복수 표준어	제3항 ~ 제7항 제8항 ~ 제13항 제14항 ~ 제16항 제17항 제18항 ~ 제19항
제3장	어휘 선택의 변화에 따른 표준어 규정	제1절 고어 제2절 한자어 제3절 방언 제4절 단수 표준어 제5절 복수 표준어	제20항 제21항 ~ 제22항 제23항 ~ 제24항 제25항 제26항

제1장은 표준어 사정의 원칙을 밝힌 것이며, 제2장은 언어의 역사성 중, 발음 변화에 의해 표준어를 개정한 부분이다. 그리고 마지막 제3장은 어휘적으로 형태를 달리하는 표준어를 사정한 것이다.

제1장 총칙

제1항 표준어는 교양 있는 사람들이 두루 쓰는 현대 서울말로 정함을 원칙으로 한다.[1]

---

1) 1933년의 '표준말'을 '표준어'로 바꾼 것은 비표준어와의 대비에서 '표준말-비표준말'이 말결에 맞지 않기 때문이다. '중류 사회'는 그 기준이 모호하여 세계 여러 나라의 경향도 감안하여 '교양 있는 사람들'로 바꾼 것이다. 표준어는 국민 누구나가 공통적으로 쓸 수 있게 마련한 공용어(公用語)이므로, 공적(公的) 활동을 하는 이들이 표준어를 익혀 올바르게 사용하는 것은 당연한 필수적 교양인 것이다. '현재'를 '현대'로 한 것은 역사의 흐름에서의 구획을 인식해서다.

[탐구] 1. 〈보기〉는 1933년 『한글 마춤법 통일안』의 표준어 규정이다. 현행 표준어의 기준과 비교할 때 다음 (1)~(3)의 빈칸에 들어갈 말을 써보자.

〈보기〉 "표준말은 대체로 현재 중류 사회에서 쓰는 서울말로 한다."

(1) 표준말 →
(2) 현재 →
(3) 중류 사회 →

제2항 **외래어는 따로 사정한다.**

[탐구] 2. 〈보기〉의 자료를 읽고, 외래어 사정의 특수성에 대해 생각해보자.

〈보기〉
(1) 외국과의 빈번한 교류로 상당수의 외국어(텔레비전, 셔츠, 인터넷 등)를 국어의 일부로 인정할 필요가 있다. 그러나 무분별한 외국어(땡큐, 쏘리 등)의 사용은 지양해야 한다.
(2) 외래어는 지속적 조사를 거쳐 국어의 일부로 수용을 결정한 후 표기법을 마련한다. 이러한 결정에는 많은 시간이 따른다. 표준어에 적용되는 사회적, 시대적, 지역적 기준을 적용하기 어렵기 때문이다. 따라서 외래어 사정은 표준어 규정과 별도로 해야 한다.
(3) 외래어는 외래어 표기법(문체부 고시 제2017-14호)을 기준으로 별도로 사정한다.

제2장 발음 변화에 따른 표준어 규정 - 제1절 자음

[예] 1. 다음 밑줄 친 단어 중, 표준어로 가장 적절한 것은?

① 해질 녘에 지친 몸으로 돌아왔다.
② 그는 도박으로 재산을 떨어먹었다.
③ 부엌에 가서 김치를 더 가져 오너라.
④ 방 한 간에서 친구와 함께 지내고 있다.
⑤ 저, 거시기 미안합니다만, 말씀 좀 여쭐 수 있을까요?

[조항] • 표준어 제3항: 다음 단어들은 거센소리를 가진 형태를 표준어로 삼는다. • 표준어 제4항: 다음 단어들은 거센소리로 나지 않는 형태를 표준어로 삼는다.

[해설] ①~④는 〈표준어〉 제3항의 적용을 받는다. ①의 '녘'은 '녘'으로 표기한다. ②의 '재산이나 돈을 함부로 써서 몽땅 없애다.'는 단어는 '털어먹다'이다. ③의 표준어는 '부엌'이다. ④는 한자어 '간(間)'이었지만 거센소리로 발음이 변한 '칸'의 형태를 표준어로 삼았다.

[정답] ⑤. '거시기'는 〈표준어〉 제4항에 해당하는 단어로, 다음의 두 가지 품사로 기능한다.
  ┌ 대명사: 이름이 얼른 생각나지 않거나 바로 말하기 곤란한 사람 또는 사물을 가리킴.
  └ 감탄사: 하려는 말이 얼른 생각나지 않거나 바로 말하기가 거북할 때 쓰는 군소리.

[참고] '칸'은 '공간(空間)의 구획이나 넓이'를 뜻하는 말로, '칸막이, 빈칸' 등으로 쓰인다. 다만, '초가삼간(草家三間), 마구간(馬廐間), 고깃간' 등은 관습적으로 굳어진 표현으로 다룬다.

> 예 2. 다음 밑줄 친 단어 중, 표준어로 적절하지 않은 것은?
>
> ① <u>강낭콩</u>을 까다.   ② <u>사글세</u>를 받다.
> ③ 오늘이 아기의 <u>첫돌</u>이다.   ④ 이 자리를 <u>빌어</u> 용서를 구하다.
> ⑤ <u>첫째</u>도 <u>둘째</u>도 건강이 중요하다.

[조항] • 표준어 제5항: 어원에서 멀어진 형태로 굳어져서 널리 쓰이는 것은, 그것을 표준어로 삼는다.
 • 표준어 제6항: 다음 단어들은 의미를 구별함이 없이, 한 가지 형태만을 표준어로 삼는다.

[해설] ① '강낭콩'의 어원은 '강남(江南)콩'이다. 그러나 오늘날 어원에서 멀어진 형태로 굳어진 '강낭콩'만 표준어로 삼는다. ② '사글세'는 '삭월세(朔月貰)'에서 온 말이지만 '사글세'[2]만 표준어로 삼는다. ③은 '돌'과 '돐(주기)'로 구분 사용하던 것을 '돌' 한 가지 형태로 통합하였다. ⑤는 '두째(순서)'와 '둘째(수량)'로 구분하여 썼던 것을 '둘째'로 통일하여 쓴다.

[정답] ④. '빌리다(어떤 일을 하기 위해 기회를 이용하다.)'를 활용한 '빌려'를 써야 한다. '빌다'의 활용형 '빌어'는 '구하다/빌다(乞)'와 '기원하다(祝)'의 의미만 있다.

[참고] 차례를 나타내는 '둘째' 앞에 다른 수가 오면 받침 'ㄹ'이 탈락한다. 따라서 '열두째, 스물두째, 서른두째'로 쓴다. 그러나 수량을 나타내는 경우에는 '열둘째, 스물둘째, 서른둘째'와 같이 쓴다.

---

[2] '사글세'와 '월세(月貰)'는 동의어이다.

> 예 3. 다음 접두사 '암-'과 '수/숫-'의 쓰임이 가장 적절한 것은?
>
> ① 암꿩 - 숫꿩　　　　　　② 암놈 - 숫놈
> ③ 암소 - 숫소　　　　　　④ 암사자 - 숫사자
> ⑤ 암염소 - 숫염소

[조항] • 표준어 제7항: 수컷을 이르는 접두사는 '수-'로 통일한다. 다만 2: 다음 단어의 접두사는 '숫-'으로 한다.

[해설] '꿩', '놈', '소', '사자'는 수컷을 뜻하는 접두사 '수-'로 통일한다는 표준어 제7항에 따라야 한다. 따라서 ① '수꿩', ② '수놈', ③ '수소', ⑤ '수사자'로 표기해야 한다. '용, 거미, 거위, 나비, 늑대, 모기, 벌, 나사' 등도 '수-'로 적는다.

[정답] ⑤. '숫-'으로 표기하는 경우는 '양, 염소, 쥐'뿐이다. 따라서 '숫염소'는 바른 표기이다.

> 예 4. 다음 '암/수-'가 결합하는 단어의 설명으로 적절하지 <u>않은</u> 것은?
>
> ① '수'와 '닭'이 결합하면 '수탉'으로 표기한다.
> ② '수'와 '벌'이 결합하면 '수펄'로 표기한다.
> ③ '수'와 '당나귀'가 결합하면 '수탕나귀'로 표기한다.
> ④ '암'과 '병아리'가 결합하면 '암평아리'로 표기한다.
> ⑤ '암'과 '돌쩌귀'가 결합하면 '암톨쩌귀'로 표기한다.

[조항] 표준어 제7항, 다만 1: 다음 단어에서는 접두사 다음에서 나는 거센소리를 인정한다.

[해설] 접두사 '수-' 다음에서 나는 거센소리를 표준어로 인정하는 단어는 9개(강아지, 개, 것, 기와, 닭, 당나귀, 돌쩌귀3), 돼지, 병아리)뿐이다. 따라서 ① '수탉', ③ '수탕나귀', ④ '암평아리', ⑤ '암톨쩌귀'는 바른 표기이다.

[정답] ②. 접두사 '수-' 다음의 거센소리를 표준어로 인정하는 단어에 '개미, 벌' 등은 해당하지 않는다. 따라서 이들은 '수개미', '수벌'로 표기해야 한다.

---

3) '문짝을 문설주에 달아 여닫는 데 쓰는 두 개의 쇠붙이'이다. 암짝은 문설주에, 수짝은 문짝에 박아 맞추어 꽂는다.

[참고] 15C의 '암(수)-'는 'ㅎ' 종성체언이었다. 현대에 이르러 'ㅎ' 종성은 사라졌지만 다른 단어가 결합하여 이루어진 합성어에서는 그 흔적이 되살아나 거센소리 표기로 나타난다. 예를 들면, '머리(ㅎ)+가락〉머리카락', '안(ㅎ)+밖〉안팎', '살(ㅎ)+고기〉살코기' 등이 있다.

제2장 발음 변화에 따른 표준어 규정 - 제2절 모음

예 5. 다음 밑줄 친 단어 중, 표준어로 가장 적절한 것은?

① 토끼가 <u>깡총깡총</u> 뛴다.
② <u>앗아라</u>, 그러다 다치겠다.
③ 친구의 결혼식에 <u>부조</u>를 하다.
④ 그와 그녀는 <u>이란성쌍동이</u>이다.
⑤ 그녀의 콧날은 <u>오똑이</u> 도드라졌다.

[조항] • 표준어 제8항: 양성 모음이 음성 모음으로 바뀌어 굳어진 다음 단어들은 음성 모음 형태를 표준어로 삼는다. 다만, 어원 의식이 강하게 작용하는 다음 단어에서는 양성 모음 형태를 그대로 표준어로 삼는다.

[해설] ①의 '깡총깡총'은 모음 조화 현상에 따른 표준어였지만 현재는 음성 모음으로 발음하는 현실에 따라 '깡충깡충'이 표준어가 되었다. ② '앗아, 앗아라'는 '하지 말라고 금지하는 말'로, 음성 모음의 '아서, 아서라'를 표준어로 삼는다. ④는 '쌍(雙)'과 '동(童)-이'의 어원을 지니지만 '쌍둥이'를 표준어로 삼는다. ⑤의 표준어 역시 음성 모음의 '오뚝이'이다.

[정답] ③. '부조(扶助)'를 '부주'라고 발음하는 경향이 있다. 그럼에도 불구하고 그 어원 의식이 강하게 남은 단어로, 양성 모음 형태를 표준어로 삼는다.

[참고] 1. 표준어 '깡충깡충'의 큰말의 표준어는 '껑충껑충'이다.
2. '순둥이, 귀둥이, 막둥이'와 '검둥이, 바람둥이, 흰둥이' 등도 '-둥이'로 적는다. 그러나 '쌍동밤, 쌍동딸, 쌍동아들'은 '-둥이'가 붙는 말이 아니므로 '쌍둥'의 형태로 적지 않는다.
3. '부조'처럼 어원 의식이 강하게 작용하여 음성 모음화를 허용하지 않는 단어에는 '삼촌(三寸)', '사돈(査頓)'이 있다.

예 6. 다음 밑줄 친 단어 중, 표준어로 가장 적절한 것은?

① 그는 서울내기이다.
② 아지랭이가 가물가물 피어오르다.
③ 그는 미쟁이로서 생계를 이어간다.
④ 대장쟁이는 열심히 칼을 치고 있다.
⑤ 그녀는 왼손을 잘 쓰는 왼손잽이이다.

[조항] • 표준어 제9항: 'ㅣ' 역행 동화 현상에 의한 발음은 원칙적으로 표준 발음으로 인정하지 아니하되, 다만 다음 단어들은 그러한 동화가 적용된 형태를 표준어로 삼는다. • [붙임1] 다음 단어는 'ㅣ' 역행 동화가 일어나지 아니한 형태를 표준어로 삼는다. • [붙임2] 기술자에게는 '-장이', 그 외에는 '-쟁이'가 붙는 형태를 표준어로 삼는다.

[해설] ②는 제9항, [붙임1]에 따라 '아지랑이'를 표준어로 삼는다. ③과 ④는 [붙임2]에 따라 각각 '미장이'와 '대장장이'를 표준어로 삼는다. ⑤는 제9항에 따라 '왼손잡이'가 표준어이다.

[정답] ①. '서울내기'는 제9항에 따라 'ㅣ' 역행 동화가 적용된 형태를 표준어로 삼는 경우에 해당한다. 이 외에 '남비>냄비', '동당이치다>동댕이치다'도 이에 해당한다.

[참고] 1. 'ㅣ' 역행 동화란, '아비>애비', '어미>에미'처럼 'ㅏ, ㅓ' 등의 모음 뒤에 'ㅣ' 모음이 놓일 때 'ㅐ, ㅔ' 등으로 바뀌는 현상이다. 대부분의 음운 변동에 의한 발음을 표준 발음으로 인정하지만 이에 의한 발음은 표준 발음으로 인정하지 아니한다.
2. 접미사 '-장이'와 이의 'ㅣ' 역행 동화 형태 '-쟁이'는 모두 표준어에 해당한다. 다만, 수공업적인 기술을 지닌 장인에게만 '-장이'를 붙인다.

예 7. 다음 밑줄 친 단어 중, 표준어로 적절하지 않은 것은?

① 학생은 으레 출석을 해야 한다.
② 어머니는 아들의 잘못을 나무래다.
③ 우리 모두의 바람은 남·북의 통일이다.
④ 그는 오늘 허드레옷을 입고 밭일을 했다.
⑤ '주책'은 한자어 '주착(主着)'에서 온 말이다.

[조항] • 표준어 제10항: 다음 단어는 모음이 단순화한 형태를 표준어로 삼는다. • 표준어 제11항: 다음 단어에서는 모음의 발음 변화를 인정하여, 발음이 바뀌어 굳어진 형태를 표준어로 삼는다.

[해설] ①은 제10항에 따른 표준어로, '으례'의 단모음화에 해당한다. ③, ④와 ⑤는 제11항에 따른 표준어이다. '바람'은 동사 '바라다'의 명사형인 표준어이며, '허드레'는 '허드래'의 모음의 발음 변화를 인정하여 표준어로 삼는다. '주책' 역시 '주착(主着)'에서 왔으나 '주책'으로 굳어졌으므로, '주책'을 표준어로 삼았다.

[정답] ②. 방언인 '나무래다'에 대한 표준어는 '나무라다'이다.

[참고] 1. 모음이 단순화한 표준어는 '괴팍(괴퍅)하다, 미루(미류)나무, 케케(켸켸)묵다' 등이다.
2. '바램(색이 변하다.)'은 동사 '바래다'의 명사형으로, '바라다(希)'와는 의미상 관련 없다.
3. '줏대가 없다.'는 의미의 '주책이다'는 '주책없다'의 잘못된 표현이었으나 2017년 복수 표준어로 인정되었다.

• 주책   1. 일정하게 자리 잡힌 주장이나 판단력. ~망나니, ~없다.
        2. 일정한 줏대가 없이 되는대로 하는 짓. ~이다, ~맞다, ~떨다.

> 예 8. 다음 밑줄 친 단어 중, 표준어로 가장 적절한 것은?
>
> ① 축구를 하다가 <u>웃니</u>가 부러졌다.
> ② 어서 빨리 <u>윗층</u>으로 피신을 해라.
> ③ 명절에는 <u>웃어른</u>을 찾아 인사드려라.
> ④ 실내가 매우 더우니 <u>위옷</u>은 벗어도 돼요.
> ⑤ 날씨가 갑자기 추워 <u>윗옷</u>을 하나 더 꺼내 입었다.

[조항] • 표준어 제12항, 다만1. 된소리나 거센소리 앞에서는 '위-'로 한다. 다만2. '아래, 위'의 대립이 없는 단어는 '웃-'으로 발음되는 형태를 표준어로 삼는다.

제12항 '웃-' 및 '윗-'은 명사 '위'에 맞추어 '윗-'으로 통일한다.(ㄱ을 표준어로 삼고, ㄴ을 버림.)

ㄱ	ㄴ	비고
윗-넓이	웃-넓이	
윗-눈썹	웃-눈썹	

ㄱ	ㄴ	비고
윗-니	웃-니	
윗-도리	웃-도리	
윗-동아리	웃-동아리	준말은 '윗동'임.
윗-머리	웃-머리	
윗-목	웃-목	
윗-몸	웃-몸	~운동
윗-바람	웃-바람	
윗-배	웃-배	
윗-변	웃-변	수학 용어
윗-사랑	웃-사랑	
윗-수염	웃-수염	
윗-잇몸	웃-잇몸	
윗-자리	웃-자리	

[해설] ①은 '아랫니'와의 대립이 있는 단어이기에 '윗니'로 표기해야 한다. ②는 거센소리 앞이기에 '위층'으로 표기한다. ④는 '하의(下衣)'에 해당하는 '아래옷'[4]에 대립하는 옷으로, '윗옷(上衣)'으로 표기해야 한다. ⑤는 '맨 겉에 입는 옷'을 의미하는 '외투(外套)'를 뜻한다. 외투는 '아래-위'의 대립이 존재하지 않기에 '웃옷'으로 표기한다.

[정답] ③. '웃어른'은 '아래, 위'의 대립이 없는 단어이기에 '웃-'이 결합한 형태를 표준어로 삼는다. '웃국[5], 웃기[6], 웃비[7], 웃옷[8]' 등이 있다.

[참고] 거센소리(위채, 위턱)뿐만 아니라 '위쪽, 위짝'처럼 된소리 앞에서도 '위-로 표기한다.

---

4) [윈+온→위돈]으로 발음되는 '윗옷'과 달리, '아래옷'은 [아래돈]이 아니라 [아래온]으로 발음되므로, '아랫옷'이 아닌 '아래옷'으로 적는다.
5) '웃국'은 '간장이나 술 따위를 담가서 익힌 뒤에 맨 처음에 떠낸 진한 국./뜨물, 구정물, 빗물 따위의 받아 놓은 물에서 찌꺼기가 가라앉고 남은 윗부분의 물'로, '아래-위'의 대립이 없다.
6) '웃기'는 '흰떡에 물을 들여 여러 모양으로 만든 떡./떡, 포, 과일 따위를 괸 위에 모양을 내기 위하여 얹는 재료'를 뜻하는 단어이다.
7) '웃비'는 '아직 우기(雨氣)는 있으나 좍좍 내리다가 그친 비'를 뜻한다.
8) '웃옷'의 의미는 해설 ⑤를 참조하시오.

[예] 9. 다음 밑줄 친 단어 중, 표준어로 적절하지 않은 것은?

① <u>대구</u>법으로 표현하였다.
② 영어의 강조 <u>어구</u>를 배우다.
③ 성경 <u>구절</u>의 말을 인용하다.
④ 마음에 드는 <u>문구</u>를 메모하다.
⑤ 힘들 때 힘이 되는 <u>글구</u>가 있다.

[조항] • 표준어 제13항: 한자 '구(句)'가 붙어서 이루어진 단어는 '귀'로 읽는 것을 인정하지 아니하고, '구'로 통일한다. 다만, '귀글'9), '글귀'는 '귀'로 발음되는 형태를 표준어로 삼는다.

[해설] ①은 제13항에 따른 표준어로, '대귀법'으로 적지 않는다. 이와 마찬가지로 ② '어구(語句)', ③ '구절(句節)', ④ '문구(文句)'는 바른 표기이다.

[정답] ⑤. '글의 구나 절'을 뜻하는 표준어는 '글귀'이다.

[참고] 한자어 '구(句)'의 뜻은 '글귀', 음이 '구'이다.

제2장 발음 변화에 따른 표준어 규정 – 제3절 준말

[예] 10. 다음 밑줄 친 단어 중, 표준어로 가장 적절한 것은?

① 요즘 <u>무우</u> 값이 비싸다.
② 머리에 <u>똬리</u>를 얹고 물동이를 이다.
③ 이 문제를 해결할 사람은 <u>수둑하다</u>.
④ 그들은 깊은 산속에서 화전을 <u>일어</u> 살았다.
⑤ 몸에 <u>부럼</u>이나 상처 따위가 나서 짓무르다.

[조항] • 표준어 제14항: 준말이 널리 쓰이고 본말이 잘 쓰이지 않는 경우에는, 준말만을 표준어로 삼는다. • 표준어 제15항: 준말이 쓰이고 있더라도, 본말이 널리 쓰이고 있으면 본말을 표준어로 삼는다.

---

9) '귀글'은 '한시(漢詩)처럼 두 마디가 한 덩어리씩 되게 지은 글'을 의미한다.

[해설] ①은 본말인 '무우' 대신 준말인 '무'를 표준어로 삼는다. ③은 준말인 '수둑하다' 대신 본말인 '수두 룩하다'를 표준어로 삼는다. ④는 '논밭을 만들기 위하여 땅을 파서 일으키다.'는 표준어는 본말인 '일구다'이다. ⑤는 본말인 '부스럼(피부에 나는 종기를 통틀어 이르는 말)'의 의미로 '부럼'이라는 준말은 비표준어이다.

[정답] ②. '똬리(짐을 머리에 일 때 머리에 받치는 고리 모양의 물건)'는 제14항에 따라, 준말이 널리 쓰이 고 본말이 잘 쓰이지 않는 경우의 표준어이다. '생쥐(새앙쥐), 솔개(소리개), 귀찮다(귀치 않다), 뱀 (배암), 온갖(온가지)' 등이 표준어이다.

[참고] 1. '일구다'는 의미로 잘못 사용하는 '일우다'와 준말 형태인 '일다'는 모두 비표준어이다.
2. '음력 정월 대보름날 새벽에 깨물어 먹는 딱딱한 열매류인 땅콩, 호두, 잣, 밤, 은행 따위를 통틀 어 이르는 말'인 '부럼'은 표준어로, '부스럼'의 준말과 아무런 관계가 없다.

> 예 11. 다음 중, 본말과 준말이 표준어로 짝지어진 것이 <u>아닌</u> 것은?
>
> ① 노을 – 놀   ② 오누이 – 오뉘
> ③ 망태기 – 망태   ④ 아래로 – 알로
> ⑤ 머무르다 – 머물다

[조항] 표준어 제16항: 준말과 본말이 다 같이 널리 쓰이면서 준말의 효용이 뚜렷이 인정되는 것은, 두 가 지를 다 표준어로 삼는다.

[해설] ①의 본말인 '노을'과 준말인 '놀'은 모두 표준어이다. ②, ③ 그리고 ⑤ 역시 본말인 '오누이, 망태 기, 머무르다'와 준말인 '오뉘, 망태, 머물다' 모두 표준어 자격을 지닌다.

[정답] ④. '아래로'는 표준어 제15항의 조항에 따라 준말인 '알로'를 버리고, 본말 형태만 표준어로 인정 한다.

[참고] 1. '오누이'의 준말 형태인 '오누'도 표준어이며, '시누이-시뉘/시누'도 같은 관계이다.
2. '머무르다-머물다 / 서두르다-서둘다 / 서투르다-서툴다'는 본말과 준말 모두 표준어이다. 그런 데 이들 본말과 준말의 활용 시, 본말의 어간과 달리 준말의 어간에는 모음의 어미가 붙어 활용하 지 않는다. 단, '외다(외우다)'는 '외어'로 활용이 가능하다.

	머무르다	머물다	서두르다	서둘다	서투르다	서툴다
'-어'	머물러	*머물어	서둘러	*서둘어	서툴러	*서툴어

제2장 발음 변화에 따른 표준어 규정 – 제4절 단수 표준어

예 12. 다음 밑줄 친 단어 중, 표준어로 가장 적절한 것은?

① 밥을 <u>먹을려고</u> 집으로 간다.
② 강의실의 <u>천정</u>이 너무 높아 닿지 않는다.
③ 그는 힘 있는 사람의 <u>꼭둑각시</u> 역할을 한다.
④ 어머니께서는 <u>멸치</u>로 시원한 국물 맛을 낸다.
⑤ 귀여운 조카의 돌잔치에 <u>세</u> 돈짜리 금반지를 선물했다.

[조항] 표준어 제17항: 비슷한 발음의 몇 형태가 쓰일 경우, 그 의미에 아무런 차이가 없고, 그중 하나가 더 널리 쓰이면, 그 한 형태만을 표준어로 삼는다.

[해설] ①은 '-(으)ㄹ려고' 대신 '-(으)려고'의 '먹으려고'로 표기한다. ②의 '지붕 밑이나 위층 바닥 밑을 편평하게 하여 치장한 각 방의 윗면인 '반자'의 겉면'을 이르는 표준어는 '천장'이다. ③의 표준어는 '꼭두각시'이다. ⑤는 의존 명사 '돈' 앞에서 '서'로 표기한다.

[정답] ④. '멸치'는 표준어에 해당한다. 반면, '며루치(경기, 경북)'와 '메리치'는 방언에 속한다.

[참고] 1. "학교에 갈라고 한다."의 '갈라고' 역시 비표준어로, '가려고'로 표기해야 한다.
2. "물가가 천정부지로 올라간다."의 '천정부지(天井不知)'는 '천장(天障)'과 관계가 없다.
3. '3, 4'는 '셋, 넷 / 세, 네 / 서, 넉'으로 표현한다. 이들의 사용 방법은 다음과 같다.

	단독형	관형사형		
		{3, 4} + 단위성 의존 명사	{3, 4} + [돈, 말, 발, 푼] {3, 4} + [냥, 되, 섬, 자]	
3	셋	세	'사람' 등	서, 너	'돈, 말, 발, 푼'
4	넷	네	'마리' 등	석, 넉	'냥, 되, 섬, 자'

예 13. 다음 밑줄 친 단어 중, 표준어로 적절하지 <u>않은</u> 것은?

① 휴강이라는 <u>귀띔</u>을 받았다.   ② 그녀의 말 <u>본새</u>에 화났다.
③ 그의 <u>상판때기</u>를 한 대 때렸다.   ④ 손톱에 빨간 <u>봉숭아</u> 물을 들였다.
⑤ 산속에서 도끼로 장작을 <u>뻐개다</u>.

[조항] 표준어 제17항

[해설] ①의 '귀띔'은 표준어, '귀뜸'은 비표준어이다. ②의 '본새'는 표준어, '븐새'는 비표준어이다. ④의 '봉숭아'는 표준어이다. ⑤의 '뻐개다'는 표준어, '뻐기다'와 '뽀개다'는 비표준어에 해당한다.

[정답] ③. '상판때기'는 비표준어로, '얼굴'을 속되게 표현하는 표준어는 '상판대기'로 표기한다.

[참고] 1. 표준어 '봉숭아'에 대한 '봉선화'도 (복수) 표준어이다.
2. '상판대기'의 '대기'는 한글 맞춤법 제54항(-때기)과 관련 없으며, 이를 '쌍판대기'의 된소리 발음으로 표기하는 것도 잘못이다.

제2장 발음 변화에 따른 표준어 규정 - 제5절 복수 표준어

[예] 14. 다음 밑줄 친 단어 중, 복수 표준어로 적절하지 않은 것은?

① 소고기/쇠고기를 먹다.
② 명절에 고까/꼬까신을 신다.
③ 눈이 거슴츠레/게슴츠레하다.
④ 그는 잠투정/잠주정이 심하다.
⑤ 네/예. 제가 심부름을 다녀오겠습니다.

[조항] • 표준어 제18항: 다음 단어는 ㄱ을 원칙으로 하고, ㄴ도 허용한다. • 표준어 제19항: 어감의 차이를 나타내는 단어 또는 발음이 비슷한 단어들이 다 같이 널리 쓰이는 경우에는, 그 모두를 표준어로 삼는다.

[해설] ①, ②, ③, ⑤의 밑줄 친 두 단어는 모두 복수 표준어이다. ①과 ⑤는 표준어 제18항에 해당하는 예로, 의미의 차이가 없다. 반면, ②와 ③은 표준어 제19항에 해당하는 예이다.

[정답] ④. '잠투정'이 표준어인 반면, '잠주정'은 비표준어에 해당한다.

[참고] 1. '게슴츠레', '게슴츠레하다'가 아닌 '게슴치레', '게슴치레하다'는 비표준어이다.
2. '술을 마시고 취하여 정신없이 하는 말이나 행동'을 뜻하는 단어는 '술주정'이다.

[예] 15. 다음 표준어에 대한 설명으로 가장 적절한 것은?

① '만날'과 '맨날'은 모두 비표준어이다.
② '봉숭아'와 '봉숭화'는 모두 표준어이다.
③ '마실'과 '마을'은 비표준어와 표준어 관계이다.
④ '복사뼈'와 '복숭아뼈'는 표준어와 비표준어의 관계이다.
⑤ '간질이다'가 원래 표준어이고, '간지럽히다'는 추가된 표준어이다.

[조항] • 표준어 제18항 • 표준어 제19항

[해설] ①, ③, ④의 밑줄 친 단어들은 모두 복수 표준어에 해당한다. 원래 표준어였던 '만날, 마을, 복사뼈'와 같은 뜻으로 '맨날, 마실, 복숭아뼈'가 표준어로 추가되었다. ②의 표준어 '봉숭아'와 복수 표준어는 '봉선화'이며, '봉숭화'는 비표준어이다.

[정답] ⑤. 원래 표준어는 '간질이다'였고, '간지럽히다'는 비표준어였다. 그러나 '간지럽히다' 또한 널리 쓰이게 되면서 2011년에 표준어로 인정되었다.

[예] 16. 다음 표준어에 대한 설명으로 적절하지 <u>않은</u> 것은?

① '삐치다'와 '삐지다'는 서로 교체하여 쓸 수 있다.
② '예쁘다'와 '이쁘다'는 서로 교체하여 쓸 수 없다.
③ '추켜올리다' 자리에 '추어올리다'를 사용할 수 있다.
④ '차지다'와 '찰지다'는 동일한 의미를 지닌 표준어이다.
⑤ '괴발개발'과 '개발새발'은 서로 의미가 다른 표준어이다.

[조항] • 표준어 제18항 • 표준어 제19항

[해설] ① '성나거나 못마땅해서 마음이 토라지다.'라는 의미의 표준어는 '삐치다'였고, 동일한 의미로 '삐지다'가 추가로 표준어 자격을 얻었다. ③ '실제보다 과장되게 칭찬하다.'라는 표준어는 '추어올리다'이며, 동일한 의미로 '추켜올리다'가 표준어로 추가되었다. ④ 역시 원래 표준어 '차지다'에 '찰지다'가 표준어로 추가되었다. 반면, ⑤ '글씨를 되는 대로 아무렇게나 써 놓은 모양을 이르는 말'의 표준어는 '괴발개발(고양이의 발과 개의 발)'이었고, 의미에 차이가 있는 '개발새발(개의 발과 새의 발)'도 표준어가 되었다.

[정답] ②. 원래 표준어는 '예쁘다'였고, '이쁘다'는 비표준어였다. 그러나 '예쁘다'는 의미로 '이쁘다'가 널리 쓰여 2015년에 표준어로 사정되어 교체하여 사용할 수 있다.

[참고] 1. '추어올리다/추켜올리다'와 동일한 의미의 단어 '치켜올리다'는 '옷이나 물건, 신체 일부 따위를 위로 가뜬하게 올리다.'는 의미로도 쓰인다.
2. '치켜세우다(정도 이상으로 크게 칭찬하다)'와 '추켜세우다'도 복수 표준어 관계이다.

[예] 17. 다음 표준어에 대한 설명으로 가장 적절한 것은?

① '푸르다'와 달리 '푸르르다'는 비표준어이다.
② '짜장면'은 표준어이고 '자장면'은 비표준어이다.
③ '태견'과 '택견'은 다른 형태의 복수 표준어이다.
④ '눈초리'와 '눈꼬리'는 동일한 의미의 복수 표준어이다.
⑤ '허접쓰레기'는 표준어이고 '허섭스레기'는 비표준어이다.

[조항] • 표준어 제18항 • 표준어 제19항

[해설] ① 표준어 '푸르다'를 강조하는 '푸르르다'가 표준어로 추가되었다. ②는 표준어 '자장면'과 함께 '짜장면' 또한 표준어로 추가되었다. ④의 '눈초리(어떤 대상을 바라볼 때 눈에 나나나는 표정)'와 '눈꼬리(귀 쪽으로 가늘게 좁혀진 눈의 가장자리)'는 의미가 다른 복수 표준어이다. ⑤ 표준어 '허섭스레기'와 동일한 의미로 '허접쓰레기'가 표준어로 추가되었다.

[정답] ③. '태견'이 표준어로, 우리나라 전통 무예의 하나를 뜻한다. 그런데 최근 '택견'이란 표기 형태가 널리 쓰이면서 복수 표준어로 추가되었다. 태권도의 '품세:품새' 역시 동일하다.

연습 문제 (정답 187쪽)

문 1. 다음 밑줄 친 부분이 표준어로 가장 적절한 것은?

① <u>수소</u> 한 마리를 사다.
② <u>사둔</u> 댁과 상견례를 하다.
③ 그녀는 그의 <u>빰따구</u>를 내리쳤다.
④ 동생은 자기만 생각하는 <u>깍정이</u>다.
⑤ 요즘 금 <u>세</u> 돈이면 얼마나 합니까?

[해설]
①
②
③
④
⑤

[정답] _____

문 2. 다음 밑줄 친 단어 중, 표준어로 적절하지 <u>않은</u> 것은?

① <u>담쟁이</u> 덩굴이 무성하다.
② 잔디밭에 들어가지 <u>말아라</u>.
③ 도서관 <u>윗쪽</u>에 공원이 있다.
④ 이 집의 <u>총각무</u> 맛이 아주 좋다.
⑤ 그를 혼자 보내기가 다소 <u>꺼림칙하다</u>.

[해설]
①
②
③
④
⑤

[정답] _____

제3장 어휘 선택의 변화에 따른 표준어 규정

예 1. 다음 표준어에 대한 설명 중 가장 적절한 것은?

① '애닯다'와 '섧다'는 모두 표준어에 속한다.
② '자두'의 옛말은 '오얏'은 표준어에 속한다.
③ 비표준어 '총각무' 대신 표준어 '알타리무'를 사용한다.
④ 어간 '설겆-'을 염두에 둔 '설겆이'는 표준어에 속한다.
⑤ '멍게'와 '우렁쉥이'는 둘 다 사용할 수 있는 표준어이다.

[조항] • 표준어 제20항: 사어(死語)가 되어 쓰이지 않게 된 단어는 고어로 처리하고, 현재 널리 사용되는 단어를 표준어로 삼는다. • 표준어 제22항: 고유어 계열의 단어가 생명력을 잃고 그에 대응되는 한자어 계열의 단어가 널리 쓰이면, 한자어 계열의 단어를 표준어로 삼는다. • 표준어 제23항: 방언이던 단어가 표준어보다 더 널리 쓰이게 된 것은, 그것을 표준어로 삼는다. 이 경우, 원래의 표준어는 그대로 표준어로 남겨 두는 것을 원칙으로 한다.

[해설] ①의 '섧다(=서럽다)'만 표준어이다. 반면, 〈표준어〉 제20항에 따라 사어(死語)가 된 '애닯다' 대신 '애달프다'를 표준어로 삼는다. ②의 '오얏' 대신 '자두'만 표준어로 삼는다. ③은 〈표준어〉 제22항에 따라, 고유어 '알타리무'를 버리고, 한자어 '총각(總角)무'만 표준어로 삼는다. ④는 어간 '설겆-'을 확인할 수 없어 '설거지'를 표준어로 삼게 되었다.

[정답] ⑤. 표준어는 '우렁쉥이'였으나 〈표준어〉 제23항에 따라, 방언인 '멍게'가 더 널리 쓰이면서 표준어 자격을 지니게 되었으며, 기존의 '우렁쉥이' 역시 표준어로 남아 있게 되었다.

[참고] 1. 어간 '설겆-'의 경우, '설겆어라, 설겆으니, 설겆더니'처럼 활용하지 않기 때문이다.
2. 표준어 '선두리'의 방언 '물방개'와 표준어 '어린순'의 방언 '애순'도 표준어로 삼는다.

예 2. 다음 비표준어를 표준어로 수정한 것으로 적절하지 않은 것은?

① 영판 → 아주
② 광우리 → 광주리
③ 길잡이 → 길앞잡이
④ 펴락쥐락 → 쥐락펴락
⑤ 안절부절하다 → 안절부절못하다

[조항] 표준어 제25항: 의미가 똑같은 형태가 몇 가지 있을 경우, 그중 어느 하나가 압도적으로 널리 쓰이면, 그 단어만을 표준어로 삼는다.

[해설] ①의 비표준어 '영판'에 대한 표준어는 '아주'이다. ②의 비표준어 '광우리'에 대한 표준어는 '광주리'이다. ④의 '펴락쥐락'은 비표준어이고, '쥐락펴락'이 표준어다. ⑤ 비표준어 '안절부절하다'의 표준어는 '안절부절못하다'이다.

[정답] ③. '길을 인도해 주는 사람이나 사물' 또는 '나아갈 방향이나 목적을 실현하도록 이끌어 주는 지침을 비유적으로 이르는 말'의 표준어는 '길잡이'이며, '길앞잡이'는 비표준어이다.

[참고] 1. '길잡이'와 함께 '길라잡이'는 표준어이다.
2. '쥐락펴락'을 '펴락쥐락'으로 표현할 수 없듯이 '붉으락푸르락' 역시 '푸르락붉으락'으로 표현할 수 없다.
3. '마음이 초조하고 불안하여 어찌할 바를 모르는 모양'을 뜻하는 부사는 '안절부절'로, 동사 '안절부절못하다'와 의미상 통한다.

[예] 3. 다음 표준어에 대한 설명으로 가장 적절한 것은?

① 표준어 '가뭄'과 달리 '가물'은 비표준어이다.
② 표준어 '들랑날랑'과 달리 '들락날락'은 비표준어이다.
③ 비표준어 '만치' 대신 표준어 '만큼'을 사용해야 한다.
④ '넝쿨'과 '덩굴' 그리고 '덩쿨'은 모두 표준어 자격을 지닌다.
⑤ '가엽다'와 '가엾다'는 동일한 의미를 지닌 복수 표준어이다.

[조항] 표준어 제26항: 한 가지 의미를 나타내는 형태 몇 가지가 널리 쓰이며 표준어 규정에 맞으면, 그 모두를 표준어로 삼는다.

[해설] ① '오랫동안 계속하여 비가 내리지 않아 메마른 날씨'를 뜻하는 '가뭄'과 '가물'은 모두 표준어이다. ②의 '들락날락'과 '들랑날랑'도 동일한 의미를 지닌 표준어이다. ③ 앞의 내용에 상당하는 수량이나 정도임을 나타내는 '만큼'과 '만치'는 모두 널리 쓰이는 표준어로 대체 가능하다. ④의 길게 뻗어 나가면서 다른 물건을 감기도 하고 땅바닥에 퍼지기도 하는 식물의 줄기는 '넝쿨', '덩굴' 형태를 표준어로 삼는다. '덩쿨'은 비표준어이다.

[정답] ⑤. '마음이 아플 만큼 안되고 처연하다.'라는 뜻의 '가엾다'와 '가엽다'는 모두 표준어이다.

[참고] 1. '가물'은 '가물다'라는 동사에서 어간형 파생으로 이루어진 명사이며, '가뭄'은 어간 '가물-'에 명사 파생 접미사 '-ㅁ'에 의해 파생된 명사이다.
2. '가엾다'는 규칙 활용(가엾어, 가엾으니 등)을 하고, '가엽다'는 'ㅂ' 불규칙 활용(가여워, 가여우니 등)을 한다.

> 예 4. 다음 밑줄 친 단어를 수정한 것으로 적절하지 않은 것은?
>
> ① '버러지' 먹은 콩을 버려라. → 벌러지
> ② 달이 '동녁' 하늘에 걸려 있다. → 동쪽
> ③ 그는 갑자기 웃음을 '터뜨렸다'. → 터트렸다
> ④ '옥수수' 한 알도 안 남기고 다 먹었다. → 강냉이
> ⑤ 저기 길가에 서 있는 사람이 '영희이에요'. → 영희이어요.

[조항] 표준어 제26항

[해설] ② '녘'과 '쪽'은 복수 표준어이다. ③ '강조'의 뜻을 더하는 접미사 '-뜨리다'와 '-트리다'는 복수 표준어이다. ④ '옥수수'와 '강냉이' 역시 복수 표준어이다. ⑤ 서술격 조사 '이-'에 어미 '-에요/어요'가 붙은 형태인 '-이에요'와 '-이어요'는 복수 표준어이다.

[정답] ①. '버러지'는 '벌레'와 함께 복수 표준어이다. '벌거지'와 '벌러지'는 비표준어이다.

[참고] 1. 〈표준국어대사전〉에 따르면, '녘'은 방향을 가리키는 의존 명사로, 이의 띄어쓰기와 관련하여 주의할 내용은 다음과 같다. '동녘, 서녘, 남녘, 북녘'은 '동, 서, 남, 북'과 '녘'이 결합하여 만들어진 합성어로 볼 수 있지만 '아침 녘, 황혼 녘'은 합성어로 인정되지 않으므로, 각각의 단어인 '아침, 황혼'과 '녘'은 띄어 적는다. 또한 '해뜨다, 해지다'라는 단어는 인정되지 않으므로, '해 뜰 녘', '해 질 녘'과 같이 각각의 단어를 띄어 쓴다. 이처럼 '녘' 관련하여 띄어쓰기를 판단할 때에는 합성어 여부를 먼저 확인하는 것이 필요하다(국립국어원 온라인가나다 답변 참조).
2. '지우개'처럼 받침이 없는 체언 뒤에 '-이에요'와 '-이어요'가 붙으면 '-예요', '-여요'로 줄지만 받침이 있는 체언 뒤에 붙은 '연필이에요', '연필이어요'는 *연필예요/*연필여요로 줄지 않는다. 한편, 받침이 있는 인명의 경우 '-이'가 덧붙으므로(명섭→명섭이) 받침이 없는 체언과 동일하게 '명섭이에요', '명섭예요'가 된다. 반면, '아니다'는 용언이므로 '-이에요', '-이어요'가 결합하지 않고 어미 '-에요', '-어요'만 결합하여 '아니에요', '아니어요'가 되고, '아녜요', '아녀요'로 줄어든다. 따라서 '아니예요'라는 표현은 잘못이다.

연습 문제 (정답 188쪽)

문 1. 다음 밑줄 친 부분이 표준어로 가장 적절한 것은?

① 차선 <u>끼여들기</u>는 잘못이다.
② 길에 <u>담배꽁추</u>가 버려져 있다.
③ <u>우뢰</u>와 같은 박수 소리가 들렸다.
④ <u>먹거리</u>를 소개하는 프로그램이 인기이다.
⑤ 궁금한 점이 있으면 부모님에게 <u>여쭢어</u> 보아라.

[해설]
①
②
③
④
⑤

[정답] ____

문 2. 다음 밑줄 친 표준어의 복수 표준어로 적절하지 <u>않은</u> 것은?

① '<u>여태</u>' 그것밖에 못 했니? → 여직
② '<u>오른쪽</u>'에 도서관 건물이 있어. → 오른편
③ 그가 오늘 생일이어서 '<u>한턱내다</u>'. → 한턱하다
④ 요즘 좋은 일이 '<u>잇달아</u>' 일어나고 있다. → 연달아
⑤ 그 어린이는 여간 '<u>심술쟁이</u>'가 아니야. → 심술꾸러기

[해설]
①
②
③
④
⑤

[정답] ____

- 복수 표준어 목록10) -

현재 표준어	추가된 표준어	추가 연도	뜻이나 어감 차이
간질이다	간지럽히다	2011	살갗을 문지르거나 건드려 간지럽게 하다. ≒간지럽히다.
개개다	개기다	2014	· 개기다: (속되게) 명령이나 지시를 따르지 않고 버티거나 반항하다. · 개개다: 성가시게 달라붙어 손해를 끼치다.
괴발개발	개발새발	2011	글씨를 되는대로 아무렇게나 써 놓은 모양을 이르는 말. · 개발새발: 개의 발과 새의 발. · 괴발개발: 고양이의 발과 개의 발.
거치적거리다	걸리적거리다	2011	어감 및 뜻 차이 있음. · 걸리적거리다: 「1」거추장스럽게 자꾸 여기저기 걸리거나 닿다. ≒걸리적대다「1」. 「2」거추장스럽거나 성가시어 자꾸 거슬리거나 방해가 되다. ≒걸리적대다「2」. · 거치적거리다: 「1」거추장스럽게 자꾸 여기저기 거치거나 닿다. ≒거치적대다「1」. 「2」거추장스러워서 자꾸 거슬리거나 방해가 되다. ≒거치적대다「2」.
거방지다	걸판지다	2016	· 걸판지다: 「1」 매우 푸지다. ≒ 거방지다「3」. 「2」 동작이나 모양이 크고 어수선하다. · 거방지다: 「1」 몸집이 크다. 「2」 하는 짓이 점잖고 무게가 있다. 「3」 매우 푸지다.
건울음	겉울음	2016	· 겉울음: 「1」 드러내 놓고 우는 울음. 「2」 마음에도 없이 겉으로만 우는 울음. · 건울음: 눈물 없이 우는 울음, 또는 억지로 우는 울음. =강울음.
-고 싶다	-고프다	2015	'-고프다'는 '-고 싶다'가 줄어든 말.
구안괘사	구안와사	2014	얼굴 신경 마비 증상. 입과 눈이 한쪽으로 틀어지는 병이다.
굽실	굽신	2014	고개나 허리를 가볍게 구푸렸다 펴는 모양. / 남의 비위를 맞추느라고 비굴하게 행동하는 모양. / '굽신거리다, 굽신대다, 굽신하다, 굽신굽신, 굽신굽신하다' 등도 표준어임.

---

10) 국립국어원은 『표준국어대사전』을 발간한 이후, 언어생활에서 많이 사용되지만 표준어로 인정되지 않은 단어들을 검토하여 표준어를 새로 사정하고 있다. 여러 심사숙고의 과정을 거쳐 2011년 8월 22일 '짜장면' 등 39항목을 새로이 표준어로 반영하여, 2017년까지 추가로 사정하였다.

현재 표준어	추가된 표준어	추가 연도	뜻이나 어감 차이
-기에	-길래	2011	-길래: '-기에'의 구어적 표현.
까다롭다	까탈스럽다	2016	・까탈스럽다: 「1」 조건, 규정 따위가 복잡하고 엄격하여 적응하거나 적용하기에 어려운 데가 있다. '가탈스럽다「1」'보다 센 느낌을 준다. 「2」 성미나 취향 따위가 원만하지 않고 별스러워 맞춰 주기에 어려운 데가 있다. '가탈스럽다「2」'보다 센 느낌을 준다. ※ 같은 계열의 '가탈스럽다'도 표준어로 인정함. ・까다롭다: 「1」 조건 따위가 복잡하거나 엄격하여 다루기에 순탄하지 않다. 「2」 성미나 취향 따위가 원만하지 않고 별스럽게 까탈이 많다.
꺼림칙하다	꺼림직하다	2017	마음에 걸려서 언짢고 싫은 느낌이 있다.
께름칙하다	께름직하다	2017	마음에 걸려서 언짢고 싫은 느낌이 꽤 있다.
가오리연	꼬리연	2015	・꼬리연: 긴 꼬리를 단 연. ・가오리연: 가오리 모양으로 만들어 꼬리를 길게 단 연. 띄우면 오르면서 머리가 아래위로 흔들린다. ≒꼬빡연
꾀다	꼬시다	2014	・꼬시다: '꾀다'를 속되게 이르는 말. ・꾀다: 그럴듯한 말이나 행동으로 남을 속이거나 부추겨서 자기 생각대로 끌다.
끼적거리다	끄적거리다	2011	어감 및 뜻 차이가 있음. ・끄적거리다: 글씨나 그림 따위를 아무렇게나 자꾸 막 쓰거나 그리다. ≒끄적대다. ・끼적거리다01: 글씨나 그림 따위를 아무렇게나 자꾸 쓰거나 그리다. ≒끼적대다01. ※ 끼적거리다02: 매우 달갑지 않은 음식을 자꾸 마지못해 굼뜨게 먹다. ≒끼적대다02.
날개	나래	2011	흔히 문학 작품 따위에서, '날개'를 이르는 말. '날개'보다 부드러운 어감을 준다. ※ 나래· '날개'의 문학적 표현
남우세스럽다	남사스럽다	2011	남에게 놀림과 비웃음을 받을 듯하다. ≒남세스럽다·우세스럽다.
냄새	내음	2011	내음: 코로 맡을 수 있는 나쁘지 않거나 향기로운 기운. 주로 문학적 표현에 쓰인다.
노라네/ 동그라네/ 조그마네...	노랗네/ 동그랗네/ 조그맣네...	2015	ㅎ불규칙용언의 활용형: 어미 '-네'가 결합하면 어간 끝의 'ㅎ'이 탈락하기도 하고 탈락하지 않기도 함. (노랗네/노라네, 동그랗네/동그라네, 조그맣네/조그마네 등)

현재 표준어	추가된 표준어	추가 연도	뜻이나 어감 차이
장난감	놀잇감	2014	· 놀잇감: 놀이 또는 아동 교육 현장 따위에서 활용되는 물건이나 재료. · 장난감: 아이들이 가지고 노는 여러 가지 물건. ≒ 완구.
눈초리	눈꼬리	2011	· 눈꼬리: 귀 쪽으로 가늘게 좁혀진 눈의 가장자리. ≒ 눈초리「2」. · 눈초리: 「1」어떤 대상을 바라볼 때 눈에 나타나는 표정. 「2」=눈꼬리.
눈두덩	눈두덩이	2014	눈언저리의 두두룩한 곳.
두루뭉술하다	두리뭉실하다	2011	· 두리뭉실하다: 「1」특별히 모나거나 튀지 않고 둥그스름하다. 「2」말이나 태도 따위가 확실하거나 분명하지 아니하다. · 두루뭉술하다: 「1」모나거나 튀지 않고 둥그스름하다. 「2」말이나 행동 따위가 철저하거나 분명하지 아니하다.
목물	등물	2011	상체를 굽혀 엎드린 채로 다른 사람의 도움을 받아 허리 위에서부터 목까지 물로 씻는 일. ≒ 등목.
딴죽	딴지	2014	· 딴지: (주로 '걸다, 놓다'와 함께 쓰여) 일이 순순히 진행되지 못하도록 훼방을 놓거나 어기대는 것. · 딴죽: 이미 동의하거나 약속한 일에 대하여 딴전을 부림을 비유적으로 이르는 말.
떨어뜨리다	떨구다	2011	떨구다: '시선을 아래로 향하다. 고개를 아래로 숙이다.' 등의 뜻이 있음.
뜰	뜨락	2011	'뜨락'에는 (주로 '-의 뜨락' 구성으로 쓰여) 추상적 공간을 비유하는 뜻이 있음.
마을	마실	2015	이웃에 놀러 다니는 일. ('주로 시골에서, 여러 집이 모여 사는 곳'을 가리키는 말은 '마을'임.) / 마실꾼, 마실방, 마실돌이, 밤마실도 표준어로 인정.
마/마라/마요	말아/말아라/말아요	2015	'말다'의 활용형: 명령형 어미 '-아', '-아라', '-아요' 등이 결합하면 어간 끝의 'ㄹ'이 탈락하기도 하고 탈락하지 않기도 함.
만날	맨날	2011	매일같이 계속하여서.
맨송맨송	맨숭맨숭/맹숭맹숭	2011	어감 및 뜻 차이 있음. '맨숭맨숭'은 '맨송맨송'보다 큰 느낌을 줌. · 맨숭맨숭: 「1」몸에 털이 있어야 할 곳에 털이 없어 반반한 모양. 「2」산 따위에 나무나 풀이 우거지지 아니하여 반반한 모양. 「3」술을 마시고도 취하지 아니하여 정신이 말짱한 모양. · '맹숭맹숭'에는 '맨숭맨숭'의 「1」「2」「3」의 뜻 외에 '하는 일이나 태도가 겸연쩍고 싱거운 모양.'의 뜻이 더 있고, '맨숭맨숭'에는 '일거리가 없거나 아무것도 생기는 것이 없어 심심하고 멋쩍은 모양'의 뜻이 더 있음.

현재 표준어	추가된 표준어	추가 연도	뜻이나 어감 차이
먹을거리	먹거리	2011	· 먹거리: 사람이 살아가기 위하여 먹는 음식을 통틀어 이름. · 먹을거리: 먹을 수 있거나 먹을 만한 음식 또는 식품. ≒ 식물(食物).
메우다	메꾸다	2011	'메꾸다'에 '무료한 시간을 적당히 또는 그럭저럭 보내다.'라는 뜻이 있음.
묏자리	못자리	2011	뫼(사람의 무덤)를 쓸 자리. 또는 쓴 자리.
바동바동	바둥바둥	2011	어감 및 뜻 차이 있음. '바둥바둥'은 '바동바동'보다 큰 느낌을 줌. · 바둥바둥: 「1」덩치가 작은 것이 매달리거나 자빠지거나 주저앉아서 자꾸 팔다리를 내저으며 움직이는 모양. 「2」힘에 겨운 처지에서 벗어나려고 애를 바득바득 쓰는 모양.
복사뼈	복숭아뼈	2011	발목 부근에 안팎으로 둥글게 나온 뼈. ≒ 과골(踝骨).
삐치다	삐지다	2014	성나거나 못마땅해서 마음이 토라지다.
사그라지다	사그라들다	2014	· 사그라들다: 삭아서 없어져 가다. · 사그라지다: 기운이나 현상 따위가 가라앉거나 없어지다. ※ '사그라지다'는 '삭아서 없어지다'의 뜻이 있음.
새치름하다	새초롬하다	2011	어감 및 뜻 차이 있음. · 새초롬하다: [Ⅰ]「형용사」조금 쌀쌀맞게 시치미를 떼는 태도가 있다. [Ⅱ]「동사」짐짓 조금 쌀쌀한 기색을 꾸미다. · 새치름하다: [Ⅰ]「형용사」쌀쌀맞게 시치미를 떼는 태도가 있다. [Ⅱ]「동사」짐짓 쌀쌀한 기색을 꾸미다.
섬뜩	섬찟	2014	· 섬찟: 갑자기 소름이 끼치도록 무시무시하고 끔찍한 느낌이 드는 모양. · 섬뜩: 갑자가 소름이 끼치도록 무섭고 끔찍한 느낌이 드는 모양. ※ '섬찟하다, 섬찟섬찟, 섬찟섬찟하다' 등도 표준어임.
세간	세간살이	2011	집안 살림에 쓰는 온갖 물건. ≒ 세간붙이.
속병	속앓이	2014	· 속앓이:「1」속이 아픈 병. 또는 속에 병이 생겨 아파하는 일.「2」겉으로 드러내지 못하고 속으로 걱정하거나 괴로워하는 일. · 속병:「1」몸속의 병을 통틀어 이르는 말.「2」'위장병01'을 일상적으로 이르는 말.「3」화가 나거나 속이 상하여 생긴 마음의 심한 아픔.
손자(孫子)	손주	2011	· 손주: 손자와 손녀를 아울러 이르는 말. · 손자: 아들의 아들. 또는 딸의 아들.

현재 표준어	추가된 표준어	추가 연도	뜻이나 어감 차이
실몽당이	실뭉치	2016	· 실뭉치: 실을 한데 뭉치거나 감은 덩이. · 실몽당이: 실을 풀기 좋게 공 모양으로 감은 뭉치.
쌉싸래하다	쌉싸름하다	2011	조금 쓴 맛이 있는 듯하다.
아옹다옹	아웅다웅	2011	어감 및 뜻 차이 있음. '아웅다웅'은 '아옹다옹'보다 큰 느낌을 준다. · 아옹다옹: 대수롭지 아니한 일로 서로 자꾸 다투는 모양.
야멸치다	야멸차다	2011	어감 및 뜻 차이 있음. · 야멸차다: 「1」 자기만 생각하고 남의 사정을 돌볼 마음이 거의 없다. 「2」 태도가 차고 야무지다. · 야멸치다: 「1」 자기만 생각하고 남의 사정을 돌볼 마음이 없다. 「2」 태도가 차고 여무지다.
어수룩하다	어리숙하다	2011	'어수룩하다'는 '순박함/순진함'의 뜻이 강하고, '어리숙하다'는 '어리석음'의 뜻이 강함.
에는	엘랑	2016	'엘랑' 외에도 'ㄹ랑'에 조사 또는 어미가 결합한 '에설랑, 설랑, -고설랑, -어설랑, -질랑'도 표준형으로 인정함. '엘랑, -고설랑' 등은 단순한 조사·어미 결합형이므로 사전 표제어로는 다루지 않음.
연방	연신	2011	'연신'이 반복성을 강조한다면, '연방'은 연속성을 강조함.
오순도순	오손도손	2011	어감 및 뜻 차이 있음. '오순도순'은 '오손도손'보다 큰 느낌을 줌. 정답게 이야기하거나 의좋게 지내는 모양.
의논(議論)	의론(議論)	2015	· 의론(議論): 어떤 사안에 대하여 각자의 의견을 제기함. 또는 그런 의견 · 의논(議論): 어떤 일에 대하여 서로 의견을 주고받음. ※ '의론되다, 의론하다'도 표준어로 인정.
예쁘다	이쁘다	2015	생긴 모양이 아름다워 눈으로 보기에 좋다. / '이쁘장스럽다, 이쁘장스레, 이쁘장하다, 이쁘디이쁘다'도 표준어로 인정.
이키	이크	2015	· 이크: 당황하거나 놀랐을 때 내는 소리. '이키'보다 큰 느낌을 준다. ※ 이키: 당황하거나 놀랐을 때 내는 소리. '이끼'보다 거센 느낌을 준다.
잎사귀	잎새	2015	· 잎새: 나무의 잎사귀. 주로 문학적 표현에 쓰인다. ※ 잎사귀: 낱낱의 잎. 주로 넓적한 잎을 이른다.
주책없다	주책이다	2016	'주책이다'는 '일정한 줏대가 없이 되는대로 하는 짓'을 뜻하는 '주책'에 서술격조사 '이다'가 붙은 말로 봄. '주책이다'는 단순한 명사+조사 결합형이므로 사전 표제어로는 다루지 않음.

현재 표준어	추가된 표준어	추가 연도	뜻이나 어감 차이
자장면	짜장면	2011	(←<중>Zhajiangmian[炸醬麵]) 중국요리의 하나. 고기와 채소를 넣어 볶은 중국 된장에 국수를 비벼 먹는다.
찌뿌듯하다	찌뿌둥하다	2011	어감 및 뜻 차이가 있음. · 찌뿌둥하다: [1] 몸살이나 감기 따위로 몸이 무겁고 거북하다. [2] 「1」표정이나 기분이 밝지 못하고 언짢다. 　　「2」비나 눈이 올 것같이 날씨가 궂거나 잔뜩 흐리다. · 찌뿌듯하다: [1] 몸살이나 감기 따위로 몸이 조금 무겁고 거북하다. [2] 「1」 표정이나 기분이 밝지 못하고 조금 언짢다. 　　「2」 비나 눈이 올 것같이 날씨가 조금 흐리다.
차지다	찰지다	2015	'찰지다'는 '차지다'의 원말. (차지다: 반죽이나 밥, 떡 따위가 끈기가 많다.)
작장초	초장초	2014	괭이밥과의 여러해살이풀. =괭이밥.
치근거리다	추근거리다	2011	어감 및 뜻 차이가 있음. · 추근거리다: 조금 성가실 정도로 은근히 자꾸 귀찮게 굴다. 늑 추근대다. · 치근거리다: 성가실 정도로 은근히 자꾸 귀찮게 굴다. '지근거리다01[1]'보다 거센 느낌을 준다. 늑치근대다.
치켜세우다	추켜세우다	2017	'정도 이상으로 크게 칭찬하다'의 의미로 쓰이는 '추켜세우다'를 표준어로 인정함.
추어올리다	추켜올리다	2017	'실제보다 과장되게 칭찬하다'의 의미로 쓰이는 '추켜올리다'를 표준어로 인정함.
추어올리다/ 추켜올리다	치켜올리다	2017	① 옷이나 물건, 신체 일부 따위를 위로 가뜬하게 올리다. ② 실제보다 과장되게 칭찬하다.
태껸	택견	2011	우리나라 고유의 전통 무예 가운데 하나. 늑 각희(脚戱)·수박희(手搏戱).
고운대	토란대	2011	토란의 줄기.
푸르다	푸르르다	2015	· 푸르르다: '푸르다'를 강조할 때 이르는 말. (으불규칙용언).
품세	품새	2011	태권도에서, 공격과 방어의 기본 기술을 연결한 연속 동작.
허섭스레기	허접쓰레기	2011	좋은 것이 빠지고 난 뒤에 남은 허름한 물건.
허접스럽다	허접하다	2014	어감 및 뜻 차이가 있음. · 허접하다: 허름하고 잡스럽다. · 허접스럽다: 허름하고 잡스러운 느낌이 있다.

현재 표준어	추가된 표준어	추가 연도	뜻이나 어감 차이
횡허케	**횡하니**	2011	어감 및 뜻 차이 있음. · 횡하니: 중도에서 지체하지 아니하고 곧장 빠르게 가는 모양. · 횡허케: '횡하니'를 예스럽게 이르는 말.
토담	**흙담**	2011	흙으로 쌓아 만든 담. ≒ 토원(土垣)·토장(土牆).

② 표준 발음법

『표준어 규정』은 '제1부 표준어 사정 원칙'과 '제2부 표준 발음법'으로 구분된다. 『표준어 규정』의 제2부는 표준 발음과 관련한 것으로 7개의 장으로 구성되어 있다.

장	내용	항
제1장	총 칙	제1항
제2장	자음과 모음	제2항 ~ 제5항
제3장	소리의 길이	제6항 ~ 제7항
제4장	받침의 동화	제8항 ~ 제9항
제5장	소리의 동화	제10항 ~ 제22항
제6장	된소리되기	제23항 ~ 제28항
제7장	소리의 첨가	제29항 ~ 제30항

종래에 없던 규정을 새롭게 마련한 것으로, 음성언어로서의 정확한 발음 또한 국민들의 정확하고 분명한 의사소통에 기여하는 바가 크기 때문이다.

제1장 총칙

제1항 표준 발음법은 표준어의 실제 발음을 따르되, 국어의 전통성과 합리성을 고려하여 정함을 원칙으로 한다.

[탐구] 1. 다음은 겹받침 'ㄺ'이 음운론적 환경에 따라 표준 발음이 달라지는 양상을 나타낸 것이다. 겹받침 'ㄺ'의 표준 발음이 달라지는 환경에 대해 살펴보자.

① 단독형	② '-도'	③ '-만'	④ '-이'
흙→[흑]	흙도→[흑또]	흙만→[흥만]	흙이→[흘기]

(1) [ㄱ] 발음 →
(2) [ㅇ] 발음 →
(3) [ㄹ] 발음 →

[탐구] 2. 〈보기〉는 동일한 형태의 두 단어가 쓰였지만 각각의 의미는 전혀 다르다. 이들 단어가 서로 다른 단어임을 알 수 있는 국어의 전통성에 대해 살펴보자.

〈보기〉 "어제 ①밤에 ②밤을 구워 먹었다."

(1) ①의 표준 발음 →
(2) ②의 표준 발음 →

[탐구] 3. 다음은 '맛있다'와 '멋있다'의 표준 발음을 나타낸 것이다. 이 중, [마딛따]와 [머딛따]를 원칙 발음으로 정한 국어의 합리성에 대해 살펴보자.

	맛있다	멋있다
원칙 발음	[마딛따]	[머딛따]
허용 발음	[마싣따]	[머싣따]

(1) 받침 'ㅅ' + 모음의 형식 형태소 →
(2) 받침 'ㅅ' + 모음의 실질 형태소 →

제2장 자음과 모음

[예] 1. 다음 자음과 모음에 대한 설명으로 가장 적절한 것은?

① 표준어의 자음은 모두 14개이다.
② 표준어의 단모음은 모두 21개이다.
③ 표준어의 이중 모음은 항상 이중 모음으로 발음한다.
④ 표준어의 단모음에는 이중 모음 발음을 허용하기도 한다.
⑤ 표준어의 이중 모음 'ㅢ'는 [ㅣ]로 발음하는 것만 허용한다.

[조항] • 표준 발음법 제2항: 표준어의 자음은 다음 19개로 한다. • 표준 발음법 제3항: 표준어의 모음은 다음 21개로 한다. • 표준 발음법 제4항: 'ㅏ, ㅐ, ㅓ, ㅔ, ㅗ, ㅚ, ㅜ, ㅟ, ㅡ, ㅣ'는 단모음(單母音)

으로 발음한다. [붙임] 'ㅚ, ㅟ'는 이중 모음으로 발음할 수 있다. • 표준 발음법 제5항: 'ㅑ, ㅒ, ㅕ, ㅖ, ㅘ, ㅙ, ㅛ, ㅝ, ㅞ, ㅠ, ㅢ'는 이중 모음으로 발음한다. 다만 1, 2, 3, 4.

[해설] ① 한국어의 자음은 19개(ㄱ, ㄲ, ㄴ, ㄷ, ㄸ, ㄹ, ㅁ, ㅂ, ㅃ, ㅅ, ㅆ, ㅇ, ㅈ, ㅉ, ㅊ, ㅋ, ㅌ, ㅍ, ㅎ)로 구성되어 있다. ② 한국어의 모음 21개(ㅏ, ㅐ, ㅑ, ㅒ, ㅓ, ㅔ, ㅕ, ㅖ, ㅗ, ㅘ, ㅙ, ㅚ, ㅛ, ㅜ, ㅝ, ㅞ, ㅟ, ㅠ, ㅡ, ㅢ, ㅣ) 중, 단모음은 10개(ㅏ, ㅐ, ㅓ, ㅔ, ㅗ, ㅚ, ㅜ, ㅟ, ㅡ, ㅣ)이다. ③ 한국어의 이중 모음은 이중 모음으로 발음하는 것을 원칙으로 하되, 다만 1~4의 다양한 허용 조항이 있어, 항상 이중 모음으로 발음하지는 않는다. ⑤ 이중 모음 'ㅢ'는 이중 모음 [ㅢ] 발음을 원칙으로 하되, 경우에 따라 [ㅣ], [ㅔ] 발음도 허용한다.

[정답] ④. 단모음 10개 중, 'ㅚ', 'ㅟ'는 이중 모음 발음을 허용한다. 단모음 'ㅚ'를 이중 모음으로 발음하면 'ㅞ'가 되어, '외국'을 [외ː국]/[웨ː국]으로 발음할 수 있다. 한편, 단모음 'ㅟ'는 이중 모음으로 발음하면 반모음 'ㅜ[w]'로 시작하여 단모음 'ㅣ'로 끝나게 된다.

[예] 2. 다음 밑줄 친 표준 발음으로 적절하지 <u>않은</u> 것은?

① 돈을 가져[가저] 왔다.
② 우리의[우리에] 소원은 통일이다.
③ 선생님의 혜택[헤ː택]을 많이 받았다.
④ 한국어에서는 띄어쓰기[띠어쓰기]가 중요하다.
⑤ 서로 협의[협의]를 해서 일을 해결하도록 하자.

[조항] • 표준 발음법 제5항, 다만1: 용언의 활용형에 나타나는 '져, 쪄, 쳐'는 [저, 쩌, 처]로 발음한다. • 다만2: '예, 례' 이외의 'ㅖ'는 [ㅔ]로도 발음한다. • 다만3: 자음을 첫소리로 가지고 있는 음절의 'ㅢ'는 [ㅣ]로 발음한다. • 다만4: 단어의 첫음절 이외의 '의'는 [ㅣ]로, 조사 '의'는 [ㅔ]로 발음함도 허용한다.

[해설] ①은 〈표준 발음법〉 제5항의 '다만1' 규정에 따른 표준 발음이다. ②는 제5항의 '다만4'에 따라 조사 '의'를 [우리의], [우리에]로 발음할 수 있다. ③은 제5항의 '다만2'에 따라 [혜ː택], [헤ː택] 둘 다 가능하다. ④는 제5항의 '다만3'에 따라 [띠어쓰기]라고 발음한다.

[정답] ⑤. 제5항 '다만4'에 따라, [혀븨]가 원래 발음이며 [혀비]도 표준 발음으로 허용한다.

> 예 3. 다음 <보기>의 표준 발음으로 적절하지 <u>않은</u> 것은?
>
> "민주주의의 의의"
>
> ① [민주주의의 의의]　　② [민주주의에 의이]
> ③ [민주주의의 이의]　　④ [민주주이의 의의]
> ⑤ [민주주이에 의이]

[조항] 표준 발음법 제5항, 다만3 / 다만4

[해설] ①은 표준 발음의 원칙을 고수한 발음이다. ②는 조사 '의'의 표준 발음 [의/에], 첫음절 이외의 '의'의 표준 발음 [의/이]를 따른 것이다. ④는 첫음절 이외의 '의'의 표준 발음 [의/이]를 따랐다. ⑤는 첫음절 이외의 '의'[의/이], 조사 '의'[의/에]의 표준 발음을 따르고 있다.

[정답] ③. [민주주의의 <u>이의</u>]의 밑줄 친 발음이 잘못이다. 자음을 첫소리로 가지고 있지 않는 첫음절의 '의'는 [의]로만 발음해야 한다. 즉, '의사'는 [이사]로 발음하지 않는 것과 같다.

[해설] '민주주의의 의의'의 표준 발음은 모두 8가지 경우이다.

| 민주주의의 의의 | 민주주의에 의의 | 민주주이의 의의 | 민주주이에 의의 |
| 민주주의의 의이 | 민주주의에 의이 | 민주주이의 의이 | 민주주이에 의이 |

> 예 4. 다음 이중 모음 'ㅢ'의 표준 발음으로 가장 적절한 것은?
>
> ① 희망[희망/히망]으로 산다.　　② 유리를 주의[주의/주이]해라.
> ③ 무늬[무늬/무니] 옷을 입다.　　④ 의자[의자/이자]에 빨리 앉아라.
> ⑤ 강의의[강의의/강의이] 내용을 쓰다.

[조항] 표준 발음법 제5항, 다만3 / 다만4

[해설] ①, ③처럼 자음을 첫소리로 가진 음절의 '의'는 [ㅣ]로만 발음하여 [히망], [무니]로 나타난다. ④ 첫음절의 이중 모음 '의'는 [의]로만 발음하기에, [의자]로만 발음한다. ⑤의 조사 '의'를 [이]로 발음할 수는 없다.

[정답] ②. '주의'에서 이중 모음 '의'는 [의]와 [이] 발음을 모두 허용한다.

연습 문제 (정답 189쪽)

문 1. 다음 밑줄 친 부분의 표준 발음으로 적절한 것은?

① 외가[웨:가]를 방문했다.
② 크게 다쳐[다쳐] 병원에 갔다.
③ 15세기의 계집[개:집]은 평어였다.
④ 오직 서쪽만이 들판으로 틔어[틔:어] 있었다.
⑤ 게양대[계:양대]의 국기가 바람에 펄럭거린다.

[해설]
①
②
③
④
⑤

[정답] _____

문 2. 다음 밑줄 친 부분의 표준 발음으로 가장 적절하지 <u>않은</u> 것은?

① 그는 손목에 시계[시계/시게]를 차고 있다.
② 사람은 예절[예절/에절]을 잘 지켜야 한다.
③ 여름철의 보양식으로 삼계탕[삼계탕/삼게탕]이다.
④ 친구와의 신의[시:늬/시니]를 지키는 것이 중요하다.
⑤ 대한민국은 민주주의[민주주의/민주주이]를 기본으로 한다.

[해설]
①
②
③
④
⑤

[정답] _____

제3장 음의 길이

[예] 1. 다음 모음의 장·단 발음 표기로 가장 적절한 것은?

① 지금 먹은 밤[밤]은 군밤[밤:]이다.
② 오늘 눈[눈:]이 올해의 첫눈[눈:]이다.
③ 그는 누워서 발[발:]로 창문의 발[발]을 내렸다.
④ 동물의 말[말]과 인간의 말[말:]은 동음이의어이다.
⑤ 원자재 값의 상승으로 조선소의 배[배:] 값이 배[배]로 올랐다.

[조항] 표준 발음법 제6항: 모음의 장단을 구별하여 발음하되, 단어의 첫음절에서만 긴소리로 나타나는 것을 원칙으로 한다.

[해설] ① 밤나무의 열매인 '밤'의 표준 발음은 장음([밤:])이다. 그러나 단어의 첫음절이 아닌 '군밤'의 표준 발음은 단음([군밤])이다. ② 대기 중의 수증기가 찬 기운을 만나 얼어서 땅 위로 떨어지는 얼음의 결정체인 '눈'의 표준 발음은 장음([눈:])이지만 1음절 이하에서는 '[첫눈]'으로 짧게 발음한다. ③ 신체 '발'의 표준 발음은 '[발]'이며, 무엇을 가리는 '발'의 표준 발음은 '[발:]'이다. ⑤ 선박의 '배[배]'와 달리 '어떤 수나 양을 두 번 합한 만큼'을 뜻하는 '배'는 '[배:]'로 발음한다.

제6항	모음의 장단을 구별하여 발음하되, 단어의 첫음절에서만 긴소리가 나타나는 것을 원칙으로 한다.		
(1)	눈보라[눈:보라]	말씨[말:씨]	밤나무[밤:나무]
	많다[만:타]	멀리[멀:리]	벌리다[벌:리다]
(2)	첫눈[첫눈]	참말[참말]	쌍동밤[쌍동밤]
	수많이[수:마니]	눈멀다[눈멀다]	떠벌리다[떠벌리다]

[정답] ④. 인간의 의사소통의 수단인 '말'은 장음([말:])으로 발음하는 반면 짐승이나 단위를 나타내는 '말'의 표준 발음은 단음([말])이다.

[참고] 1. 시간 개념의 '밤'은 단음([밤])으로 발음한다.
2. 신체의 '눈'은 단음([눈])으로 발음한다.
3. 동음이의어 관계인 '배(腹), 배(船), 배(梨)'는 모두 단음이 표준 발음이다.

예 2. 다음 밑줄 친 단어의 표준 발음으로 적절하지 않은 것은?

① 친구의 발을 밟으면[발브면] 안 돼.
② 두꺼운 양말을 신어[시너] 발이 따뜻하다.
③ 제가 아이를 안아[아나] 볼 수 있을까요?
④ 친구가 없으니[업쓰니] 혼자 밥을 먹는다.
⑤ 오랜만에 머리를 감으니[가므니] 시원하다.

[조항] 표준 발음법 제7항: 긴소리를 가진 음절이라도, 다음과 같은 경우에는 짧게 발음한다. 1. 단음절인 용언 어간에 모음으로 시작된 어미가 결합되는 경우, 2. 용언 어간에 피동, 사동의 접미사가 결합되는 경우

[해설] ① '밟다[밥:따]'의 단음절인 용언 어간이 모음으로 시작하는 어미와 결합하면 '밟으면[발브면]'으로 짧게 발음해야 한다. ②, ③, ⑤의 '신다[신:따]', '안다[안:따]', '감다[감:따]'의 활용형도 제7항에 따라 '[시너]', '[아나]', '[가므니]'로 발음한다.

제7항 긴소리를 가진 음절이라도, 다음과 같은 경우에는 짧게 발음한다.
1. 단음절인 용언 어간에 모음으로 시작하는 어미가 결합되는 경우
감다[감:따] - 감으니[가므니]   밟다[밥:따] - 밟으면[발브면]
신다[신:따] - 신어[시너]   알다[알:다] - 알아[아라]
2. 용언 어간에 피동, 사동의 접미사가 결합되는 경우
감다[감:따] - 감기다[감기다]   꼬다[꼬:다] - 꼬이다[꼬이다]
밟다[밥:따] - 밟히다[발피다]

[정답] ④. '없다[업:따]'는 표준 발음법 제7항, 1의 예외로 주의가 필요하다. '없다'는 뒤에 모음의 어미가 결합되더라도 장음의 속성이 사라지지 않아 '없으니[업:쓰니]로 발음한다. '끌다, 떫다, 벌다, 썰다'도 이에 해당하는 단어로, '끌어[끄:러], 떫은[떨:븐], 벌어[버:러], 썰어[써:러]'로 나타난다.

[참고] 1. 표준 발음법 제7항, 2에도 '끌리다[끌:리다], 벌리다[벌:리다], 없애다[업:쌔다]와 같은 예외 현상이 나타난다.
2. '밀-물', '썰-물', '쏜-살-같이', '작은-아버지'와 같은 합성어에서는 본디의 길이에 관계없이 짧게 발음한다.

연습 문제 (정답 190쪽)

문 1. 다음 밑줄 친 부분의 표준 발음으로 가장 적절한 것은?

① 맛있는 굴[굴] - 깊은 굴(窟)[굴:]
② 죄 벌(罰)[벌:] - 꿀벌 벌(蜂)[벌]
③ 아버지 부(父)[부:] - 부유할 부(富)[부]
④ 용기의 병(甁)[병:] - 질병의 병(病)[병]
⑤ 신체의 손(手)[손:] - 손주의 손(孫)[손]

[해설]
①
②
③
④
⑤

[정답] _____

문 2. 다음 밑줄 친 부분의 표준 발음으로 적절하지 않은 것은?

① 고기를 굽다[굽:다].
② 일[일:] 년 동안 고생했다.
③ 밤나무[밤:나무]를 많이 심었다.
④ 선생님과의 대화로 걱정을 없애다[업:쌔다].
⑤ 여유가 있으면 며칠만 돈 좀 꿔[꿔:] 줄 수 있어?

[해설]
①
②
③
④
⑤

[정답] _____

제4장 받침의 발음

예 1. 다음 음절의 끝소리로 발음되는 받침을 모두 나열한 것은?

① ㄱ, ㄴ, ㄹ, ㅁ, ㅇ
② ㄱ, ㄴ, ㄷ, ㄹ, ㅁ, ㅇ
③ ㄱ, ㄴ, ㄹ, ㅁ, ㅂ, ㅇ
④ ㄱ, ㄴ, ㄷ, ㄹ, ㅁ, ㅂ, ㅇ
⑤ ㄱ, ㄴ, ㄷ, ㄹ, ㅁ, ㅂ, ㅅ, ㅇ

[조항] 표준 발음법 제8항: 받침소리로는 'ㄱ, ㄴ, ㄷ, ㄹ, ㅁ, ㅂ, ㅇ'의 7개 자음만 발음한다.

[해설] ① 다섯 개의 받침 이외에 'ㄷ'과 'ㅂ'이 추가되어야 한다. ② 'ㅂ'이 추가되어야 한다. ③ 'ㄷ'이 추가되어야 한다. ⑤ 'ㅅ'이 삭제되어야 한다.

[정답] ④. '표준 발음법 제8항'에 만족하는 받침의 개수와 종류가 일치한다.

[참고] 〈표준 발음법〉 제2항의 19개의 자음은 음절 말 위치에서는 본래의 음가를 갖지 못하고, 7개 자음(ㄱ, ㄴ, ㄷ, ㄹ, ㅁ, ㅂ, ㅇ)만으로 실현된다. 이러한 현상을 '중화(中和) 현상'이라 한다.

예 2. 다음 밑줄 친 부분의 발음이 [ㄷ]으로 실현되지 <u>않는</u> 것은?

① 낫
② 빛
③ 밤낮
④ 낱개
⑤ 미닫이

[조항] 표준 발음법 제9항: 받침 'ㄲ, ㅋ', 'ㅅ, ㅆ, ㅈ, ㅊ, ㅌ', 'ㅍ'은 어말 또는 자음 앞에서 각각 대표음 [ㄱ, ㄷ, ㅂ]으로 발음한다.

[해설] ① 어말 또는 자음 앞의 받침 'ㅅ'은 대표음 'ㄷ'으로 소리 나기에, '낫'의 표준 발음은 [낟]이다. ② '빛' 역시 받침 'ㅊ'의 대표음이 'ㄷ'이기에 [빋]으로 발음한다. ③ '밤낮'의 표준 발음은 [밤낟]이다. ④ '낱개'의 받침 'ㅌ'도 대표음 'ㄷ'으로 소리 나기에 [낟깨]로 발음한다.

[정답] ⑤. '미닫이'의 받침 'ㄷ'이 모음 'ㅣ'와 결합하면 구개음 'ㅈ'으로 소리가 난다. 따라서 표준 발음은 [미다지]이다. 자세한 설명은 〈표준 발음법〉 제17항을 참고하시오.

예 3. 다음 밑줄 친 부분의 발음이 가장 적절한 것은?

① 발을 밟다[밥:따].
② 시조를 읊다[을따].
③ 물이 참 맑다[말따].
④ 강이 꽤 넓다[넙따].
⑤ 딸 나이 여덟[여덥]이다.

[조항] • 표준 발음법 제10항: 겹받침 'ㄳ', 'ㄵ', 'ㄼ, ㄽ, ㄾ', 'ㅄ'은 어말 또는 자음 앞에서 각각 [ㄱ, ㄴ, ㄹ, ㅂ]으로 발음한다. • 표준 발음법 제11항: 겹받침 'ㄺ, ㄻ, ㄿ'은 어말 또는 자음 앞에서 각각 [ㄱ, ㅁ, ㅂ]으로 발음한다.

[해설] ②, ③의 'ㄿ'과 'ㄺ'은 〈표준 발음법〉 제11항에 따라, 뒷받침인 '[ㅂ]/[ㄱ]'으로 발음하는 것이 원칙이다. 따라서 [읖다→읍따], [막따]가 표준 발음이다. ④, ⑤의 'ㄼ'은 〈표준 발음법〉 제10항에 따라, 앞 받침인 [ㄹ]로 발음하는 것이 원칙이다. 따라서 [널따]와 [여덜]이 표준 발음이다.

[정답] ①. 겹받침 'ㄼ'의 예외 발음을 이해해야 한다. '밟-'은 자음 앞에서 [밥]으로 발음하고, '넓-'은 '넓죽하다, 넓둥글다'와 같은 경우에 [넙]으로 발음해야 한다.

[참고] 겹받침 'ㄺ'의 예외 발음도 주의해야 한다. 겹받침 'ㄺ'은 '닭'[닥]에서처럼 대표음 [ㄱ]으로 발음하는 것이 원칙이다. 그러나 '맑게[말께], 묽고[물꼬], 얽거나[얼거나]'처럼 용언의 어간 말음 'ㄺ' 뒤에 'ㄱ'으로 시작하는 어미가 결합할 때에는 [ㄹ]로 발음한다.

예 4. 다음 밑줄 친 'ㅎ'의 발음으로 가장 적절한 것은?

① 숙제는 다 해 놓고[놓고] 놀아라.
② 그 사람은 가족이 정말 많소[만:소].
③ TV를 걸기 위해 벽에 구멍을 뚫네[뚤네].
④ 날씨가 추워 눈이 차곡차곡 쌓이다[싸이다].
⑤ 공간이 부족하니 앞뒤 간격을 좀 좁히자[좁피자].

[조항] 표준 발음법 제12항: 받침 'ㅎ'의 발음은 다음과 같다. 1. 'ㅎ(ㄶ, ㅀ)' 뒤에 'ㄱ, ㄷ, ㅈ'이 결합되는 경우에는, 뒤 음절 첫소리와 합쳐서 [ㅋ, ㅌ, ㅊ]으로 발음한다. 2. 'ㅎ(ㄶ, ㅀ)' 뒤에 'ㅅ'이 결합되는 경우에는, 'ㅅ'을 [ㅆ]으로 발음한다. 3. 'ㅎ' 뒤에 'ㄴ'이 결합되는 경우에는, [ㄴ]으로 발음한다. 4. 'ㅎ(ㄶ, ㅀ)' 뒤에 모음으로 시작된 어미나 접미사가 결합되는 경우에는, 'ㅎ'을 발음하지 않는다.

[해설] ① '놓고'는 'ㅎ' 뒤에 'ㄱ'이 결합하여 거센소리 [노코]로 발음해야 한다. ② '많소'는 'ㅎ' 뒤에 'ㅅ'이 결합하여 된소리 [만ː쏘]로 발음해야 한다. ③ '뚫네'는 제12항, 3의 [붙임]('ㄶ, ㅀ' 뒤에 'ㄴ'이 결합되는 경우에는, 'ㅎ'을 발음하지 않는다.)에 따라 [뚤네→뚤레]¹⁾로 발음한다. ⑤ '좁히자'는 제12항, 1의 [붙임1](받침 'ㄱ(ㄺ), ㄷ, ㅂ(ㄼ), ㅈ(ㄵ)'이 뒤 음절 첫소리 'ㅎ'과 결합되는 경우에도, 역시 두 음을 합쳐서 [ㅋ, ㅌ, ㅍ, ㅊ]으로 발음한다.)에 따라 [조피자]로 발음한다.

[정답] ④. '쌓이다'는 'ㅎ(ㄶ, ㅀ)' 뒤에 모음으로 시작된 어미나 접미사가 결합되는 경우에는, 'ㅎ'을 발음하지 않는다는 제12항, 4에 따라 [싸이다]가 표준 발음이다.

예 5. 다음 밑줄 친 단어의 표준 발음으로 적절하지 <u>않은</u> 것은?

① 연필을 깎아[까까] 쓰다.
② 추석에 만두를 빚어[비저] 먹다.
③ 닭이[다기] 먼저일까 달걀이 먼저일까?
④ 강의실에 학생 여덟이[여덜비] 앉아 있다.
⑤ 이 금속은 고가라 값을[갑쓸] 정할 수 없다.

[조항] • 표준 발음법 제13항: 홑받침이나 쌍받침이 모음으로 시작된 조사나 어미, 접미사와 결합되는 경우에는, 제 음가대로 뒤 음절 첫소리로 옮겨 발음한다. • 표준 발음법 제14항: 겹받침이 모음으로 시작된 조사나 어미, 접미사와 결합되는 경우에는, 뒤엣것만을 뒤 음절 첫소리로 옮겨 발음한다.(이 경우, 'ㅅ'은 된소리로 발음함.)

[해설] ①과 ②의 '깎아', '빚어'는 〈표준 발음법〉 제13항에 따라, 받침을 뒤 음절 첫소리로 옮겨 [까까]와 [비저]로 발음한다. ④, ⑤의 '여덟이'와 '값을'은 〈표준 발음법〉 제14항에 따라, 겹받침 중 뒷받침만 다음 음절의 첫소리로 발음하기에 [여덜비]와 [갑쓸]로 발음한다.

[정답] ③. '닭이'는 겹받침 'ㄺ'이 모음의 조사와 결합되는 경우, 뒷받침을 다음 음절의 첫소리로 옮겨 발음해야 하기에 [달기]로 발음해야 한다. '닭'에 조사 '을'이나 '의'가 결합한 표준 발음 형태는 각각 [달글], [달긔/달게]²⁾이다.

---

1) '뚫네'의 표준 발음이 [뚤네]에서 그치지 않고 [뚤레]로 나는 것은 유음화에 의한 발음 현상이다. <표준 발음법> 제20항을 참고하시오.
2) '닭의'의 표준 발음 [달긔/달게]는 조사 '의'의 표준 발음이 [ㅢ/ㅔ]이기 때문이다.

[예] 6. 다음 밑줄 친 단어의 표준 발음으로 가장 적절한 것은?

① 음식이 맛없다[마섭따].
② 그는 헛웃음[허두슴]을 짓고 있다.
③ 날씨가 추우니 겉옷[건온]을 입어라.
④ 정장을 입은 모습이 멋있다[먼일따].
⑤ 닭장 안의 닭 앞에[달가페] 오리 한 마리가 있다.

[조항] 표준 발음법 제15항: 받침 뒤에 모음 'ㅏ, ㅓ, ㅗ, ㅜ, ㅟ'들로 시작되는 실질 형태소가 연결되는 경우에는, 대표음으로 바꾸어서 뒤 음절 첫소리로 옮겨 발음한다.

[해설] ① '맛없다'는 '맛+없다'의 구성으로, 앞 음절의 'ㅅ' 받침 뒤에 모음의 실질 형태소 '없다'가 연결되어 있다. 따라서 〈표준 발음법〉 제15항에 따라 [맏+업따→마덥따]가 표준 발음이 되어야 한다. ③ '겉옷'의 표준 발음은 [걷+옫]→[거돋]이다. ④ '멋있다'는 [먿+읻따]→[머딛따]로 발음한다. ⑤ '닭 앞에'는 겹받침의 하나만을 옮겨 발음하기에 [닥+아페]→[다가페]가 된다.

[정답] ②. '헛웃음'은 접두사 '헛'과 '웃다'의 명사형인 '웃음'이 합성한 단어로 〈한글 맞춤법〉 4장 4절 27항에 따라 각각의 원형을 밝혀 적는다. 그리고 이의 표준 발음은 [헏+우슴3)]→[허두슴]이다.

[참고] '맛있다, 멋있다'는 '맛+있다'와 '멋+있다'의 구조로, 〈표준 발음법〉 제15항의 적용을 받는 단어이다. 따라서 이 두 단어의 표준 발음은 [맏+읻따→마딛따]와 [먿+읻따→머딛따]이다. 다만 '맛있다'와 '멋있다' 두 단어에 한정하여 [마싣따], [머싣따]로도 발음할 수 있도록 허용한다.

[예] 7. 다음 자모의 받침의 발음이 가장 적절한 것은?

① 자음 ㄱ이[기으기] 있다.   ② 자음 ㄷ이[디그디] 있다.
③ 자음 ㅊ이[치으치] 있다.   ④ 자음 ㅍ이[피으피] 있다.
⑤ 한글 자모의 자음 ㅎ이[히으시] 있다.

[조항] 표준 발음법 제16항: 한글 자모의 이름은 그 받침소리를 연음하되, 'ㄷ, ㅈ, ㅊ, ㅋ, ㅌ, ㅍ, ㅎ'의 경우에는 특별히 다음과 같이 발음한다.

---

3) '웃음'의 표준 발음 [우슴]은 〈표준 발음법〉 제13항에 의한다.

[해설] ① 자음 'ㄱ'의 이름은 '기역'이다. 따라서 모음의 조사 '-이'가 연결되면 [기여기]로 발음된다. ②~④의 '디귿', '치읓', '피읖'에 '-이'가 결합하면 [디그디, 치으치, 피으피]로 발음되지 않는다. 이들은 특별히 ② [디그시], ③ [치으시], ④ [피으비]로 발음해야 한다.

[정답] ⑤. 'ㅎ'의 이름과 발음은 '히읗[히읃]'이다. 'ㅎ' 역시 뒤에 모음의 조사가 결합할 때 특별히 발음하는 자모이다. 이는 [히으시]로 발음한다.

[참고] 한글 자모 중, 'ㄷ, ㅈ, ㅊ, ㅋ, ㅌ, ㅍ, ㅎ'의 경우에는 특별히 '디귿이[디그시]-디귿을-[디그슬]-디귿에[디그세]/지읒이[지으시]-지읒을[지으슬]-지읒에[지으세]/치읓이[치으시]-치읓을[치으슬]-치읓에[치으세]/키읔이[키으기]-키읔을[키으글]-키읔에[키으게]/티읕이[티으시]-티읕을[티으슬]-티읕에[티으세]/피읖이[피으비]-피읖을[피으블]-피읖에[피으베]/히읗이[히으시]-히읗을[히으슬]-히읗에[히으세]'로 발음한다.

> [예]8. 다음 밑줄 친 단어의 표준 발음으로 적절하지 않은 것은?
>
> ① 학교에서 책을 읽다[일따].
> ② 도로에 흙이[흘기] 쏟아졌다.
> ③ 갑작스러운 일에 넋이[넉씨] 빠졌다.
> ④ 거실 의자를 밟고[밥:꼬] 전등을 갈았다.
> ⑤ 오늘은 왠지 기분이 좋은[조은] 날이 있을 것 같다.

[조항] 표준 발음법 제10항~제14항

[해설] ② 겹받침 'ㄺ' 뒤에 모음의 조사가 오면 두 개의 받침 모두를 발음할 수 있기에, '흙이[흘기]'로 발음한다. ③ 겹받침 'ㄳ' 뒤에 모음의 조사가 왔기에 모두를 발음하며, 이때 'ㅅ'은 된소리로 발음한다. 따라서 '넋이[넉씨]'로 발음한다. ④ 겹받침 'ㄼ'의 대표음은 [ㄹ]이지만, '밟다'는 [ㅂ]으로 발음하는 예외 단어에 해당한다. 따라서 '밟고[밥:꼬]'로 발음해야 한다. ⑤ 받침 'ㅎ' 뒤에 모음의 어미가 오면 'ㅎ'을 발음하지 않기에 [조은]은 맞는 발음이다.

[정답] ①. 겹받침 'ㄺ'은 어말 또는 자음 앞에서 [ㄱ]으로 발음하기에, '읽다[익따]'로 발음해야 한다.

연습 문제 (정답 191쪽)

문 1. 다음 밑줄 친 부분의 표준 발음으로 가장 적절한 것은?

① 부모님 볼 낯이[나시] 없다.
② 그릇 입구가 넓둥글다[널뚱글다].
③ 쥐가 고양이에게 먹히다[머키다].
④ 그녀는 나이가 들어도 늙지[늘찌] 않는다.
⑤ 옛날 선인들인 시조를 읊고[을꼬] 살았다.

[해설]
①
②
③
④
⑤

[정답] _____

문 2. 다음 밑줄 친 부분의 표준 발음으로 적절하지 않은 것은?

① 음식이 맛있다[마싣따].
② 길에 눈이 쌓이다[싸히다].
③ 선물로 꽃 한송이[꼬탄송이]를 샀다.
④ 이 물건은 상당히 값어치[가버치]가 있다.
⑤ 나는 받침 디귿이[디그시] 발음하기 어려워.

[해설]
①
②
③
④
⑤

[정답] _____

제5장 음의 동화

> 예 1. 다음 밑줄 친 부분의 표준 발음으로 가장 적절한 것은?
>
> ① 밭이[바티] 넓다.   ② 문이 바람에 닫히다[다치다].
> ③ 잔디[잔지]를 밟지 마라.   ④ 밭이랑[바치랑]에 감자를 심다.
> ⑤ 그 일을 낱낱이[난:나티] 밝혀라.

[조항] 표준 발음법 제17항: 받침 'ㄷ, ㅌ(ㄾ)'이 조사나 접미사의 모음 'ㅣ'와 결합되는 경우에는, [ㅈ, ㅊ]으로 바꾸어서 뒤 음절 첫소리로 옮겨 발음한다.

[해설] ① '밭이'는 [바티]→[바치]로 발음해야 한다. ③ '잔디'는 구개음화(끝소리가 'ㄷ', 'ㅌ'인 형태소가 모음 'ㅣ'나 반모음 'ㅣ[j]'로 시작되는 형식 형태소와 만나 구개음 'ㅈ', 'ㅊ'이 되거나, 'ㄷ' 뒤에 형식 형태소 '히'가 올 때 'ㅎ'과 결합하여 이루어진 'ㅌ'이 'ㅊ'이 되는 현상)의 환경이 아닌 하나의 형태소로, [잔디]로 발음한다. ④ '밭이랑'은 '밭'과 '이랑'의 합성어로 뒤의 형태소가 실질 형태소로, 'ㅣ'로 시작하는 형식 형태소가 아니기에 구개음화의 적용을 받지 않는다. 따라서 이의 표준 발음은 'ㄴ' 첨가와 비음화에 의한 [반니랑]이다. ⑤ '낱낱이'는 구개음화의 환경에 해당하며, 비음화의 영향으로 [난:나치]로 발음한다.

[정답] ②. 받침 'ㄷ' 뒤에 접미사 '히'가 결합되어 '티'를 이루는 것은 [치]로 발음하기에 '닫히다'의 표준 발음은 [다티다→다치다]가 된다.

[참고] '밭이랑'은 [받+ㄴ+이랑:대표음 법칙 및 'ㄴ' 첨가]→[받니랑]→[반니랑:비음화]의 발음 변화를 거친다. '낱낱이'는 [낟나티:대표음 법칙 및 연음]→[난나치:비음화 및 구개음화]의 변화를 거친다.

> 예 2. 다음 밑줄 친 부분의 표준 발음으로 적절하지 않은 것은?
>
> ① 라면 국물[궁물] 좋다.   ② 밥물[밤물] 많이 넣지 마.
> ③ 앞마당[암마당]을 걸어라.   ④ 등을 긁는[긍는] 효자손이다.
> ⑤ 그녀의 옷맵시[온맵씨]가 화려하다.

[조항] 표준 발음법 제18항: 받침 'ㄱ(ㄲ, ㅋ, ㄳ, ㄺ), ㄷ(ㅅ, ㅆ, ㅈ, ㅊ, ㅌ, ㅎ), ㅂ(ㅍ, ㄼ, ㄿ, ㅄ)'은 'ㄴ, ㅁ' 앞에서 [ㅇ, ㄴ, ㅁ]으로 발음한다.

[해설] ① '국물'의 경우, 받침 'ㄱ'이 비음 'ㅁ'의 영향에 의해 'ㅇ'으로 변해 [궁물]로 발음한다. ② '밥물'의 'ㅂ'은 비음 'ㅁ'의 영향으로 [밤물]로 발음한다. ③ '앞마당'은 대표음 법칙에 따라 [압+마당]이 되었다가 [암마당]으로 발음한다. ④ '굵는'은 겹받침 'ㄺ'의 대표음 'ㄱ' 발음을 적용하여, [극는]이 되고, 뒤를 이어 [궁는]으로 발음된다.

[정답] ⑤. '옷맵시'는 음절의 끝소리 법칙과 된소리되기 현상에 의해 [옫+맵씨]로 발음이 되어, 〈표준 발음법〉 제18항의 비음화 적용을 받으면 [온맵씨]로 발음이 된다.

> 예 3. 다음 밑줄 친 부분의 표준 발음으로 가장 적절한 것은?
>
> ① 가방에 책 넣는다[책년는다].
> ② 휴가철 명소는 강릉[강능]이다.
> ③ 십리[십니]도 못 가서 발병난다.
> ④ 침략[침약] 전쟁으로 고통을 받다.
> ⑤ 독립문[독닙문] 앞에서 모임을 갖다.

[조항] • 표준 발음법 제18항 • 표준 발음법 제19항: 받침 'ㅁ, ㅇ' 뒤에 연결되는 'ㄹ'은 [ㄴ]으로 발음한다. [붙임] 받침 'ㄱ, ㅂ' 뒤에 연결되는 'ㄹ'도 [ㄴ]으로 발음한다.

[해설] ① '책 넣는다'처럼 두 단어를 이어서 한 마디로 발음하는 경우에도 〈표준 발음법〉 제18항의 규정이 적용된다. 따라서 [책+넌는다]→[책년는다]→[챙년는다]가 된다. ③ '십리'는 〈표준 발음법〉 제19항, [붙임]에 따라 [십니]를 거쳐 [심니]로 발음한다. ④ '침략'의 표준 발음은 [침냑]이다. ⑤ '독립문'은 [독닙→동닙]이 되고 '문'과 만나 [동닙문]→[동님문]으로 발음한다.

[정답] ②. '강릉'은 받침 'ㅇ' 뒤에 연결되는 'ㄹ'의 경우 [ㄴ]으로 발음한다는 규정에 따라 [강능]이 된다. '항로[항:노]', '왕릉[왕능]', '대통령[대:통녕]'도 이에 해당한다.

> 예 4. 다음 밑줄 친 부분의 표준 발음으로 가장 적절한 것은?
>
> ① 난로[날노]   ② 신라[신라]
> ③ 칼날[칼랄]   ④ 선릉[선늉]
> ⑤ 줄넘기[줄넘끼]

[조항] 표준 발음법 제20항: 'ㄴ'은 'ㄹ'의 앞이나 뒤에서 [ㄹ]로 발음한다.

[해설] ① '난로'는 'ㄴ+ㄹ'의 구조로, 〈표준 발음법〉 제20항4)에 따라 [날로]로 발음한다. ② '신라' 역시 표준 발음은 [실라]이다. ④ '선릉'의 표준 발음은 [설릉]이다. ⑤ '줄넘기'의 표준 발음은 [줄럼끼]이다.

[정답] ③. '칼날'은 'ㄴ'을 'ㄹ'의 앞이나 뒤에서 [ㄹ]로 발음한다는 규정에 따라 [칼랄]이 된다. '물난리[물랄리]', 할는지[할른지]'도 이에 해당한다.

[참고] 'ㄴ'이 'ㄹ'의 앞이나 뒤에서 'ㄹ'로 변하는 한국어의 음운 현상을 '유음화'라 한다. 즉, 유음이 아닌 'ㄴ'이 유음 'ㄹ'의 영향을 받아 유음 'ㄹ'로 변하는 현상이다. 한국어의 유음은 오직 'ㄹ'뿐이다.

> [예] 5. 다음 밑줄 친 부분의 표준 발음으로 적절하지 않은 것은?
>
> ① 집안끼리 상견례[상견례]를 하다.
> ② 기업의 총생산량[생산냥]이 줄었다.
> ③ 친구의 병원 입원료[이붠뇨]를 도와주다.
> ④ 국가의 공권력[공권녁]이 무너지면 안 된다.
> ⑤ 주민들의 의견을 의견란[의견난]에 올리도록 하자.

[조항] 표준 발음법 제20항, 다만, 다음과 같은 단어들은 'ㄹ'을 [ㄴ]으로 발음한다.

[해설] 'ㄴ+ㄹ' 또는 'ㄹ+ㄴ' 구조에서 [ㄹㄹ] 대신 [ㄴㄴ]의 발음을 인정하는 용례에 '상견례, 생산량, 입원료, 공권력, 의견난'이 해당한다. 따라서 ②~⑤의 '생산량[생산냥]', '입원료[이붠뇨]', '공권력[공권녁]', '의견란[의ː견난]'으로 발음5)한다.

[정답] ①. '상견례'는 [ㄴㄴ] 발음을 인정하는 단어로, 이의 표준 발음은 [상견녜]이다. '음운론'의 표준 발음도 [으물론]이 아닌 [으문논]이다.

[참고] '상견례[상견녜]'의 'ㅖ'는 '례'의 이중 모음 'ㅖ'와 같지만, '예, 례' 이외의 'ㅖ'는 [ㅔ]로도 발음한다는 〈표준 발음법〉 제2장, 제5항, 다만 2 조항에서 말하는 [ㅔ] 발음과 관련이 없다. 따라서 [상견네]는 표준 발음으로 인정하지 않는다.

---

4) 또 다른 예로, '천리[철리]', '광한루[광ː할루]', '대관령[대ː괄령]' 등이 있다.
5) '임진란[임ː진난], 결단력[결딴녁], 동원령[동ː원녕], 횡단로[횡단노], 이원론[이ː원논], 구근류[구근뉴]'도 해당한다.

연습 문제 (정답 192쪽)

문 1. 다음 밑줄 친 부분의 표준 발음으로 가장 적절한 것은?

① 연필 잡는[자븐] 모양이 어색하다.
② 드디어 꽃망울[꼰망울]을 떠뜨렸다.
③ 어머니는 집안의 맏며느리[만며느리]이시다.
④ 지난 방학에 남원의 광한루[광한누]를 다녀왔다.
⑤ 아무리 바쁘더라도 횡단로[횡단로]로 길을 건너라.

[해설]
①
②
③
④
⑤

[정답] ____

문 2. 다음 표준 발음에 대한 설명으로 적절하지 <u>않은</u> 것은?

① '닳는'의 표준 발음은 [달른]이다.
② '밟는'과 '읊는'의 받침 발음이 다르다.
③ '신라'와 '칼날'의 발음 양상이 동일하다.
④ '앞마당'과 '핥네'에서는 두 번의 발음 변화가 일어난다.
⑤ '흙만'은 음절 끝소리 법칙과 비음화에 의해 [흥만]으로 발음한다.

[해설]
①
②
③
④
⑤

[정답] ____

제6장 경음화

> 예 1. 다음 밑줄 친 부분의 표준 발음으로 적절하지 <u>않은</u> 것은?
>
> ① 국밥[국빱]　　　　　　② 닭장[닥짱]
> ③ 꽃다발[꼳다빨]　　　　④ 옷고름[옫꼬름]
> ⑤ 값지다[갑찌다]

[조항] 표준 발음법 제23항: 받침 'ㄱ(ㄲ, ㅋ, ㄳ, ㄺ), ㄷ(ㅅ, ㅆ, ㅈ, ㅊ, ㅌ), ㅂ(ㅍ, ㄼ, ㄿ, ㅄ)' 뒤에 연결되는 'ㄱ, ㄷ, ㅂ, ㅅ, ㅈ'은 된소리로 발음한다.

[해설] ① '국밥'의 받침 'ㄱ' 뒤에 파열음 'ㅂ'은 된소리로 발음되어 올바르다. ② '닭장'은 먼저 대표음 법칙에 따라 [닥장]이 된 후, 된소리되기에 의해 [닥짱]으로 발음된다. ④ '옷고름'은 [옫고름]→[옫꼬름]의 변화 과정을 거친다. ⑤ '값지다'는 [갑지다→갑찌다]로 발음된다.

[정답] ③. '꽃다발'은 〈표준 발음법〉 제23항의 환경에 놓여 있다. '꽃'의 받침 'ㅊ'이 대표음 발음에 의해 [꼳]이 되면 뒤에 연결되는 파열음 'ㄷ'이 된소리로 발음되기에 [꼳따발]이 된다.

[참고] 〈표준 발음법〉 제23항의 경음화를 '된소리되기'라고도 한다. 받침 'ㄱ, ㄷ, ㅂ' 뒤에서는 물론이고 'ㄲ, ㅋ, ㄳ, ㄺ', 'ㅅ, ㅆ, ㅈ, ㅊ, ㅌ', 'ㅍ, ㄼ, ㄿ, ㅄ'과 같이 대표음 [ㄱ, ㄷ, ㅂ]으로 발음되는 경우에도 경음화가 일어난다.

> 예 2. 다음 밑줄 친 부분의 표준 발음으로 가장 적절한 것은?
>
> ① 그는 젊지[점:지] 않다.
> ② 양말을 신고[신:고] 갔다.
> ③ 아이스크림을 핥다[할타].
> ④ 종이를 넓게[널게] 펼쳐라.
> ⑤ 아이의 머리를 감기다[감기다].

[조항] • 표준 발음법 제24항: 어간 받침 'ㄴ(ㄵ), ㅁ(ㄻ)' 뒤에 결합하는 어미의 첫소리 'ㄱ, ㄷ, ㅅ, ㅈ'은 된소리로 발음한다. • 표준 발음법 제24항: 어간 받침 'ㄼ, ㄾ' 뒤에 결합하는 어미의 첫소리 'ㄱ, ㄷ, ㅅ, ㅈ'은 된소리로 발음한다.

[해설] ①과 ②의 '젊지'와 '신고'는 〈표준 발음법〉 제24항의 적용에 따라, 각각 [점:찌], [신:꼬]로 발음한다. 반면, ③, ④의 '핥다'와 '넓게'는 〈표준 발음법〉 제25항의 적용에 따라, [핥다]→[할따], [넓게]→[널께]로 발음해야 한다.

[정답] ⑤. 〈표준 발음법〉 제24항의 예외 조항(어간 받침 'ㄴ(ㄵ), ㅁ(ㄻ)' 뒤에 결합하는 **피동, 사동의 접미사** '-기-'6)는 된소리로 발음하지 않는다.)에 따라 [감기다]가 표준 발음이다.

> 예 3. 다음 밑줄 친 부분의 표준 발음으로 적절하지 <u>않은</u> 것은?
>
> ① 갈증[갈쯩]을 해소하다.
> ② 갈 곳[갈꼳]을 모르겠다.
> ③ 그 일을 내가 할 걸[할껄].
> ④ 그는 신바람[신빠람]이 났다.
> ⑤ 들판에서 잠자리[잠짜리]를 잡다.

[조항] • 표준 발음법 제26항: 한자어에서, 'ㄹ' 받침 뒤에 연결되는 'ㄷ, ㅅ, ㅈ'은 된소리로 발음한다.
• 표준 발음법 제27항: 관형사형 '-(으)ㄹ' 뒤에 연결되는 'ㄱ, ㄷ, ㅂ, ㅅ, ㅈ'은 된소리로 발음한다.
• 표준 발음법 제28항: 표기상으로는 사이시옷이 없더라도, 관형격 기능을 지니는 사이시옷이 있어야 할(휴지가 성립되는) 합성어의 경우에는, 뒤 단어의 첫소리 'ㄱ, ㄷ, ㅂ, ㅅ, ㅈ'을 된소리로 발음한다.

[해설] ① '갈증[갈쯩]'은 〈표준 발음법〉 제26항에 따른 표준 발음에 해당한다. ② '갈 곳[갈꼳]'은 〈표준 발음법〉 제27항에 따른 표준 발음이다. ③ '할 걸[할껄]'은 〈표준 발음법〉 제27항, [붙임]('-(으)ㄹ'로 시작되는 어미의 경우에도 이에 준한다.)에 따른 표준 발음이다. ④의 '신바람[신빠람]'은 〈표준 발음법〉 제28항에 따른 표준 발음이다.

[정답] ⑤. 〈표준 발음법〉 제28항의 적용을 받는 '잠자리[잠짜리]'는 '잠을 자기 위해 사용하는 이부자리나 침대보 따위를 통틀어 이르는 말'이다. 곤충의 '잠자리'는 [잠자리]로 발음한다.

[참고] 〈표준 발음법〉 제26항: '허허실실[허허실실](虛虛實實), 절절-하다[절절하다](切切-)' 같은 한자가 겹쳐진 단어의 경우에는 된소리로 발음하지 않는다.

---

6) '안기다[안기다]', '남기다[남기다]', '굶기다[굶기다]', '옮기다[옴기다]'도 이에 해당한다. 다만, 피사동형과 달리, 용언의 명사형(안기[안:끼], 남기[남끼], 굶기[굼:끼] 등)에서는 된소리로 발음한다.

연습 문제 (정답 193쪽)

문 1. 다음 밑줄 친 부분의 표준 발음으로 가장 적절한 것은?

① 닭장[닥짱]에 들어가다.
② 오늘 점심은 김밥[김ː밥]이다.
③ 공부를 할수록[할수록] 힘들다.
④ 이 감은 떫지[떨ː지] 않으니 먹어도 돼.
⑤ 인간의 물질[물질]의 굴레에서 벗어나야 돼.

[해설]
①
②
③
④
⑤

[정답] _____

문 2. 다음 표준 발음에 대한 설명으로 적절하지 <u>않은</u> 것은?

① 그는 딸을 껴안다[껴안따].
② 갑자기[갑짜기] 비가 내린다.
③ 다리에 밧줄이 감기다[감끼다].
④ 바람결[바람결]에 머리가 날리다.
⑤ 만날 사람[만날싸람]이 있으니 따라 와.

[해설]
①
②
③
④
⑤

[정답] _____

제7장 음의 첨가

예 1. 다음 밑줄 친 부분의 표준 발음으로 가장 적절한 것은?

① 솜이불[소:미불]
② 영업용[영어봉]
③ 눈요기[눈요기]
④ 식용유[시공뉴]
⑤ 국민윤리[궁민뉼리]

[조항] 표준 발음법 제29항: 합성어 및 파생어에서, 앞 단어나 접두사의 끝이 자음이고 뒤 단어나 접미사의 첫음절이 '이, 야, 여, 요, 유'인 경우에는, 'ㄴ' 음을 첨가하여 [니, 냐, 녀, 뇨, 뉴]로 발음한다.

[해설] ① '솜이불'은 '솜'과 '이불'의 합성어로서, 'ㄴ' 첨가의 환경에 놓여 있다. 따라서 이는 [솜:니불]로 발음해야 한다. ② '영업용'은 'ㄴ' 첨가가 된 [영업뇽]의 발음에서 비음화 환경이 조성되어 [영엄뇽]으로 최종 발음된다. ③ '눈요기'는 [눈+ㄴ+요기]→[눈뇨기]로 발음한다. ⑤ '국민윤리'는 [국민+ㄴ+윤리]→[국민뉼리]가 되어 두 가지의 음운 변동 환경에 놓이게 된다. [국민]은 비음화 환경에 놓이며, [뉼리]는 유음화 환경에 놓인다. 따라서 최종 표준 발음은 [궁민뉼리]가 된다.

[정답] ④. '식용유'는 'ㄴ' 첨가인 [식용+ㄴ+유]→[식용뉴] 발음에서 음절 끝 받침의 연음 현상에 의해 [시공뉴]로 발음을 한다.

예 2. 다음 밑줄 친 부분의 표준 발음으로 적절하지 <u>않은</u> 것은?

① 색연필[생년필]로 칠하다.
② 오늘은 금요일[금뇨일]이다.
③ 휘발유[휘발류] 값이 올랐다.
④ 서울역[서울력]에서 기차를 타다.
⑤ 내일은 할 일[할릴]이 많으니 일찍 자라.

[조항] 표준 발음법 제29항, [붙임1]: 'ㄹ' 받침 뒤에 첨가되는 'ㄴ' 음은 [ㄹ]로 발음한다. [붙임2]: 두 단어를 이어서 한 마디로 발음하는 경우에도 이에 준한다.

[해설] ① '색연필'은 [색+ㄴ+연필]→[색년필]에서 비음화가 적용되어 [생년필]로 발음한다. ③ '휘발유', ④ '서울역'은 〈표준 발음법〉 제29항 [붙임1]의 조항에 따라, [휘발+ㄴ+유]→[휘발뉴]와 [서울+ㄴ

+역]→[서울녁]이 된다. 그런데 [휘발뉴]와 [서울녁]은 유음화 환경에 놓여 [휘발류], [서울력]으로 최종 발음한다. ⑤ '할 일'은 〈표준 발음법〉 제29항 [붙임2]의 조항에 따라, [할+ㄴ+일]→[할닐]→[할릴]이 된다.

[정답] ②. '금요일'의 표준 발음은 [금뇨일]이 아닌 [그묘일]이다. 즉, '금요일'은 'ㄴ' 첨가 현상에 해당하지 않고, 실제 발음을 따른 것이다. 실제 발음에서 소리의 첨가가 없을 경우에는 앞의 자음을 연음하여 발음7)하기 때문이다.

> 예 3. 다음 중, 발음 과정에서 동일한 음운 변동 현상이 일어나는 것끼리 묶인 것은?
>
> ① 막닐[망닐] - 맨입[맨닙]
> ② 담요[담ː뇨] - 밤윷[밤ː뉻]
> ③ 들일[들ː릴] - 물엿[물렫]
> ④ 늑막염[능망념] - 영업용[영엄농]
> ⑤ 불여우[불려우] - 설익다[설릭따]

[조항] 표준 발음법 제29항 - [붙임1], [붙임2]

[해설] ① '막닐[망닐]'은 'ㄴ' 첨가와 비음화, '맨입[맨닙]'은 'ㄴ' 첨가만 일어난다. ② '담요[담ː뇨]'는 'ㄴ' 첨가, '밤윷[밤ː뉻]'은 'ㄴ' 첨가, 음절 말 끝소리 법칙이 일어난다. ③ '들일[들ː릴]'은 'ㄴ' 첨가, 유음화, '물엿[물렫]'은 'ㄴ' 첨가, 유음화, 음절 말 끝소리 법칙이 일어난다. ⑤ '불여우[불려우]'는 'ㄴ' 첨가, 유음화, '설익다[설릭따]'는 'ㄴ' 첨가, 유음화, 된소리되기 현상이 일어난다.

[정답] ④. '늑막염[능망념]'은 'ㄴ' 첨가, 비음화가 일어나며, '영업용[영엄농]'도 'ㄴ' 첨가, 비음화가 일어나 동일한 두 가지의 음운 변동이 일어나고 있다.

> 예 4. 다음 <보기>처럼 두 가지 발음을 인정하는 예로 적절하지 않은 것은?
>
> | 이죽이죽[이중니죽/이주기죽] |
>
> ① 금융[금늉/그뮹]
> ② 검열[검ː녈/거ː멸]
> ③ 송별연[송별련/송ː벼련]
> ④ 야금야금[야금냐금/야그먀금]
> ⑤ 욜랑욜랑[욜랑뇰랑/욜랑욜랑]

[조항] • 표준 발음법 제29항, 다만: 다음과 같은 말들은 'ㄴ' 음을 첨가하여 발음하되, 표기대로 발음할 수 있다.
• 표준 발음법 제29항-[붙임2], 다만: 다음과 같은 단어에서는 'ㄴ(ㄹ)' 음을 첨가하여 발음하지 않는다.

---

7) 이에 해당하는 것으로 '절약[저략]', '월요일[워료일]', '목요일[모교일]' 등이 있다.

[해설] ① '금융', ② '검열', ④ '야금야금', ⑤ '율랑율랑'은 〈표준 발음법〉 제29항의 '다만'에서 언급한 내용에 해당하는 예시어들이다. 따라서 이들 단어들은 'ㄴ' 음을 첨가하여 발음할 수도 있고, 표기대로 발음할 수도 있다.

[정답] ③. '송별연'은 표준 발음법 제29항 [붙임2]의 '다만'에서 언급한 예시어에 해당한다. 따라서 이의 표준 발음으로는 [송:벼련]만 인정한다. '6·25[유기오]', '3·1절[사밀쩔]', '등용문[등용문]'과 같다.

> 예 5. 다음 밑줄 친 부분의 표준 발음으로 가장 적절한 것은?
>
> ① 냇가[낻:까]   ② 뒷윷[뒫:뉻]
> ③ 툇마루[퇻:마루]   ④ 나뭇잎[나문입]
> ⑤ 막냇동생[막낻똥생]

[조항] 표준 발음법 제30항: 사이시옷이 붙은 단어는 다음과 같이 발음한다. 1. 'ㄱ, ㄷ, ㅂ, ㅅ, ㅈ'으로 시작하는 단어 앞에 사이시옷이 올 때는 이들 자음만을 된소리로 발음하는 것을 원칙으로 하되, 사이시옷을 [ㄷ]으로 발음하는 것도 허용한다. 2. 사이시옷 뒤에 'ㄴ, ㅁ'이 결합되는 경우에는 [ㄴ]으로 발음한다. 3. 사이시옷 뒤에 '이' 음이 결합되는 경우에는 [ㄴㄴ]으로 발음한다.

[해설] ② '뒷윷'의 표준 발음은 〈표준 발음법〉 제30항의 3에 따라, [뒫:뉻]→[뒨:뉻]이 되어야 한다. ③ '툇마루'는 〈표준 발음법〉 제30항의 2에 따라, [퇻:마루]→[퇸마루]이다. ④ '나뭇잎'은 제30항의 3에 따라, [나묻닙]→[나문닙]이다. ⑤ '막냇동생'은 제30항의 1에 따라, [막내똥생]을 원칙으로 하되, [막낻똥생]도 허용한다.

[정답] ①. '냇가'는 〈표준 발음법〉 제30항의 1에 의거해서, [내:까]의 발음을 원칙으로 하되, [낻:까]로 발음하는 것도 허용한다.

[참고] '막냇동생'을 '막내동생'으로 표기해서는 안 된다. 이는 '막내'와 '동생'의 합성어로, 사이시옷이 결합하는 단어이다. '귀밑에서 턱까지 잇따라 난 수염'의 표준어는 '구레나룻'이며, '구렛나루/구레나루'는 표준어가 아니다.

연습 문제 (정답 194쪽)

문 1. <보기>의 과정으로, 표준 발음이 인정되는 예로 가장 적절한 것은?

막일 → [막닐] → [망닐]

① 국물[궁물]
② 검열[검:녈/거:멸]
③ 솜이불[솜:니불]
④ 색연필[생년필]
⑤ 홑이불[혼니불]

[해설]
①
②
③
④
⑤

[정답] _____

문 2. <보기>의 과정으로, 표준 발음이 인정되는 예로 적절하지 <u>않은</u> 것은?

들일 → [들:닐] → [들:릴]

① 솔잎[솔립]
② 물약[물략]
③ 선릉[설릉]
④ 서울역[서울력]
⑤ 불여우[불려우]

[해설]
①
②
③
④
⑤

[정답] _____

- 표준어 / 표준 발음 모의 평가 (정답 200쪽) -

문 1. 다음 중, 표준어로 가장 적절한 것은?

① 강남콩
② 돐잔치
③ 암돼지
④ 설겆이
⑤ 신출내기

문 2. 다음 밑줄 친 단어 중, 표준어로 적절하지 <u>않은</u> 것은?

① 토끼가 <u>깡충깡충</u> 뛴다.
② 우리의 <u>바램</u>은 평화 통일이다.
③ 암염소의 반대말은 <u>숫염소</u>이다.
④ <u>육개장</u>에는 소고기가 들어간다.
⑤ 가사가 <u>헷갈려</u> 노래를 부를 수 없었다.

문 3. 다음 밑줄 친 단어 중, 표준어로 가장 적절한 것은?

① '있다'의 명사형은 '<u>있슴</u>'이다.
② 아이의 잘못을 <u>나무래지</u> 마세요.
③ 주방에서 배추, <u>무우</u>, 당근 등을 씻다.
④ 보고서를 쓸 때, <u>짜깁기</u>를 하면 안 돼요.
⑤ 준비될 때까지 잠시 <u>윗층</u>에서 대기하고 있으세요.

문 4. 다음 밑줄 친 단어 중, 표준어로 적절하지 <u>않은</u> 것은?

① <u>꼭두각시</u> 놀음을 하다.
② 손가락에 <u>봉숭아</u> 물을 들이다.
③ 금 <u>서 돈</u>으로 돌반지를 맞추다.
④ 거짓말이 드러날까 봐 <u>안절부절하다</u>.
⑤ 내일 철수의 결혼식에 내 <u>부조금</u> 좀 전해줘.

문 5. <보기>의 빈칸에 들어갈 표준어로 바르게 묶인 것은?

(1) 암소의 반대말은 (   )이다.
(2) 이 자리를 (   ) 감사의 말씀을 전합니다.

① 숫소, 빌어   ② 숫소, 빌려
③ 수소, 빌려   ④ 수소, 빌어
⑤ 수소, 비러

문 6. 다음 밑줄 친 부분 중, 표준어로 적절하지 않은 것은?

① 웃몸을 일으키다.   ② 아이가 참 가엾다.
③ 무를 얄팍하게 썰다.   ④ 쌍둥이는 성격도 비슷하다.
⑤ 담배꽁초를 함부로 버리지 마라.

문 7. 다음 밑줄 친 부분 중, 표준어로 가장 적절한 것은?

① 사사건건 꼬트리를 잡다.
② 누나의 손등을 간지르다.
③ 느지막하게 저녁을 먹었다.
④ 그는 멀리 떨어져 있는 과녁을 정확히 맞혔다.
⑤ 잠시 머리도 식힐 겸 고향 집에 몇일 머물러 있어.

문 8. 다음 밑줄 친 부분 중, 표준어로 적절하지 않은 것은?

① 그 사람은 주책도 없어.
② 저기 열둘째에 앉은 이가 내 친구야.
③ 장에 가서 수평아리를 몇 마리 샀다.
④ 그는 새벽녘이 다 되어서 퇴근을 했다.
⑤ 계속된 비로 천장에서 물이 뚝뚝 떨어진다.

문 9. 다음 밑줄 친 단어 중, 표준어로 가장 적절한 것은?

① 맛이 쌉싸름하다.　　② 밤을 새워 졸립다.
③ 애숭이라고 깔보다.　④ 뾰죽뾰죽한 모양이다.
⑤ 머리가 부시시하다.

문 10. 다음 밑줄 친 단어 중, 표준어로 적절하지 <u>않은</u> 것은?

① 한 칸 띄고 써라.
② 땅콩 한 움큼을 잡다.
③ 담뱃재는 재털이에 버려라.
④ 그는 홀몸으로 아등바등 살고 있다.
⑤ 구수한 고기 냄새에 갑자기 입맛이 당기다.

문 11. 다음 중, 표준어로 바르게 묶인 것은?

① 천정, 개방정, 무데기, 웃어른
② 멍게, 길잡이, 광주리, 알타리무
③ 우레, 설거지, 미루나무, 깨뜨리다
④ 위층, 곱배기, 이쁘다, 두루뭉술하다
⑤ 소고기, 벌거숭이, 깡총깡총, 끼어들기

문 12. 다음 밑줄 친 단어 중, 표준어로 적절하지 <u>않은</u> 것은?

① 콩이 버러지를 먹다.
② 학생은 으레 공부를 한다.
③ 그를 신출내기라 얕보지 마세요.
④ 허드레로 쓰는 방에 머물러도 좋습니다.
⑤ 날씨가 너무 더우니 웃도리를 벗고 회의를 하자.

문 13. 다음 중 복수 표준어로 바르게 묶이지 않은 것은?

① 시누이 – 시뉘
② 애달프다 – 애닯다
③ 서럽다 – 섧다
④ 알은 척 – 알은 체
⑤ 나부랭이 – 너부렁이

문 14. 다음 밑줄 친 단어 중, 표준어로 가장 적절한 것은?

① 노름으로 재산을 떨어먹다.
② 마당에 숫캐와 수탉이 보인다.
③ 앗아라, 네가 상관할 바가 아니다.
④ 심판의 호루루기 소리에 일제히 멈추었다.
⑤ 그는 술만 마시면 케케묵은 이야기를 꺼낸다.

문 15. <보기>의 내용에 따라, 표준어로 바르게 짝지어진 것은?

'위-아래' 대립의 유·무에 따라 '윗'과 '웃'을 구별한다.

① 웃변, 윗층
② 윗옷, 웃목
③ 윗쪽, 웃사람
④ 웃옷, 윗몸
⑤ 윗국, 웃마을

문 16. 다음 밑줄 친 단어 중, 표준어로 적절하지 않은 것은?

① 이것이 의자예요.
② 이해할려고 해도 안 돼.
③ 서해안의 저녁놀이 참 황홀하다.
④ 시험공부를 하느라 밤을 지새우다.
⑤ 공중장소에서 담배를 피우지 마세요.

문 17. <보기>의 밑줄 친 단어의 표준 발음으로 가장 적절한 것은?

여름에는 납량 특집 방송이 많아.

① [나뱡]　　　　　② [납양]
③ [남냥]　　　　　④ [남양]
⑤ [납량]

문 18. 다음 밑줄 친 부분의 표준 발음으로 적절하지 않은 것은?

① 폭이 넓다[널따].
② 강물이 맑다[막따].
③ 어제 배운 시를 읊다[읍따].
④ 가을 하늘이 맑고[막꼬] 맑다.
⑤ 우리 여덟이[여덜비] 모이면 무서울 게 없다.

문 19. 다음 중, 밑줄 친 부분의 표준 발음으로 가장 적절한 것은?

① 옷 한 벌[온한벌]을 맞추다.
② 길에 쌓인[싸힌] 눈을 치우다.
③ 주말에는 밭에[바체] 가서 농사를 지어.
④ 너의 장난에 헛웃음[헌우슴]만 나올 뿐이다.
⑤ 음식도 맛있고[마딛꼬], 정원의 조각상도 멋있다.

문 20. 다음 중, 밑줄 친 부분의 표준 발음으로 적절하지 않은 것은?

① 시골에 큰 밭이[바치] 있다.
② 드디어 꽃망울[끈망울]이 피었다.
③ 철수가 식탁에서 밥 먹는다[밤멍는다].
④ 서대문의 독립문[동님문]은 우리의 문화유산이다.
⑤ 태릉[태릉]을 포함한 조선의 왕릉이 세계문화유산에 등재되었다.

문 21. 다음 중, 밑줄 친 부분의 표준 발음으로 가장 적절한 것은?

① 한적한 등산로[등산로]를 걷다.
② 한국어 문법[문뻡] 시험이 어렵다.
③ '녀'에 'ㅋ'을[키으클] 받치면 '녘'이 된다.
④ 철수야, 담임[다님] 선생님께서 빨리 오라셔.
⑤ 다음 시간에는 줄넘기[줄럼끼] 시험을 볼 거야.

문 22. 다음 중, 밑줄 친 부분의 표준 발음으로 적절하지 <u>않은</u> 것은?

① 학교[학꾜]에 가서 공부하다.
② 나는 그와 함께 가기가 싫소[실소].
③ 오늘은 한파라서 갈 데가[갈떼가] 없다.
④ 그녀의 손재주[손째주]에 적잖이 놀랐다.
⑤ 옆집[엽찝]에 사는 이웃들과 친하게 지낸다.

문 23. 다음 밑줄 친 이중 모음 'ㅢ'의 발음으로 가장 적절한 것은?

① 희망[희망]   ② 옷 무늬[무늬]
③ 유의[유에]   ④ 성남의[성남에] 명소
⑤ 민주주의 의의[이의]

문 24. 다음 중, 표준 발음으로 가장 적절한 것은? (두 가지를 고르시오.)

① 꽃잎[꼰닙]이 떨어졌다.
② 월요일[월료일]에 학교에서 보자.
③ 강정에는 물엿[물녇]을 넣어 만들기도 한다.
④ 그녀는 베갯잇[베갠닏]이 젖도록 밤새 울었다.
⑤ '냇가'[냇:까]는 [내:까]로 발음하는 것도 허용한다.

제3부 외래어 표기법

제3부 외래어 표기법

'외래어 표기법'은 외래어를 한글로 표기하는 방법으로, 현행 표기법은 1986년 1월에 문교부에서 고시[1]하였다. 외국어와 달리 한국어의 일부로 인식되는 외래어는 '한글 맞춤법'과 '표준어 사정의 원칙'의 적용을 받는다.

> **제1장 총론(한글 맞춤법)**
> 제3항 외래어는 '외래어 표기법'에 따라 적는다.

> **제1장 총론(표준어 사정의 원칙)**
> 제2항 외래어는 따로 사정한다.

다양한 나라의 외국어를 국어(외래어)로 받아들이는 것은 우리의 언어생활에 많은 영향을 끼치는 문제이므로 그 수용 과정이 신중해야 한다. 또한 국어로 받아들인 외래어의 표기에서는 각 언어가 지닌 특질이 고려되어야 하므로,『외래어 표기법』을 따로 정하여 표기의 기본 원칙 및 표기 일람 등을 제시하고 있다. 현행 '외래어 표기법'의 구성 체제는 다음과 같다.

장	내용
제1장	표기의 기본 원칙
제2장	표기 일람표 [표1]~[표5] → [표10] → [표13] → [표16] → [표19]
제3장	표기 세칙 제1절 영어 / 제2절 독일어 / 제3절 프랑스어 / 제4절 에스파냐어 / 제5절 이탈리아어 / 제6절 일본어 / 제7절 중국어('86) 제8절 폴란드어 / 제9절 체코어 / 제10절 세르보크로아트어 / 제11절 루마니아어 / 제12절 헝가리어('92) 제13절 스웨덴어 / 제14절 노르웨이어 / 제15절 덴마크어('95) 제16절 말레이인도네시아어 / 제17절 타이어 / 제18절 베트남어(2004) 제19절 포르투갈어 / 제20절 네덜란드어 / 제21절 러시아어(2005)
제4장	인명, 지명 표기의 원칙 제1절 표기 원칙 / 제2절 동양의 인명, 지명 표기 / 제3절 바다, 섬, 산, 강 등의 표기 세칙

---

[1] 이후, 문화부 고시 제1992-31호(1992.11.27.), 문화 체육부 고시 제1995-8호(1995.3.16.), 문화관광부 고시 제2004-11호(2004.12.20.), 문화관광부 고시 제2005-32호(2005.12.28.), 문화관광부 고시 2014-43호(2014.12.5.), 문화체육관광부 고시 제2017-14호(2017.3.28.)의 부분 개정이 일어난다.

제1장 표기의 기본 원칙

제1항 외래어는 국어의 현용 24 자모만으로 적는다.

> [탐구] 1. 다음 '외래어 표기법'과 '외래어'의 사전적 정의를 바탕으로, 외래어 표기의 기본 원칙 '제1항'의 정당성을 이해해보자.
>
> (1) 외래어 표기법 : 외래어를 **한글**로 표기하는 방법
> (2) 외래어 : 외국에서 들어온 말로 **국어**에서 널리 쓰이는 단어

제2항 외래어의 1 음운은 원칙적으로 1 기호로 적는다.

> [탐구] 2. 외래어의 1 음운을 1 기호로 적는 것은 기억과 표기의 용이성을 위함이다. 〈보기〉의 표기를 바탕으로 제2항의 '원칙적으로'라는 단서 조항 표현의 의미를 이해해보자.
>
> | p |
> |---|
>
> | part[pɑːt]: 파트 → 'ㅍ' | cape[keip] : 케이프
apple[æpl] : 애플 → 'ㅍ' | gap[gæp] : 갭 → 'ㅂ' |

제3항 받침에는 'ㄱ, ㄴ, ㄹ, ㅁ, ㅂ, ㅅ, ㅇ'만을 쓴다.

> [탐구] 3. 〈보기〉를 바탕으로, 외래어 표기에 사용하는 받침으로 'ㅅ'을 선택하게 된 이유에 대해 알아보기로 하자.
>
> (1) diskette[디스켇] + '이 / 을 / 에' = ☐
> (2) diskette[디스켓] + '이 / 을 / 에' = ☐

제4항 파열음 표기에는 된소리를 쓰지 않는 것을 원칙으로 한다.

> [탐구] 4. 다음 〈보기〉의 내용을 바탕으로 (1)~(3)의 올바른 표기에 대해 알아보기로 하자.
>
> > 국어는 외국어와 달리 음운으로서 유성 파열음이 존재하지 않는다. 이에 외국어에서 유래한 외래어의 유성 파열음을 된소리로 적지 않고 평음으로 적어야 한다.
>
> (1) gas → 가스 / 까스
> (2) bus → 버스 / 뻐스
> (3) cafe → 카페 / 까페

제5항 이미 굳어진 외래어는 관용을 존중하되, 그 범위와 용례는 따로 정한다.

> [탐구] 5. 다음 외래어의 표기 방식을 바탕으로, '외래어 표기법' 제5항의 내용을 이해해보자.
>
> | type[taɪp] | cut[kʌt] |
> |---|---|
> | 타이프 – 타입 | 컷 – 커트 |

제2장 표기 일람표

외래어는 [표 1]~[표 19]에 따라 표기한다. [표1]은 국제 음성 기호와 한글 대조표이며, [표2] · [표19]까지는 해당 언어별 한글 대조표이다. 본서에서는 [표1]만 제시하기로 한다.[2]

---

[2] [표2] 에스파냐어 자모와 한글 대조표 / [표3] 이탈리아어 자모와 한글 대조표 / [표4] 일본어의 가나와 한글 대조표 / [표5] 중국어의 발음 부호와 한글 대조표 / [표6] 폴란드어 자모와 한글 대조표 / [표7] 체코어 자모와 한글 대조표 / [표8] 세르보크로아트어 자모와 한글 대조표 / [표9] 루마니아어 자모와 한글 대조표 / [표10] 헝가리어 자모와 한글 대조표 / [표11] 스웨덴어 자모와 한글 대조표 / [표12] 노르웨이어 자모와 한글 대조표 / [표13] 덴마크어 자모와 한글 대조표 / [표14] 말레이인도네시아어 자모와 한글 대조표 / [표15] 타이어 자모와 한글 대조표 / [표16] 베트남어 자모와 한글 대조표 / [표17] 포르투갈어 자모와 한글 대조표 / [표18] 네덜란드어 자모와 한글 대조표 / [표19] 러시아어 자모와 한글 대조표.

[표 1] 국제 음성 기호와 한글 대조표

자음			반모음		모음	
국제 음성기호	한글		국제 음성기호	한글	국제 음성기호	한글
	모음 앞	자음 앞 어 말				
p	ㅍ	ㅂ, ㅍ	j	이*	i	이
b	ㅂ	브	ɥ	위	y	위
t	ㅌ	ㅅ, 트	w	오, 우*	e	에
d	ㄷ	드			ø	외
k	ㅋ	ㄱ, 크			ɛ	에
g	ㄱ	그			ɛ̃	앵
f	ㅍ	프			œ	외
v	ㅂ	브			œ̃	욍
θ	ㅅ	스			æ	애
ð	ㄷ	드			a	아
s	ㅅ	스			ɑ	아
z	ㅈ	즈			ã	앙
ʃ	시	슈, 시			ʌ	어
ʒ	ㅈ	지			ɔ	오
ts	ㅊ	츠			ɔ̃	옹
dz	ㅈ	즈			o	오
tʃ	ㅊ	치			u	우
dʒ	ㅈ	지			ə**	어
m	ㅁ	ㅁ			ɚ	어
n	ㄴ	ㄴ				
ɲ	니*	뉴				
ŋ	ㅇ	ㅇ				
l	ㄹ, ㄹㄹ	ㄹ				
r	ㄹ	르				
h	ㅎ	흐				
ç	ㅎ	히				
x	ㅎ	흐				

* [j], [w]의 '이'와 '오, 우', 그리고 [ɲ]의 '니'는 모음과 결합할 때 제3장 표기 세칙에 따른다.
** 독일어의 경우에는 '에', 프랑스어의 경우에는 '으'로 적는다.

예 1. 다음 중, 외래어 표기법으로 가장 적절한 것은?

① 타긴   ② 뻐스
③ 커피숍   ④ 돈까스
⑤ 슈퍼마켙

[조항] • 외래어 표기법 제3항: 받침에는 'ㄱ, ㄴ, ㄹ, ㅁ, ㅂ, ㅅ, ㅇ'만을 쓴다. • 외래어 표기법 제4항: 파열음 표기에는 된소리를 쓰지 않는 것을 원칙으로 한다.

[해설] ① '타긴'의 받침 'ㄴ'은 '외래어 표기법' 제3항에서 정한 외래어의 받침 표기에 해당하지 않는다. 따라서 'ㄴ'이 아닌 'ㅅ'으로 표기한 '타깃'이 바른 표기이다. ② '뻐스'의 어두 된소리는 '외래어 표기법' 제4항에 따라 평음으로 표기해야 한다. 따라서 '버스'로 표기한다. ④ '돈까스'도 파열음 표기에 된소리를 쓰지 않는다는 기본 원칙에 따라, '돈가스'가 바른 표기이다. ⑤ '슈퍼마켙'은 받침에 대한 기본 원칙에 어긋난다. '슈퍼마켓'으로 표기해야 한다.

[정답] ③. '커피숍'의 받침 'ㅂ'은 외래어의 받침 표기 7개에 포함된다.

예 2. 다음 중, 외래어 표기법으로 적절하지 않은 것은?

① 평화의 댐   ② 프랑스 파리
③ 식후의 껌   ④ 도시 까스비
⑤ 서비스 센터

[조항] 외래어 표기법 제4항

[해설] ① '댐'은 유성 파열음의 된소리 표기를 인정하지 않기에 올바른 표기이다. ② '파리'는 무성 파열음의 된소리 표기는 거센소리로 적기에 올바른 표기이다. ③ '껌'은 파열음의 된소리 표기로, 원칙적으로 '외래어 표기법'의 제4항에 맞지 않지만, '빵', '삐라, 빨치산' 등과 함께 예외적 표기로 다루고 있다. ⑤ '서비스'처럼 마찰음 또는 파찰음(재즈)이 된소리로 발음 나는 경우에도 평음으로 적어야 한다.

[정답] ④. 외래어 'gas'의 어두음 'g'는 유성 파열음으로 국어의 된소리 발음에 가깝다. 그러나 외래어의 유성 파열음의 된소리 표기를 인정하지 않기에 '가스'로 표기해야 한다.

[예] 3. <보기>의 외래어에 대한 한글 표기가 바르게 묶인 것은?

> family – file – foil

① 훼밀리 / 파일 / 호일   ② 패밀리 / 화일 / 포일
③ 훼밀리 / 파일 / 호일   ④ 패밀리 / 파일 / 호일
⑤ 패밀리 / 파일 / 포일

[조항] 외래어 표기법 제2장: [표1] 국제 음성 기호와 한글 대조표

[해설] '국제 음성 기호와 한글 대조표'에 따르면, 자음 [f]는 한국어의 'ㅍ'과 '프'에 해당한다. 즉, 모음 앞에서는 '파일[faɪl]'로 표기하며, 자음 앞이나 어말 위치에서는 '프런트[frʌnt]'가 된다. ① '훼밀리'와 '호일'은 '패밀리'와 '포일'로 수정해야 한다. ② '화일'은 '파일'이 되어야 한다. ③ '훼밀리'와 '호일'은 '패밀리'와 '포일'로 적는다. ④ '호일'을 '포일'로 수정한다.

[정답] ⑤. 'family, file, foil'의 'f'는 한글의 'ㅍ'에 대응하기에 이의 올바른 표기는 '패밀리', '파일', '포일'이다. 따라서 'f'를 'ㅎ'과 대응시키지 않도록 주의해야 한다.

[예] 4. <보기>의 발음에 해당하는 외래어 표기법으로 가장 적절한 것은?

> target[taːgit]

① 타겟   ② 타켓
③ 타깃   ④ 타기트
⑤ 타게트

[조항] 외래어 표기법 제2장: [표1] 국제 음성 기호와 한글 대조표

[해설] '국제 음성 기호와 한글 대조표'에 따르면, 모음 [i]는 한국어의 '이'에 대응한다. 따라서 발음 [taːgit]을 한글로 옮기면, 무성 파열음 [t]→'ㅌ', [aː]→'아', [g]→'ㄱ', [i]→'이', 어말 [t]→'ㅅ'에 대응하여 '타깃'으로 표기할 수 있다.

[정답] ③. 'target'의 발음([taːgit])에 대한 외래어 표기는 '타깃'이다.

> 예 5. 다음 중, 외래어 표기법으로 적절하지 않은 것은?
>
> ① 메시지를 보내다.   ② 밧데리를 충전하다.
> ③ 난센스 퀴즈를 풀다.   ④ 페널티 킥을 선언하다.
> ⑤ 프라이드치킨을 먹다.

[조항] 외래어 표기법 제2장: [표1] 국제 음성 기호와 한글 대조표

[해설] ① '메시지'를 '메세지'로 잘못 사용하는 경우가 흔하다. 그런데 [mesidʒ]라는 발음은 [표1]에 따르면 '메시지'로 적어야 한다. 왜냐하면, 국제 음성 기호 [i]는 한글의 '이'에 해당하기 때문이다. ③ 'nonsense'의 발음은 [nɒnsns]로, 이를 한글로 옮기면 '난센스'이다. 이를 '넌센스'로 잘못 표기하는 경우가 많은데, [nɒ-]의 [ɒ]에 대응하는 한글이 '아'임을 감안하면 '넌'으로 표기할 수 없다. ④ 'penalty'의 발음 [penəlti]를 한글로 옮기면 '페널티'이다. 이를 '패널티, 페날티'로 적지 않는다. ⑤ 'fried chicken'은 '프라이드치킨'으로 적는다. [f]는 한글의 'ㅍ'에 대응하기에 이를 '후라이드치킨'으로 적어서는 안 된다.

[정답] ②. 'battery'의 발음 [bætəri]를 국제 음성 기호와 한글 대조표에 따라 표기하면, '배[bæ]', '터[tə]', '리[ri]'가 된다. 흔히 발견되는 '밧데리'뿐만 아니라 '바테리', '바터리'의 형태도 잘못이다.

> 예 6. 다음 중, 외래어 표기법으로 가장 적절한 것은?
>
> ① gas: 개스   ② number: 남바
> ③ mania: 매니아   ④ salad: 셀러드
> ⑤ negative: 네거티브

[조항] 외래어 표기법 제2장: [표1] 국제 음성 기호와 한글 대조표

[해설] ① 'gas'의 발음 [gæs]는 [표1]에 따르면 '개스'에 해당한다. 그러나 [표1]의 방식을 따르지 않는 용례 또한 상당하다. 이는 '가스'로 국어에 들어와 예외적으로 굳어진 것으로 볼 수밖에 없다. ② 'number'의 발음 [nʌmbə(r)]은 '넘버'로 표기한다. ③ 'mania[meiniə]'도 관용에 의해 '마니아'로 적는다. ④ 'salad[sæləd]'는 '셀러드'가 아닌 '샐러드'로 적는다.

[정답] ⑤. 'negative[negətiv]'는 '네[ne]', '거[gə]', '티[ti]]', '브[v]'이다. 어말의 'v'는 '브'에 대응한다.

연습 문제 (정답 195쪽)

문 1. 다음 중, 외래어 표기법으로 가장 적절한 것은?

① <u>후라이팬</u>에 기름을 두르다.
② 내일 학교 <u>커피숖</u>에서 만나자.
③ 전시장에서 안마 <u>써비스</u>를 받다.
④ 핫도그에 토마토 <u>케찹</u>을 발라 먹었다.
⑤ 먹다 남은 음식은 <u>랩</u>에 싸서 냉장고에 넣어라.

[해설]
①
②
③
④
⑤

[정답] _____

문 2. 다음 중, 외래어 표기법으로 적절하지 <u>않은</u> 것은?

① 내일 버스 <u>터미널</u>로 오세요.
② 재미있는 <u>콩트</u>를 보며 웃는다.
③ 파리는 맛있는 <u>바게트</u>로 유명하다.
④ 부족한 학점으로 <u>써머 스쿨</u>을 신청했다.
⑤ 그의 <u>아틀리에</u>는 많은 작품이 전시되어 있다.

[해설]
①
②
③
④
⑤

[정답] _____

제3장 표기 세칙 – 영어의 표기

예 1. 다음 중, 외래어 표기법으로 가장 적절한 것은?

① 숲(soup)을 드세요.   ② 테입(tape)에 녹음하다.
③ 로보트(robot)를 만들다.   ④ 생일 케이크(cake)를 사다.
⑤ 도너츠(doughnut)를 사 먹다.

[조항] 외래어 표기법 제3장, 제1절 제1항 무성 파열음 ([p], [t], [k])
1. 짧은 모음 다음의 어말 무성 파열음([p], [t], [k])은 받침으로 적는다. 예 gap[gæp] 갭, cat[kæt] 캣, book[buk] 북 2. 짧은 모음과 유음·비음([l], [r], [m], [n]) 이외의 자음 사이에 오는 무성 파열음([p], [t], [k])은 받침으로 적는다. 예 apt[æpt] 앱트, setback[setbæk] 셋백, act[ækt] 액트 3. 위 경우 이외의 어말과 자음 앞의 [p], [t], [k]는 '으'를 붙여 적는다. 예 stamp[stæmp] 스탬프, cape[keip] 케이프, nest[nest] 네스트, part[pɑːt] 파트, desk[desk] 데스크, make[meik] 메이크, apple[æpl] 애플, mattress[mætris] 매트리스, chipmunk[ʧipmʌŋk] 치프멍크, sickness[siknis] 시크니스

[해설] ① 'soup[suːp]'의 어말 무성 파열음 'p'는 3에 해당하여 '수프'로 표기한다. ② 'tape[teip]'의 어말 'p'도 3에 따라 '테이프'로 적어야 한다. ③ 'robot[rəʊbɒt]'은 국제 음성 기호와 한글 대조표로 설명하기 어려운 단어로, 어말의 't'는 1에 따라 '로봇'으로 적는다. ⑤ 'doughnut[dəʊnʌt]'도 1에 따라 어말의 't'를 받침으로 적은 '도넛'이 바른 표기이다.

[정답] ④. 'cake[keik]'의 어말 'k'는 3에 해당한다. 따라서 '으'를 붙여 적은 '케이크'가 바른 표기이다.

[참고] 'bat[bæt]', 'mat[mæt]', 'nut[nʌt]', 'set[set]', 'hit[hit]', 'wit[wit]' 등은 1의 예외적 표기로, '배트, 매트, 너트, 세트, 히트, 위트'로 표기한다.

예 2. 다음 중, 외래어 표기법으로 적절하지 않은 것은?

① 랜드(land)   ② 클러브(club)
③ 시그널(signal)   ④ 지그재그(zigzag)
⑤ 로브스터(lobster)

[조항] 외래어 표기법 제3장, 제1절 제2항 유성 파열음([b], [d], [g])
어말과 모든 자음 앞에 오는 유성 파열음은 '으'를 붙여 적는다. 예 bulb[bʌlb] 벌브, land[lænd] 랜드, zigzag[zigzæg] 지그재그, lobster[lobstə] 로브스터, kidnap[kidnæp] 키드냅, signal[signəl] 시그널

[해설] ①과 ③~⑤의 'land:랜드', 'signal:시그널', 'zigzag:지그재그', 'lobster:로브스터'3)에서는 어말과 모든 자음 앞에 오는 유성 파열음에 '으'를 붙여 표기하는 것이 옳다.

[정답] ②. 'club[klʌb]'의 어말 유성 파열음 'b'도 원칙적으로 모음 '으'를 붙여 '클러브'로 해야 한다. 그러나 무성 파열음의 예외적 표기처럼 이 또한 관용적으로 굳어진 '클럽'을 예외 표기로 인정한다.

> 예 3. 다음 중, 외래어 표기법으로 가장 적절한 것은?
>
> ① 쥬스를 사다.   ② 챠트를 쓰다.
> ③ 제스처가 크다. ④ 초콜릿을 먹다.
> ⑤ 텔레비젼을 보다.

[조항] 외래어 표기법 제3장, 제1절 제4항 파찰음([ts], [dz], [tʃ], [dʒ])
1. 어말 또는 자음 앞의 [ts], [dz]는 '츠', '즈'로 적고, [tʃ], [dʒ]는 '치', '지'로 적는다. 예 Keats[ki:ts] 키츠, odds[ɔdz] 오즈, switch[switʃ] 스위치, bridge[bridʒ] 브리지, Pittsburgh[pitsbə:g] 피츠버그, hitchhike[hitʃhaik] 히치하이크
2. 모음 앞의 [tʃ], [dʒ]는 'ㅊ', 'ㅈ'으로 적는다. 예 chart[tʃɑ:t] 차트, virgin[və:dʒin] 버진

[해설] ① 'juice[dʒu:s]'는 모음 앞의 [dʒ]가 'ㅈ', 'u'는 'ㅜ'에 해당하여 '주스'로 표기한다. ② 'chart[tʃɑ:t]'는 '차트'로 표기한다. ③ 'gesture[dʒestʃə(r)]'는 '제스처'이다. ⑤ 'television[telɪvɪʒn]'은 '텔레비전'이다.4)

[정답] ④. 'chocolate'은 '초콜릿'으로 표기한다. '쵸콜릿', '초코렛', '쵸코렡', '쪼코렛', '초콜렛' 등은 잘못된 표기이다. [tʃɒklət]은 외래어 표기법의 원칙에 따르면 '초컬럿'이지만, 관용에 따라 '초콜릿'으로 적기로 하였다. 모음 앞에 오는 어중의 [l]은 'ㄹㄹ'로 표기한다(157쪽, 제6항 유음[l]의 표기 방법을 참조).

---

3) 'lobster'(바닷가재)의 표기는 과거 '로브스터'만 인정되었지만 '랍스터'도 두루 쓰여 복수 표기로 인정되었다.
4) 경구개음 'ㅈ' 다음에 오는 이중 모음 'ㅑ, ㅕ, ㅛ, ㅠ'와 'ㅏ, ㅓ, ㅗ, ㅜ'의 발음은 구별할 수 없다. 그렇기에 이를 '쟈, 져, 죠, 쥬'로 표기하지 않고 '자, 저, 조, 주'로 표기한다.

> 예 4. <보기>의 외래어 표기가 바르게 짝지어진 것은?
>
> > clinic – highlight
>
> ① 클리닉 / 하이라잇　　② 클리닉 / 하일라잇
> ③ 크리닉 / 하이라이트　　④ 크리닉 / 하일라이트
> ⑤ 클리닉 / 하이라이트

[조항] 외래어 표기법 제3장, 제1절 제6항 유음 ([l])
1. 어말 또는 자음 앞의 [l]은 받침으로 적는다. 예 hotel[houtel] 호텔, pulp[pʌlp] 펄프
2. 어중의 [l]이 모음 앞에 오거나, 모음이 따르지 않는 비음([m], [n]) 앞에 올 때에는 'ㄹㄹ'로 적는다. 다만, 비음([m], [n]) 뒤의 [l]은 모음 앞에 오더라도 'ㄹ'로 적는다. 예 slide[slaid] 슬라이드, film[film] 필름, helm[helm] 헬름, swoln[swouln] 스월른, Hamlet[hæmlit] 햄릿, Henley[henli] 헨리

[해설] 'clinic'의 발음 [klinik]에서 어중의 [l]은 2에 해당하여 '클리닉'으로 표기해야 한다. 'highlight[hailait]'도 어중의 [l]이 모음 앞에 오는 경우이므로 '하일라이트'로 적어야 할 것으로 보인다. 그러나 외래어 표기법에는 따로 설 수 있는 말의 합성으로 이루어진 복합어는 그것을 구성하고 있는 말이 단독으로 쓰일 때의 표기대로 적는다고 규정되어 있다. 따라서 'high'와 'light'의 복합어인 'highlight'는 '하이'와 '라이트'를 그대로 이어 '하이라이트'로 적어야 한다.

[정답] ⑤. 'clinic'은 '클리닉', 복합어 'highlight'는 '하이라이트'로 표기한다.

[참고] 외래어 표기법 제3장, 제1절 제10항 복합어

1. 따로 설 수 있는 말의 합성으로 이루어진 복합어는 그것을 구성하고 있는 말이 단독으로 쓰일 때의 표기대로 적는다.

> cuplike[kʌplaik] 컵라이크　　bookend[bukend] 북엔드　　headlight[hedlait] 헤드라이트
> touchwood[tʌtʃwud] 터치우드　　sit-in[sitin] 싯인　　bookmaker[bukmeikə] 북메이커
> flashgun[flæʃgʌn] 플래시건　　topknot[tɔpnɔt] 톱놋

2. 원어에서 띄어 쓴 말은 띄어 쓴 대로 한글 표기를 하되, 붙여 쓸 수도 있다.

> Los Alamos[lɔsæləmous] 로스 앨러모스/로스앨러모스
> top class[tɔpklæs] 톱 클래스/톱클래스

> 예 5. 다음 중, 외래어 표기법으로 적절하지 <u>않은</u> 것은?
>
> ① <u>보트</u>를 타다. ② 같은 <u>티임</u>이다.
> ③ <u>윈도우</u>를 닦다. ④ <u>타워</u>를 올라가다.
> ⑤ 비닐<u>하우스</u>가 있다.

[조항] • 외래어 표기법 제3장, 제1절 제7항: 장모음의 장음은 따로 표기하지 않는다. 예 team[tiːm] 팀, route[ruːt] 루트 • 외래어 표기법 제3장, 제1절 제8항: 중모음([ai], [au], [ei], [ɔi], [ou], [auə])은 각 단모음의 음가를 살려서 적되, [ou]는 '오'로, [auə]는 '아워'로 적는다. 예 time[taim] 타임, house[haus] 하우스, skate[skeit] 스케이트, oil[ɔil] 오일, boat[bout] 보트, tower[tauə] 타워

[해설] ① 'boat[bout]'의 [ou]는 '오'에 해당하여 '보트'로 적는다. ② 'window[windou]'는 관용에 의해 둘째 음절 '오'를 적용해 '윈도'로 적는다. ④ 'tower[tauə]'의 [auə]는 '아워'로 적기에 '타워'로 적는다. ⑤ 'house[haus]'의 [h]는 'ㅎ', [au]는 '아우', 어말 [s]는 '스'이기에 '하우스'로 적는다.

[정답] ②. 'team[tiːm]'은 장모음을 표기에 반영하지 않기에 2음절이 아닌 1음절의 '팀'으로 적는다.

> 예 6. 다음 잘못된 외래어 표기를 수정한 것으로 가장 적절한 것은?
>
> ① 도넛 → 도우넛   ② 헬로 → 헬로우
> ③ 옐로우 → 옐로   ④ 뉴스 → 뉴우스
> ⑤ 노트북 → 노우트북

[조항] • 외래어 표기법 제3장, 제1절 제7항 • 외래어 표기법 제3장, 제1절 제8항

[해설] ① '도우넛'을 '도넛'으로 수정해야 한다. ② '헬로우'를 '헬로'로 수정한다. ④ '뉴우스'를 '뉴스'로 수정해야 한다. ⑤ '노우트북'을 '노트북'으로 수정해야 한다.

[정답] ③. 외래어 표기법에서 중모음은 각 단모음의 음가를 살려서 적되 [ou]는 '오'로 적는다고 되어 있어, 'yellow[jelou]'는 '옐로우'가 아닌 '옐로'로 적는다. '눈'을 의미하는 'snow[snou]'도 '스노'로 적어야 한다.

연습 문제 (정답 196쪽)

문 1. 다음 중, 외래어 표기법으로 가장 적절한 것은?

① <u>스켓치북</u>에 그림을 그리다.
② <u>벤취</u>에 앉아 휴식을 취하다.
③ 그는 <u>플루트</u> 연주자로 유명하다.
④ 시험을 볼 때 <u>컨닝</u>을 해서는 안 돼.
⑤ 연말에는 상점마다 크리스마스 <u>캐롤</u>이 흘러 나와.

[해설]
①
②
③
④
⑤

[정답] _____

문 2. 다음 중, 외래어 표기법으로 적절하지 <u>않은</u> 것은?

① 영화관에서 <u>스넥</u>을 먹다.
② 그녀는 유명한 <u>탤런트</u>가 출연하다.
③ 탁상 <u>캘린더</u>에 회의 날짜를 기록하다.
④ 그는 자신의 외모에 <u>콤플렉스</u>를 가지고 있다.
⑤ 날씨가 쌀쌀해져서 <u>카디건</u>을 가지고 외출을 했다.

[해설]
①
②
③
④
⑤

[정답] _____

제4장 인명, 지명 표기의 원칙

예 1. 다음 단어의 풀이 중, □□에 들어갈 표기로 가장 적절한 것은?

Thames[témz] [the ~] □□ 강 (London 시내를 지나 북해로 흐름)

① 템스   ② 템즈
③ 템스   ④ 템즈
⑤ 탐스

[조항] • 외래어 표기법 제4장, 제1절 제1항~제4항
제1항 외국의 인명, 지명의 표기는 제1장, 제2장, 제3장의 규정을 따르는 것을 원칙으로 한다.
제2항 제3장에 포함되어 있지 않은 언어권의 인명, 지명은 원지음을 따르는 것을 원칙으로 한다.
제3항 원지음이 아닌 제3국의 발음으로 통용되고 있는 것은 관용을 따른다. 제4항 고유 명사의 번역명이 통용되는 경우 관용을 따른다. 예 Pacific Ocean 태평양, Black Sea 흑해

[해설] 'Thames'의 발음은 [temz]로, 국제 음성 기호와 한글 대조표에 따르면, '템즈'가 된다. 그런데 이후, "어말의 -s[z]는 '스'로 적는다."는 규정이 추가되어 '템스'로 적고 있다.

[정답] ③. "어말의 -s[z]는 '스'로 적는다."는 규정에 따라 'Thames'를 '템스'로 적는다.

예 2. 다음 외래어 표기 중, 적절하지 않은 것은?

① 그리스   ② 동경/도쿄
③ 북경/베이징   ④ 말레이시아
⑤ 라스베가스

[조항] 외래어 표기법 제4장, 제2절 제4항: 중국 및 일본의 지명 가운데 한국 한자음으로 읽는 관용이 있는 것은 이를 허용한다. 예 東京 도쿄/동경, 上海 상하이/상해, 黃河 황허/황하

[해설] ① '그리스'는 장모음을 인정하지 않는 바른 표기이다. ② '동경(東京)'의 현지음 '도쿄'를 인정한다. ③ '북경(北京)'의 현지음 베이징을 인정한다. ④ 'Malaysia'는 '말레이시아'로 표기한다.

[정답] ⑤. 'Las Vegas[lɑːs-véigəs]'의 외래어 표기법은 '라스베이거스'이다.

연습 문제 (정답 197쪽)

문 1. 다음 중, 외래어 표기법으로 가장 적절한 것은?

① <u>고호</u>의 전시회에 가다.
② <u>모짜르트</u> 교향곡을 연주하다.
③ <u>콜럼버스</u>는 신대륙을 발견한 탐험가이다.
④ <u>셰익스피어</u>는 잉글랜드의 시인인자 극작가이다.
⑤ <u>호치민</u>은 베트남의 혁명가이자 독립 운동가이다.

[해설]
①
②
③
④
⑤

[정답] _____

문 2. 다음 중, 외래어 표기법으로 적절하지 <u>않은</u> 것은?

① 중국 <u>하얼빈</u> 얼음 축제를 즐기다.
② 태국 <u>푸껫</u>에서 여름 류가를 보내다.
③ 수많은 영화들이 <u>힐리우드</u>에서 제작된다.
④ 이 책은 미국 <u>로스앤젤레스</u>의 여행기이다.
⑤ 천년 고도 <u>교토</u>에서 일본의 역사와 문화를 만나다.

[해설]
①
②
③
④
⑤

[정답] _____

제4부 국어의 로마자 표기법

제4부 국어의 로마자 표기법

'로마자'는 라틴 문자로, '알파벳'(alphabet)으로도 불린다. 『로마자 표기법』[1]은 우리말의 인명이나 지명 등의 고유 명사를 로마자로 적는 규정이다. 즉, 국어의 발음을 세계적으로 통용되는 로마자로 바꾸어 우리나라를 찾는 외국인들이 우리말을 쉽게 읽도록 하기 위함이다. 문화 관광부 고시 제2000-8호(2000.7.7.)의 『국어의 로마자 표기법』은 다음의 체제로 이루어져 있다.

장	내용
제1장	표기의 기본 원칙
제2장	표기 일람
제3장	표기상의 유의점
부칙	

제1장 표기의 기본 원칙

제1항 국어의 로마자 표기는 국어의 표준 발음법에 따라 적는 것을 원칙으로 한다.

[탐구] 1. 다음 '왕십리'의 두 가지 로마자 표기법의 차이점과 그 특징에 대해 알아보자.

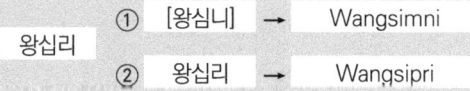

(1) 표기법 ①과 ②의 표기의 기준은 무엇인가?
(2) 표기법 ①과 ②의 장·단점을 살펴본 후, 효과적인 표기법에 대해 생각해보자.

---

[1] 『로마자 표기법』은 서양과의 접촉이 빈번하게 된 19세기 무렵부터 필요하게 되었다. 그리하여 (1)외국 선교사들이 자신들의 필요에 따른 표기법을 고안, (2)일제 치하의 일본 및 국내 학자들이 개인적으로 표기법을 고안, (3)해방 후, 정부의 공식적인 표기법이 제정되었다(정희원, 1997:28).

제2항 국어의 로마자 이외의 부호는 되도록 사용하지 않는다.

> [탐구] 2. 다음 시기를 달리하는 한글의 자모에 대응하는 로마자를 비교·대조한 후, 제2항을 이해해보자.
>
> (1) 1984년 표기법: ㅋ: k', ㅌ: t', ㅍ: p', ㅊ: ch', ㅓ: ŏ, ㅡ: ŭ
> (2) 현행 표기법: ㅋ: k, ㅌ: t, ㅍ: p, ㅊ: ch, ㅓ: eo, ㅡ: eu
>
> ※ 반달표: ŏ, ŭ / 어깻점: k', t', p', ch'

제2장 표기 일람

'국어의 로마자 표기법'의 제2장 '표기 일람'은 우리말의 표준 발음을 로마자로 표기하는 가장 중요한 기준이다. 모음과 자음의 표기법 가운데 가장 중요한 특징 중 하나가 제1장의 기본 원칙에 충실하여 특수 부호를 사용하지 않는다는 점이다.

제1항 **모음은 다음 각호와 같이 적는다.**

1. 단모음

ㅏ	ㅓ	ㅗ	ㅜ	ㅡ	ㅣ	ㅐ	ㅔ	ㅚ	ㅟ
a	eo	o	u	eu	i	ae	e	oe	wi

2. 이중 모음

ㅑ	ㅕ	ㅛ	ㅠ	ㅒ	ㅖ	ㅘ	ㅙ	ㅝ	ㅞ	ㅢ
ya	yeo	yo	yu	yae	ye	wa	wae	wo	we	ui

[붙임 1] 'ㅢ'는 'ㅣ'로 소리 나더라도 ui로 적는다. 광희문: Gwanghuimun

[붙임 2] 장모음의 표기는 따로 하지 않는다.

제2항 **자음은 다음 각호와 같이 적는다.**

1. 파열음

ㄱ	ㄲ	ㅋ	ㄷ	ㄸ	ㅌ	ㅂ	ㅃ	ㅍ
g, k	kk	k	d, t	tt	t	b, p	pp	p

2. 파찰음

ㅈ	ㅉ	ㅊ
j	jj	ch

3. 마찰음

ㅅ	ㅆ	ㅎ
s	ss	h

4. 비음

ㄴ	ㅁ	ㅇ
n	m	ng

5. 유음

ㄹ
r, l

예 1. <보기>의 '표기 일람표'를 참고할 때, 로마자 표기법으로 가장 적절한 것은?

ㅏ	ㅗ	ㅣ	ㅐ	ㄱ	ㅋ	ㄴ	ㄷ	ㅌ	ㅅ	ㄹ	ㅈ	ㅊ	ㅎ
a	o	i	ae	g, k	k	n	d, t	t	s	r, l	j	ch	h

① 신라: Sinla   ② 같이: gati
③ 좋고: joko   ④ 낳지: nahji
⑤ 해돋이: haedoti

[조항] • 국어의 로마자 표기법 제1장: 국어의 로마자 표기는 국어의 표준 발음에 따라 적는 것을 원칙으로 한다. • 국어의 로마자 표기법 제2장: 표기 일람

[해설] ① '신라'의 표준 발음은 [실라]이다. 따라서 이의 로마자 표기는 'Silla'이다. ② '같이'의 표준 발음인 [가치]를 로마자로 표기하면, 'gachi'이다. ④ '낳지'의 표준 발음 [나치]에 해당하는 로마자 표기는 'nachi'이다. ⑤ '해돋이'의 표준 발음 [해도지]는 'haedoji'로 적는다.

[정답] ③. '좋고'의 표준 발음은 [조코]이다. 표기 일람에 따라 로마자로 옮기면 'joko'가 된다.

예 2. <보기>를 참고할 때, 밑줄 친 부분의 로마자 표기법이 적절하지 <u>않은</u> 것은?

ㅓ	ㅡ	ㅢ		ㄱ	ㄷ	ㅂ
eo	eu	ui		g, k	d, t	b, p

① 구미: <u>G</u>umi
② 호법: Hobe<u>o</u>p
③ 의정부: U<u>ij</u>eongbu
④ 한밭: Hanba<u>t</u>
⑤ 광희문: Gwan<u>ghi</u>mun

[조항] • 국어의 로마자 표기법 제1장 • 국어의 로마자 표기법 제2장, [붙임1] 'ㅢ'는 'ㅣ'로 소리 나더라도 ui로 적는다.

[해설] ① '구미'의 로마자는 'Gumi'로, 어두의 'ㄱ'은 유·무성의 구별 없이 'g'로 적는다. 그러나 어말에서는 'k'로 적는다. ② '호법'의 음절말의 'ㅂ'에 해당하는 로마자는 'p'이다. 어두에서는 'b'로 적는다. ③ '의정부'의 로마자 'Uijeongbu'에서 이중 모음 'ㅢ'는 'ui'로 적는다. ④ '한밭'의 표준 발음 [한받]의 로마자는 'Hanbat'으로, 받침 'ㄷ'의 로마자는 't'에 대응한다. 어두에서는 'd'로 나타난다.

[정답] ⑤. '광희문'의 표준 발음이 [광히문]이기에 이의 로마자는 'Gwanghimun'일 것 같다. 그러나 <로마자 표기법> 제2장 [붙임1]에 따라 'Gwanghuimun'로 적어야 한다.

예 3. <보기>의 지명에 대한 로마자 표기법으로 가장 적절한 것은?

부산 – 대구 – 광주

① Pusan – Daegu – Kwangju
② Busan – Daegu – Gwangju
③ Pusan – Daegu – Gwangju
④ Busan – Taegu – Gwangju
⑤ Pusan – Taegu – Kwangju

[조항] 국어의 로마자 표기법 제2장

[해설] 'ㄱ, ㄷ, ㅂ'에 대한 로마자의 대응 관계는 다음과 같다. 어두에서는 'g, d, b', 어말에서는 'k, t, p'로 표기한다. 따라서 <보기>의 지명에 대한 로마자 표기는 각각 'Busan, Daegu, Gwngju'이다.

[정답] ②. '부산: Busan', '대구: Daegu', '광주: Gwangju'의 로마자 표기가 올바른 표기이다.

예 4. <보기>의 로마자 표기법에 대한 설명으로 가장 적절한 것은?

> 벚꽃[벋꼳] : beotkkot / 북악[부각] : Bugak

① 자음 'ㅂ'은 자음 앞이나 어말에서 'b/B'로 적는군.
② 자음 'ㄱ'과 'ㄲ'은 모두 동일한 로마자로 나타내는군.
③ 어말의 자음 'ㄷ'은 모두 동일한 로마자로 표기하는군.
④ 모든 명사의 로마자 표기는 첫 글자를 대문자로 적는군.
⑤ 국어의 로마자 표기는 국어의 표기를 기준으로 하고 있군.

[조항] 국어의 로마자 표기법 제2장

[해설] ① 자음 'ㅂ'은 모음 앞에서 로마자 'b'(일반 명사) 또는 'B'(고유 명사)에 대응하고 있다. 자음 앞이나 어말에서는 'p'에 대응한다. ② 된소리의 자음 'ㄲ'은 로마자 'kk', 모음 앞의 자음 'ㄱ'은 'g'에 대응하고 있어 서로 다른 로마자로 표기한다. ④ 고유 명사의 로마자 표기에서만 첫 글자를 대문자로 표기한다. ⑤ '[벋꼳]', '[부각]'의 표준 발음에 대한 로마자 표기가 나타나기에, 로마자 표기는 발음을 기준으로 한다. 단, 예외적으로 국어의 표기를 기준으로 하는 경우도 있다.

[정답] ③. 어말의 'ㄷ' 발음 [벋꼳]에 대응하는 로마자가 모두 't'로 나타나 있다.

예 5. 다음 중, 로마자 표기법으로 적절하지 않은 것은?

① 구리: Guri
② 설악: Seolak
③ 임실: Imsil
④ 울릉: Ulleung
⑤ 대관령: Daegwallyeong

[조항] 국어의 로마자 표기법 제2장, [붙임2] 'ㄹ'은 모음 앞에서는 'r'로 자음이나 어말에서는 'l'로 적는다. 단, 'ㄹㄹ'은 'll'로 적는다.

[해설] ① '구리'의 'ㄹ'은 모음 앞이기에 로마자 'r'로 표기한다. ③ '임실'의 'ㄹ'은 어말의 위치에 있기에 로마자 'l'로 적는다. ④ '울릉'의 표준 발음 [울릉]에 따라 'll'로 적는다. ⑤ '대관령'의 표준 발음 [대괄령]의 'ㄹㄹ' 로마자 역시 'll'에 해당한다.

[정답] ②. '설악'의 표준 발음은 [서락]이다. 모음 앞 'ㄹ'은 'r'로 적기에 'Seorak'으로 표기해야 한다.

연습 문제 (정답 198쪽)

문 1. 다음 중, 밑줄 친 부분의 로마자 표기법으로 가장 적절한 것은?

> 낚시를 가서 큰 고기를 낚아라.

① naksi - nakkara   ② naksi - nagara
③ nakssi - naggara   ④ nakkssi-nakara
⑤ nakkssi - nakkara

[해설]
①
②
③
④
⑤

[정답] _____

문 2. 다음 중, 로마자 표기법으로 적절하지 않은 것은?

① 경주는 신라[Silla]의 수도였다.
② 한국의 김치[gimchi] 맛이 좋다.
③ 한국의 국기는 태권도[taegwondo]이다.
④ 종로[Jongno]의 파고다 공원에는 노인들이 많다.
⑤ 제주도를 가기 위해 김포[Kimpo] 공항으로 갔다.

[해설]
①
②
③
④
⑤

[정답] _____

제3장 표기상의 유의점

예 1. 다음 중, 로마자 표기법으로 가장 적절한 것은?

① 백마: Baekma　　② 별내: Pyeollae
③ 알약: alyak　　　④ 학여울: Hangnyeoul
⑤ 맞히다: majhida

[조항] 국어의 로마자 표기법 제3장, 제1항: 음운 변화가 일어날 때에는 변화의 결과에 따라 다음 각호와 같이 적는다. 1. 자음 사이에서 동화 작용이 일어나는 경우. 2. 'ㄴ, ㄹ'이 덧나는 경우, 3. 구개음화가 되는 경우

[해설] ① '백마'는 음운 변화의 결과 [뱅마]로 발음을 한다. 이를 로마자의 표기 일람에 따라 표기하면, 'Baengma'가 된다. ② '별내[별래]'의 표준 발음에 해당하는 로마자 표기는 'Byeollae'이다. 다만, '별내'가 고유 명사이기에 첫 글자를 대문자 'B'로 표기해야 한다. ③ '알약'은 'ㄴ' 첨가와 유음화에 의해 [알략]으로 발음한다. 따라서 'allyak'으로 표기한다. ⑤ '맞히다'는 구개음화에 의해 [마치다]로 발음이 나기에 로마자 'machida'로 적는다.

[정답] ④. '학여울'은 '학+여울'의 합성어로 'ㄴ' 첨가가 일어나 '학녀울'이 된 후, 비음화 환경에 의해 최종적으로 [항녀울]로 발음한다. 이 발음에 해당하는 로마자 표기는 'Hangnyeoul'이다.

예 2. 다음 중, 로마자 표기법으로 적절하지 <u>않은</u> 것은?

① 좋고: joko　　② 놓다: nota
③ 묵호: Muko　　④ 잡혀: japyeo
⑤ 낳지: nachi

[조항] 국어의 로마자 표기법 제3장, 제1항 4: 'ㄱ, ㄷ, ㅂ, ㅈ'이 'ㅎ'과 합하여 거센소리로 나는 경우, 그 변화의 결과에 따라 적는다.

[해설] '좋고', '놓다', '잡혀', '낳지'는 4에 따라, [조코, 노타, 자펴, 나치]의 거센소리를 표준 발음으로 한다. 이들 발음을 로마자로 옮기면 ①의 'joko', ②의 'nota', ④의 'japyeo', ⑤의 'nachi'가 된다.

[정답] ③. '묵호'도 4에 의거해 [무코]로 발음을 한다. 따라서 'Muko'라는 로마자 표기를 예상할 수 있다. 그러나 4에는 "다만, 체언에서 'ㄱ, ㄷ, ㅂ' 뒤에 'ㅎ'이 따를 때에는 'ㅎ'을 밝혀 적는다."는 조항이 붙어 있다. 따라서 '묵호[무코]'의 로마자 표기가 'Mukho'임에 주의해야 한다.

> 예 3. 다음 중, 로마자 표기법으로 가장 적절한 것은?
>
> ① 합정: Hapjjeong   ② 팔당: Paldang
> ③ 울산: Ulssan   ④ 불국사: Bulgukssa
> ⑤ 압구정: Apggujeong

[조항] 국어의 로마자 표기법 제3장, 제1항 4-[붙임]: 된소리되기는 표기에 반영하지 않는다.

[해설] ① '합정[합쩡]', ③ '울산[울싼]', ④ '불국사[불국싸]', ⑤ '압구정[압꾸정]'은 모두 된소리되기 현상이 일어난다. 그러나 다른 음운 변화와 달리 [붙임] 조항처럼 된소리되기는 표기에 반영하지 않기에 ① 'Hapjeong'(합정)으로 표기한다. ③ 'Ulsan'(울산)으로 표기한다. ④ 'Bulguksa'(불국사)로 표기한다. ⑤ 'Apgujeong'(압구정)으로 표기한다.

[정답] ②. '팔당[팔땅]'의 된소리되기를 표기에 반영하기 않기에 로마자 표기는 'Paldang'이 된다.

> 예 4. <보기>의 이름에 대한 로마자 표기법으로 적절하지 <u>않은</u> 것은?
>
> 홍길동 / 한복남
>
> ① Hong Gildong   ② Hong Gil-dong
> ③ Han Bongnam   ④ Han Boknam
> ⑤ Han Bok-nam

[조항] • 국어의 로마자 표기법 제3장, 제3항: 고유 명사는 첫 글자를 대문자로 적는다. • 국어의 로마자 표기법 제3장, 제4항: 인명은 성과 이름의 순서로 띄어 쓴다. 이름은 붙여 쓰는 것을 원칙으로 하되 음절 사이에 붙임표(-)를 쓰는 것을 허용한다.

[해설] '홍길동'의 로마자 표기는 ①의 'Hong Gildong'을 원칙으로 한다. 이름 사이에 붙임표를 쓴 ② 'Hong Gil-dong'도 허용한다. '한복남'의 로마자 표기에 대해서는 ④ 'Han Boknam'을 원칙으로 한다. ⑤ 'Han Bok-nam'도 허용한다.

[정답] ③. '한복남'에 대한 로마자 'Han Bongnam'은 음운 변화에 의한 발음(한봉남)에 대한 로마자 표기이다. 그러나 제4항의 하위에 "(1) 이름에서 일어나는 음운 변화는 표기에 반영하지 않는다."는 조항2)이 있다.

> 예 5. 다음 중, 로마자 표기법으로 적절하지 <u>않은</u> 것은?
>
> ① 제주도: Jeju-do ② 도봉구: Dobong-gu
> ③ 삼죽면: Samjuk-myeon ④ 인왕리: Inwang-ni
> ⑤ 당산동: Dangsan-dong

[조항] 국어의 로마자 표기법 제3장, 제5항: '도, 시, 군, 구, 읍, 면, 리, 동'의 행정 구역 단위와 '가'는 각각 'do, si, gun, gu, eup, myeon, ri, dong, ga'3)로 적고, 그 앞에는 붙임표(-)를 넣는다. 붙임표(-) 앞뒤에서 일어나는 음운 변화는 표기에 반영하지 않는다.

[해설] ① '제주도: Jeju-do', ② '도봉구: Dobong-gu', ③ '삼죽면: Samjuk-myeon', ⑤ '당산동: Dangsan-dong'은 〈로마자 표기법〉의 표기 일람과 제3장(제5항)에 따른 정확한 로마자 표기이다. 특히, '삼죽면'을 [삼중면]에 따라 Samjung-myeon'으로 표기해서는 안 된다.

[정답] ④. '인왕리'는 '인왕'에 행정 구역 단위를 나타내는 '리'가 결합한 것이다. '인왕리'를 [인왕니]로 음운 변화시켜 로마자로 표기하지 않고, '인왕'과 '리(ri)'를 구별해서 'Inwang-ri'로 표기한다.

[참고] [붙임] '시, 군, 읍'의 행정 구역 단위는 생략할 수 있다. 예 청주시: Cheongju, 함평군: Hampyeong, 순창읍: Sunchang.

> 예 6. 다음 중, 로마자 표기법으로 가장 적절한 것은?
>
> ① 남산: Nam San ② 속리산: Sokrisan
> ③ 금강: Geum River ④ 다보탑: Dabotap
> ⑤ 독립문: Dongnipmun

---

2) '홍빛나[홍빈나]' 역시 'Hong Bitna / Hong Bit-na'로 표기해야 한다. 비음화를 반영한 '[홍빈나]'에 대한 로마자 표기 'Hong Binna / Hong Bin-na'는 허용하지 않는다.
3) '의정부시: Uijeongbu-si, 양주군: Yangju-gun, 신창읍: Sinchang-eup, 봉천 1동: Bongcheon 1(il)-dong, 종로 2가: Jongno 2(i)-ga' 등의 예를 들 수 있다.

[조항] 국어의 로마자 표기법 제3장, 제6항: 자연 지물명, 문화재명, 인공 축조물명은 붙임표(-) 없이 붙여 쓴다.

[해설] ① '남산'은 하나의 고유 명사로 보아 전체를 로마자로 옮겨, 'Namsan'으로 표기한다. ② '속리산'은 [송니산]으로 발음되기에 'Songnisan'으로 표기한다. ③ '금강'도 전체를 로마자로 옮겨, 'Guemgang'로 표기한다. ⑤ '독립문'은 발음 [동님문]에 따라 'Dongnimmun'이 되어야 한다.

[정답] ④. 고유 명사 '다보탑[다보탑]'을 표기 일람에 따라 표기하면 'Dabotap'이 된다.

[참고] 한글 표기의 띄어쓰기에 따라 전체를 하나의 고유 명사로 처리하기도 하고, 고유 명사와 보통 명사가 결합된 것으로 해석하기도 한다. 예로, '달성 공원'은 'Dalseong park'로 표기한다.

[예] 7. 다음 <로마자 표기법> 제8항을 참고할 때, 로마자 표기법으로 적절하지 <u>않은</u> 것은?

> 제8항 학술 연구 논문 등 특수 분야에서 한글 복원을 전제로 표기할 경우에는 한글 표기를 대상으로 적는다. 이 때 글자 대응은 제2장을 따르되 'ㄱ, ㄷ, ㅂ, ㄹ'은 'g, d, b, l'로만 적는다. 음가 없는 'ㅇ'은 붙임표(-)로 표기하되 어두에서는 생략하는 것을 원칙으로 한다. 기타 분절의 필요가 있을 때에도 붙임표(-)를 쓴다.

① 집: jib ② 먹는: meokneun
③ 독립: doglib ④ 굳이: gud-i
⑤ 물엿: mul-yeos

[조항] 국어의 로마자 표기법 제8장[4])

[해설] ① '집'의 받침 'ㅂ'은 'b'로만 표기한다. ③ '독립'의 받침 'ㄱ'은 'g', 'ㅂ'은 'b'로 표기하기에 바른 표기이다. ④ '굳이'의 조사 '이'를 분절할 필요가 있을 때 붙임표를 사용한다. ⑤ '물엿'은 음가 없는 'ㅇ'을 나타내기 위해 붙임표를 사용하였다.

[정답] ②. '먹는'의 경우, 받침 'ㄱ'은 'g'로만 적어야 하기에 'meogneun'이 되어야 한다.

---

4) 『로마자 표기법』 제3장의 제8항은 한글로 복원할 것을 염두에 두고 로마자 표기를 해야 하는 경우로, '전자법'에 따르는 표기 방식이다.

연습 문제 (정답 199쪽)

문 1. <보기>의 로마자 표기법에 대한 설명으로 가장 적절한 것은?

낙동강: Nakdonggang / 경복궁: Gyeongbokgung

① 반모음 'i'는 'y'로 표기한다.　② 된소리되기 현상을 표기한다.
③ 어말 'ㄱ'은 'g/k'로 표기한다.　④ 모음 앞의 'ㄱ'은 'g'로 표기한다.
⑤ 모음 앞의 'ㄷ'은 't'로 표기한다.

[해설]
①
②
③
④
⑤
[정답] _____

문 2. 다음 중, 로마자 표기법으로 적절하지 <u>않은</u> 것은?

① 울릉[Ulleung]에는 많은 눈이 내렸다.
② 경기도 광주[Gwangju]에 볼 일이 있다.
③ 청량리[Cheongnyangri]에서 기차를 타다.
④ 지리산의 화엄사[Hwaeomsa]는 유명한 사찰이다.
⑤ 세종은 집현전[Jiphyeonjeon]에서 한글을 창제하셨다.

[해설]
①
②
③
④
⑤
[정답] _____

– 외래어 / 로마자 표기법 모의 평가 (정답 200쪽) –

문 1. 다음 중, 외래어 표기법으로 가장 적절한 것은?

① color: 칼라 ② digital: 디지탈
③ adapter: 아답터 ④ battery: 배터리
⑤ compact disk: 컴팩트디스크

문 2. 다음 중, 외래어 표기법으로 적절하지 않은 것은?

① 도너츠를 만들다.
② 지금부터 난센스 퀴즈를 내겠다.
③ 카페에서 오렌지 주스를 마시다.
④ 그 선수는 심판으로부터 옐로 카드를 받았다.
⑤ 머리부터 꼬리까지 살이 꽉 찬 로브스터를 먹다.

문 3. 다음 중, 외래어 표기법으로 가장 적절한 것은?

① 지도자는 리더쉽이 필요하다.
② 내일 학회에서 워크숍을 떠난다.
③ 가끔 달달한 초콜렛이 당길 때가 있다.
④ 어머니께서 밥 위에 계란후라이를 올리셨다.
⑤ 요즘 '슬램덩크'라는 에니메이션이 인기가 좋다.

문 4. <보기>의 밑줄 친 부분의 외래어 표기로 가장 적절한 것은?

A/S를 위해 service center를 방문하다.

① 서비스 센타 ② 써비스 센터
③ 써비스 센타 ④ 서비스 샌터
⑤ 서비스 센터

문 5. <보기>의 외래어 표기 중, 바른 것끼리 묶인 것은?

　　　㉠ 팀　　㉡ 보우트　　㉢ 톱클래스
　　　㉣ 내레이션　㉤ 카운셀링

① ㉠, ㉡
② ㉠, ㉡, ㉢
③ ㉠, ㉢, ㉣
④ ㉠, ㉣, ㉤
⑤ ㉡, ㉢, ㉣

문 6. 다음 중, 외래어 표기법으로 적절하지 <u>않은</u> 것은?

① <u>뷔페</u> 음식
② <u>바베큐</u> 파티
③ <u>슈퍼마켓</u> 방문
④ 모두 <u>파이팅</u>!
⑤ <u>미스터리</u>한 일

문 7. 다음 중, 외래어 표기법으로 가장 적절한 것은?

① 생일 <u>케잌</u>을 자르다.
② 이번 주 <u>스케쥴</u>은 꽉 찼어.
③ 금융 <u>플라자</u>에서 은행 업무를 보다.
④ 요즘 카세트 <u>테입</u>을 사용하는 일이 없어.
⑤ 여러 나라에서 <u>로케트</u>를 이용한 신무기를 개발한다.

문 8. 다음 중, 외래어 표기법으로 적절하지 <u>않은</u> 것은?

① 영화 <u>하이라이트</u>를 보다.
② 미용 시술에 <u>레이져</u>를 활용한다.
③ <u>핼러윈</u> 축제는 10월 31일에 행해진다.
④ '인생극장'이라는 <u>다큐멘터리</u>를 시청하다.
⑤ 그는 축구 <u>마니아</u>로서 매주 축구 동아리에 참석한다.

문 9. 다음 중, 외래어 표기법으로 가장 적절한 것은?

① 영화를 보면서 스넥을 먹다.
② 그는 다이나믹한 운동을 좋아한다.
③ 레스토랑에서 햄버거스테이크를 먹었다.
④ 문자 메세지를 받자마자 밖으로 나갔다.
⑤ 감자와 고구마를 쿠킹 호일에 싸서 구워 먹었다.

문 10. 다음 중, 외래어 표기법으로 적절하지 않은 것은?

① 식당 메뉴에 감자탕이 있다.
② 많은 관객들이 앙코르를 외쳤다.
③ 그의 연기에는 '애드리브'가 많다.
④ 이성 친구와의 문제를 카운슬러와 상담했다.
⑤ 그와 나는 쇼윈도우를 사이에 두도 마주하고 있다.

문 11. 다음 중, 로마자 표기법으로 가장 적절한 것은?

① 서울시 을지로: Seoul Euljilo
② 경기도 성남: Gyeonggi-do Sungnam
③ 경상북도 구미: Gyeongsangbuk-do Kumi
④ 충청북도 옥천: Chungcheongbuk-do Okcheon
⑤ 경기도 가평군 설악: Gyeonggi-do Gapyeong-gun Seolak

문 12. <보기>의 로마자 표기법 중, 바르지 않은 것끼리 묶인 것은?

㉠ 불고기: bulgogi	㉡ 비빔밥: bibimbab
㉢ 만둣국: mandutgguk	㉣ 육개장: yukgaejang

① ㉠, ㉡
② ㉠, ㉢
③ ㉠, ㉣
④ ㉡, ㉢
⑤ ㉡, ㉣

문 13. <보기>의 ㉠, ㉡에 대한 로마자 표기로 가장 적절한 것은?

수서 – ㉠ 학여울 … ㉡ 선릉 – 선정릉

① ㉠ Hangnyeoul   ㉡ Seolleung
② ㉠ Hangnyeoul   ㉡ Seonleung
③ ㉠ Hakyeoul   ㉡ Seolleung
④ ㉠ Haknyeoul   ㉡ Seonleung
⑤ ㉠ Hangyeoul   ㉡ Seolleung

문 14. <보기> 주소에 대한 로마자 표기법으로 적절하지 않은 것은?

경기도 성남시 수정구 복정동 가천대학교

① Gyeonggi-do   ② Seongnam-si
③ Sujeong-gu   ④ Bokjjeong-dong
⑤ Gachon (univ)

문 15. 다음 중, 로마자 표기법으로 적절하지 않은 것은?

① 한강[Hangang] 공원에서 산책을 하다.
② 신림동[Sillimdong]에는 고시원이 많다.
③ 제주도의 유명한 산이 한라산[Hallasan]이다.
④ 김포 공항[Gimpo Airport]에서 비행기를 타다.
⑤ 주말에 올림픽 공원[Olympic Park]으로 나들이를 가다.

문 16. 다음 중, 로마자 표기법으로 가장 적절한 것은?

① 울산: Ulssan   ② 남산: Nam Mountain
③ 태릉: Taeneung   ④ 묵호: Mukho
⑤ 광희문: Gwanghimun

문 17. <보기>의 인명에 대한 로마자 표기법으로 바르게 묶인 것은?

| | ㉠ 세종 | ㉡ 흥부 | ㉢ 을지문덕 |

	㉠	㉡	㉢
①	Sejong	Heungbu	Euljimundeok
②	Sejong	Heungbu	Euljjimundeok
③	Sejong	Heungpu	Euljimundeok
④	Seojong	Heungbu	Euljjimundeok
⑤	Seojong	Hungpu	Euljimundeok

문 18. <보기>의 로마자 표기법에 대한 설명으로 적절하지 않은 것은?

가락[Garak] 앞집[apjip] 낯지[nachi]

① 모음 앞과 어말의 'ㄱ'에 대한 로마자 표기가 다르군.
② 표준 발음의 된소리되기는 로마자 표기에 반영하는군.
③ '낯지[nachi]'에서 거센소리를 표기에 반영함을 알 수 있군.
④ '가락[Garak]'에서 모음 앞의 'ㄹ'이 로마자 'r'에 대응함을 알 수 있군.
⑤ 받침의 'ㅍ'과 'ㅂ'의 경우 로마자 표기에서는 동일한 로마자로 나타나는군.

문 19. 다음 중, 로마자 표기법으로 가장 적절한 것은?

① 익산: Ikssan   ② 합천: Habcheon
③ 대전: Daejeon   ④ 부산: Pusan
⑤ 영동: Yeongtong

문 20. 다음 중, 로마자 표기법으로 적절하지 않은 것은? (두 가지를 고르시오.)

① 안압지: Anapji   ② 오죽헌: Ojukheon
③ 극락전: Geunknakjeon   ④ 불국사: Bulkuksa
⑤ 남한산성: Namhansanseong

연습 문제 풀이

모의 평가 정답

한글 맞춤법 본문

- 연습 문제 풀이 -

문 1. 다음 밑줄 친 한글 자모의 이름이 바른 것은?

① 낫 놓고 '<u>기윽</u>'도 모른다.
② 한글의 셋째 자모는 '<u>디귿</u>'이다.
③ '옷'의 음절 말 받침은 '<u>시옷</u>'이다.
④ '부엌'의 받침에 '<u>키역</u>'을 써야 한다.
⑤ '좋다'의 받침 자모를 '<u>히웅</u>'이라 한다.

[해설]
① → 한글 자모 'ㄱ'의 정확한 명칭은 '기역'[기역]임.
② 한글 자모의 셋째 글자, 'ㄷ'의 명칭은 '디귿'[디귿]임.
③ → 한글 자모 'ㅅ'은 '시옷'[시온]으로 부름.
④ → 한글 자모 'ㅋ'은 '키읔'[키윽]으로 부름.
⑤ → 한글 자모 'ㅎ'은 '히읗'[히은]으로 부름.

[정답] ②

문 2. 다음 중, 사전에 등재된 순서가 바르지 <u>않은</u> 것은?

① '곰' / '꿈' / '코'
② '빗' / '빚' / '빛'
③ '우유' / '월병' / '의사'
④ '애기' / '옛날' / '외가'
⑤ '기와' / '기우' / '기어'

[해설]
① 사전에 등재되는 자음의 순서는 'ㄱ-ㄲ-ㅋ'이기에 '곰-꿈-코'의 순서로 검색할 수 있음.
② 사전에 등재되는 자음의 순서는 'ㅅ-ㅈ-ㅊ'이기에 '빗-빚-빛'의 순서로 검색할 수 있음.
③ 사전에 등재되는 모음의 순서는 'ㅜ-ㅝ-ㅢ'이기에 '우유-월병-의사' 순으로 검색할 수 있음.
④ 사전에 등재되는 모음의 순서는 'ㅐ-ㅖ-ㅚ'이기에 '애기-옛날-외가' 순으로 검색할 수 있음.
⑤ → 사전에 등재되는 모음의 순서는 'ㅓ-ㅘ-ㅜ'이기에 '기어-기와-기우' 순이어야 함.

[정답] ⑤

문 1. 다음 밑줄 친 단어 중, 한글 맞춤법에 가장 적절한 것은?

① 친구와 <u>법썩</u>을 피우며 장난을 친다.
② 들의 농부들이 <u>가을거지</u>에 여념이 없다.
③ <u>계송</u>은 부처의 공덕을 찬탄하는 노래이다.
④ 2023 <u>계묘년</u> 새해 건강하고 복 많이 받으세요.
⑤ 버스나 지하철의 <u>경노석</u>에 일반인이 앉으면 안 된다.

[해설]

① → 법석[법썩].

② → 가을걷이[가을거지].

③ → 게송(偈頌).

④ 계묘년(癸卯年), 의존 명사 '년(年)'은 두음 법칙 예외 인정.

⑤ → '경로(敬老)'+'석(席)'의 구조.

[정답] 4

문 2. 다음 밑줄 친 단어 중, 한글 맞춤법에 적절하지 <u>않은</u> 것은?

① 오늘 기분이 <u>산듯하다</u>.
② <u>본의</u> 아니게 폐를 끼쳤습니다.
③ 백화점의 <u>할인율</u> 행사는 30%이다.
④ 이 배추는 강원도 <u>고랭지</u>에서 수확하였다.
⑤ 같은 무리끼리 서로 사귀는 것을 <u>유유상종</u>이라 한다.

[해설]

① → 까닭 없이 나는 된소리 표기 인정. 따라서 '산뜻하다'로 표기함.

② 'ㅢ'는 'ㅣ'로 소리 나더라도 'ㅢ'로 표기함.

③ 'ㄴ' 받침 뒤의 한자어 '률'은 '율'로 표기함.

④ '고랭+지'의 구조로, 단어의 첫머리 이외에서는 본음대로 표기함.

⑤ '유유상종(類類相從)'으로 같은 음절이 겹쳐 나는 부분은 같은 글자로 표기함.

[정답] 1

문 1. 다음 밑줄 친 부분이 한글 맞춤법에 가장 적절한 것은?

① 몸이 <u>괴로와</u> 일찍 잤다.
② <u>아다시피</u> 내일 시험입니다.
③ 지금보다 더 <u>낳은</u> 회사로 옮겼다.
④ 라면이나 국수가 <u>불으면</u> 맛이 없다.
⑤ 코로나의 힘든 상황에서도 시험을 무사히 <u>치뤘다</u>.

[해설]
① → 괴로워. 괴롭+어>괴로워.
② → 알다시피. 기본형 '알(다)'+'-다시피'>알다시피 / '알-'+-시-+-다시피>아시다시피('ㄹ' 탈락).
③ → 나은. 낫+-은>나은('ㅅ' 탈락).
④ '붇다': 어간 '붇-'+모음의 어미 '-으면' > 불으면('ㄷ' 불규칙 활용) cf) 불면(×).
⑤ → 치렀다. '치르-+-었-+-다'>치ㄹ+었+다>치렀다. cf) 치르다(×).

[정답] 4

문 2. 다음 밑줄 친 단어 중, 한글 맞춤법에 적절하지 <u>않은</u> 것은?

① <u>도저히</u> 참을 수가 없다.
② <u>아무튼</u> 그만하기 다행이다.
③ 가라앉은 분위기를 <u>띄우다</u>.
④ <u>막냇동생</u>이 응석을 부린다.
⑤ 사흘을 공부하고 <u>나흘날</u>에 시험을 보다.

[해설]
① '-하다'가 붙는 어근에 '-히'가 붙어 부사가 된 경우 부사의 원형을 밝히어 적음.
② '아무러하다'(아무렇다)의 부사형은 '아뭏든'이 아닌 소리대로 적는 '아무튼'임.
③ '뜨다'(차분하지 못하고 어수선하게 들떠 가라앉지 않게 하다)의 사동사임.
④ '막내'+'동생'[막내동생]으로 사이시옷 현상이 일어나는 조건을 만족함.
⑤ → '사흘(3), 나흘(4)'에 '날'이 어울리면 '사흗, 나흗'의 'ㄷ' 소리로 나기에 'ㄷ'으로 적음.

[정답] 5

문 1. 다음 밑줄 친 부분의 띄어쓰기가 적절하지 않은 것은?

① 머리 <u>아픈 데</u> 먹는 약이다.
② <u>공부한 만큼</u> 대가가 따라 온다.
③ 너는 모든 결정을 네 <u>뜻 대로</u> 하는구나.
④ 이 일을 할 사람은 <u>너 밖에</u>도 여럿 있다.
⑤ 저녁을 <u>먹은 지</u> 한참 지났으니 운동하러 가자.

[해설]
① '데'는 '경우'의 뜻을 나타내는 의존 명사로 띄어 씀. cf) 콩 심은 데, 팥 심은 데.
② 관형형 뒤의 '만큼'은 의존 명사로 앞말과 띄어 씀, 체언 뒤의 '만큼'은 조사로 붙여 씀.
③ → '뜻대로'. '대로'가 체언 뒤에 붙어 조사로 기능할 때는 앞말에 붙여 씀.
④ 조사(밖에:그것 말고는, 부정어와 호응)와 명사+조사(밖에:일정한 범위 외) 구별함.
⑤ '지'는 '어떤 일이 있었던 때로부터 지금까지의 동안'의 의미를 지닌 의존 명사로 띄어 씀.

[정답] 3

문 2. 다음 밑줄 친 부분의 띄어쓰기가 가장 적절한 것은?

① 금 <u>서돈</u>을 받았다.
② 그는 너무 <u>잘난체</u>를 한다.
③ 내일 날씨가 맑아야 <u>할텐데</u>.
④ 어머니의 음식이 예전보다 <u>못하다</u>.
⑤ 가까운 <u>부부 간</u>일지라도 예의를 갖추어야 한다.

[해설]
① → 서 돈. '돈'은 단위성 의존 명사로 앞말과 띄어 씀.
② → 잘난 체. '체'는 '그럴듯하게 꾸미는 거짓 태도나 모양'의 의미를 지닌 의존 명사(=척).
③ → 할 텐데. 의존 명사 '터'의 줄임말. '눈물일 텐데, 좋을 텐데'와 같이 앞말과 띄어 씀.
④ '못하다'는 '일정한 수준에 못 미치거나 할 능력이 없다.'는 뜻의 한 단어이므로 붙여 씀.
⑤ → 부부간. '부부 사이'라는 의미의 합성어. '형제간'(○), '친구간'(×).

[정답] 4

문1. 다음 밑줄 친 부분이 한글 맞춤법에 가장 적절한 것은?

① 오늘은 <u>웬지</u> 기분이 좋다.
② 아까운 재능을 <u>썩이고</u> 있다.
③ 숫자 15는 3의 다섯 <u>갑절</u>이다.
④ 추수가 끝난 논바닥에서 <u>낟알</u>을 줍다.
⑤ 전래동화는 <u>예부터</u> 전해 내려오는 이야기이다.

[해설]
① → '왠지'(의문사 '왜'+ 의문형 어미 '-ㄴ지'). '웬'(어찌 된, 어떠한)은 관형사로 명사가 후행함.
② → '썩히고'. '썩다'의 사동사 '썩이다'(마음을 괴롭게 하다.)와 '썩이다'(물건, 사람이 제대로 쓰이지 않다.)
③ → '곱절'. '두 배'의 뜻은 '갑절, 곱절'로 사용. '곱절'은 거듭되는 수를 이름(예 세/네 곱절.)
④ → '낱알'(껍질을 벗기지 아니한 곡식의 알). '낱알'(하나하나 따로따로인 알).
⑤ '예'는 명사로 조사(예로부터), 어미(예스러운) 결합 가능. '옛'은 관형사(*예부터, *옛스러운).

[정답] 5

문2. 다음 밑줄 친 부분이 한글 맞춤법에 적절하지 <u>않은</u> 것은?

① <u>지겟꾼</u>을 불러 짐을 옮기다.
② 그는 <u>부지런하므로</u> 잘 산다.
③ 좋은 기회를 <u>번번이</u> 놓치다.
④ 그 정치인은 말을 참 <u>잘하던데</u>!
⑤ 아버지 옆에 <u>지긋이</u> 앉아 말씀을 듣고 있다.

[해설]
① → '지게꾼'. '-꾼'은 접미사로 기능함.
② '-므로'는 '-기 때문에'라는 까닭의 의미, '-ㅁ으로'는 '-는 것으로'라는 수단/방법의 의미임.
③ 겹쳐 쓰인 말 뒤에는 부사형 접사 '이'를 붙임. '번번히(X)'가 아니라 '번번이'로 표기함.
④ '-던데'는 과거의 어떤 일을 감탄하는 뜻을 넣어 서술하는 종결 어미임.
⑤ '지긋이'는 '나이가 비교적 많아 듬직하게/참을성 있게 끈지게'의 뜻을 나타냄.

[정답] 1

문 1. 다음 밑줄 친 부분이 표준어로 가장 적절한 것은?

① <u>수소</u> 한 마리를 사다.
② <u>사둔</u> 댁과 상견례를 하다.
③ 그녀는 그의 <u>뺨따구</u>를 내리쳤다.
④ 동생은 자기만 생각하는 <u>깍정</u>이다.
⑤ 요즘 금 <u>세</u> 돈이면 얼마나 합니까?

[해설]
① 수컷을 이르는 접두사는 '수-'로 통일함. 단, '양, 염소, 쥐'만 '숫-'으로 표기함.
② → '사돈'. 어원 의식이 강하게 작용하는 '사돈, 삼촌, 부조'는 양성 모음 형태를 표준어로 삼음.
③ → '뺨따귀'. '뺨'의 비속어. '뺨따구, 뺨따구니' 등은 비표준어임.
④ → '깍쟁이'. '얄미운 사람'의 의미. cf) 도토리, 상수리 등의 받침은 '깍정이'임.
⑤ → '서'. 의존 명사 '돈' 앞에서 수관형사 '세/네'는 '서/너'로 표기함.

[정답] 1

문 2. 다음 밑줄 친 단어 중, 표준어로 적절하지 <u>않은</u> 것은?

① <u>담쟁이</u> 덩굴이 무성하다.
② 잔디밭에 들어가지 <u>말아라</u>.
③ 도서관 <u>윗쪽</u>에 공원이 있다.
④ 이 집의 <u>총각무</u> 맛이 아주 좋다.
⑤ 그를 혼자 보내기가 다소 <u>꺼림칙하다</u>.

[해설]
① 기술장이 이외에는 '-쟁이'를 붙임.
② 'ㄹ' 탈락의 '마/마라/마요'와 그렇지 않은 '말아/말아라/말아요'는 복수 표준어임.
③ → '위쪽'. 된소리, 거센소리 앞에서는 접두사 '위'가 결합함.
④ 1음절의 '무'가 표준어임.
⑤ '꺼림칙하다'가 원래 표준어이고, '꺼림직하다'는 추가된 표준어임.

[정답] 3

문 1. 다음 밑줄 친 부분이 표준어로 가장 적절한 것은?

① 차선 <u>끼여들기</u>는 잘못이다.
② 길에 <u>담배꽁추</u>가 버려져 있다.
③ <u>우뢰</u>와 같은 박수 소리가 들렸다.
④ <u>먹거리</u>를 소개하는 프로그램이 인기이다.
⑤ 궁금한 점이 있으면 부모님에게 <u>여쭢어</u> 보아라.

[해설]

① → '끼어들기'. 차가 옆 차선에 무리하게 비집고 들어서는 일의 표준어는 '끼어들기'임.

② → '담배꽁초'. '담배꼬투리, 담배꽁추, 담배꽁치'는 비표준어임.

③ → '우레'. 한자음 '우뢰(雨雷)'로 보아, 한자어로 착각하는 경우가 있는데, '우레'는 고유어임.

④ '먹거리'는 비통사적(非統辭的) 구조의 표준어임. 원래 '먹을거리'가 통사적 구조의 표준어임.

⑤ → '여쭤워'. '여쭙다–여쭤워/여쭈다–여쭈어' 모두 표준어임.

[정답] 4

문 2. 다음 밑줄 친 표준어의 복수 표준어로 적절하지 <u>않은</u> 것은?

① '<u>여태</u>' 그것밖에 못 했니? → 여직
② '<u>오른쪽</u>'에 도서관 건물이 있어. → 오른편
③ 그가 오늘 생일이어서 '<u>한턱내다</u>'. → 한턱하다
④ 요즘 좋은 일이 '<u>잇달아</u>' 일어나고 있다. → 연달아
⑤ 그 어린이는 여간 '<u>심술쟁이</u>'가 아니야. → 심술꾸러기

[해설]

① → '입때'. '여직'은 비표준어임.

② '쪽'의 복수 표준어는 '편'.

③ '한턱내다'와 '한턱하다'는 복수 표준어임.

④ '잇달다'와 '연달다'는 복수 표준어임.

⑤ '심술쟁이'와 '심술꾸러기'는 복수 표준어임.

[정답] 1

문 1. 다음 밑줄 친 부분의 표준 발음으로 적절한 것은?

① 외가[웨:가]를 방문했다.
② 크게 다쳐[다처] 병원에 갔다.
③ 15세기의 계집[개:집]은 평어였다.
④ 오직 서쪽만이 들판으로 틔어[틔:어] 있었다.
⑤ 게양대[계:양대]의 국기가 바람에 펄럭거린다.

[해설]

① 'ㅚ'는 단모음과 이중 모음 둘 다 발음이 가능. [외 : 가], [웨 : 가] 모두 표준 발음임.

② → [다처]. 용언의 활용형에 나타나는 '쳐'는 [처]로 발음함.

③ → [계 : 집], [게 : 집]이 표준 발음임.

④ → [티 : 어]가 표준 발음임.

⑤ → [게 : 양대]가 표준 발음임.

[정답] 1

문 2. 다음 밑줄 친 부분의 표준 발음으로 가장 적절하지 <u>않은</u> 것은?

① 그는 손목에 시계[시계/시게]를 차고 있다.
② 사람은 예절[예절/에절]을 잘 지켜야 한다.
③ 여름철의 보양식으로 삼계탕[삼계탕/삼게탕]이다.
④ 친구와의 신의[시:늬/시니]를 지키는 것이 중요하다.
⑤ 대한민국은 민주주의[민주주의/민주주이]를 기본으로 한다.

[해설]

① [시계]가 원칙, [시게] 허용함.

② → [예절]. '예, 례' 이외의 'ㅖ'는 [ㅔ]로도 발음함.

③ [삼계탕]이 원칙, [삼게탕] 허용함.

④ [시 : 늬]가 원칙, [시 : 니] 허용함.

⑤ [민주주의]가 원칙, [민주주이] 허용함.

[정답] 2

문 1. 다음 밑줄 친 부분의 표준 발음으로 가장 적절한 것은?

① 맛있는 굴[굴] - 깊은 굴(窟)[굴:]
② 죄 벌(罰)[벌:] - 꿀벌 벌(蜂)[벌]
③ 아버지 부(父)[부:] - 부유할 부(富)[부]
④ 용기의 병(瓶)[병:] - 질병의 병(病)[병]
⑤ 신체의 손((手)[손] - 손주의 손(孫)[손]

[해설]

① 굴[굴](굴과의 연체동물) / 굴[굴 :](깊숙이 패여 들어간 곳).
② → 죄 벌(罰)[벌] – 꿀벌 벌(蜂)[벌 :]
③ → 아버지 부(父)[부] – 부유할 부(富)[부 :]
④ → 용기의 병(瓶)[병] – 질병의 병(病)[병 :]
⑤ → 신체의 손(手)[손] – 손주의 손(孫)[손 :]

[정답] 1

문 2. 다음 밑줄 친 부분의 표준 발음으로 적절하지 않은 것은?

① 고기를 굽다[굽:다].
② 일[일:] 년 동안 고생했다.
③ 밤나무[밤:나무]를 많이 심었다.
④ 선생님과의 대화로 걱정을 없애다[업:쌔다].
⑤ 여유가 있으면 며칠만 돈 좀 꿔[꿔:] 줄 수 있어?

[해설]

① 굽다(炙)[굽 : 따] – 굽다(屈)[굽따]
② → 일(一)[일]. cf) 일(事)[일 :]
③ '밤(밤나무의 열매)'은 [밤 :]. cf) 군밤[군밤] – 2음절에서는 단음.
④ 표준 발음법 제7항(2)의 예외 단어. 없애다[업 : 쌔다].
⑤ 용언의 단음절 어간에 '-아/-어'가 결합해 한 음절로 축약되면 장음 발음. 단, '오아[와], 지어[져]' 등은 예외.

[정답] 2

문 1. 다음 밑줄 친 부분의 표준 발음으로 가장 적절한 것은?

① 부모님 볼 낯이[나시] 없다.
② 그릇 입구가 넓둥글다[널뚱글다].
③ 쥐가 고양이에게 먹히다[머키다].
④ 그녀는 나이가 들어도 늙지[늘찌] 않는다.
⑤ 옛날 선인들인 시조를 읊고[을꼬] 살았다.

[해설]

① → [나치]. 모음의 조사 앞에서 홑받침(ㅊ)은 뒤 음절 첫소리로 옮겨 발음함.
② → [넙뚱글다]. 겹받침 'ㄼ'은 '밟다[밥 : 따]', '넓죽하다[넙쭈카다]', '넓둥글다[넙뚱글다]'는 예외적으로 [ㅂ]으로 발음함.
③ 받침 'ㄱ'이 뒤 음절 첫소리 'ㅎ'과 결합하면 거센소리 [ㅋ]으로 발음함.
④ → [늑찌]. 겹받침 'ㄺ'은 자음 앞에서 [ㄱ]으로 발음함.
⑤ → [읍꼬]. 겹받침 'ㄿ'은 어말 또는 자음 앞에서 [ㅂ]으로 발음함.

[정답] 3

문 2. 다음 밑줄 친 부분의 표준 발음으로 적절하지 않은 것은?

① 음식이 맛있다[마싣따].
② 길에 눈이 쌓이다[싸히다].
③ 선물로 꽃 한송이[꼬탄송이]를 샀다.
④ 이 물건은 상당히 값어치[가버치]가 있다.
⑤ 나는 받침 디귿이[디그시] 발음하기 어려워.

[해설]

① [마싣따]와 [마싣따] 모두 표준 발음으로 허용함.
② → [싸이다]. 'ㅎ' 뒤에 모음 어미나 접미사가 결합되는 경우에는, 'ㅎ'을 발음하지 않음.
③ 'ㄷ'으로 발음되는 'ㅊ' 뒤에 'ㅎ'이 올 경우, 합쳐서 [ㅌ]으로 발음함.
④ 겹받침의 뒤에 모음의 실질 형태소가 결합할 경우, 겹받침 중 하나만을 옮겨 발음함.
⑤ 자모 'ㄷ'의 받침소리의 연음은 특별한 경우에 해당하여 [디그시]로 발음함.

[정답] 2

문 1. 다음 밑줄 친 부분의 표준 발음으로 가장 적절한 것은?

① 연필 잡는[자븐] 모양이 어색하다.
② 드디어 꽃망울[꼰망울]을 떠뜨렸다.
③ 어머니는 집안의 맏며느리[만며느리]이시다.
④ 지난 방학에 남원의 광한루[광한누]를 다녀왔다.
⑤ 아무리 바쁘더라도 횡단로[횡단로]로 길을 건너라.

[해설]
① → [잠는]. 받침 'ㅂ'이 뒤의 비음 'ㄴ'의 영향을 받아 비음 'ㅁ'으로 발음함.
② → [꼰망울]. 대표음 법칙에 의해 [꼰+망울]이 비음화에 의해 [꼰망울]로 발음함.
③ 받침 'ㄷ'이 비음 'ㄴ'의 영향을 받아 비음 'ㄴ'으로 바뀌어 [만며느리]로 발음함.
④ → [광할루]. 'ㄴ+ㄹ'의 유음화 환경에 의해 [ㄹㄹ]로 발음해야 함.
⑤ → [횡단노]. 유음화의 예외 적용을 받는 단어로 'ㄴ+ㄹ'을 [ㄴㄴ]으로 발음함.

[정답] 3

문 2. 다음 표준 발음에 대한 설명으로 적절하지 않은 것은?

① '닳는'의 표준 발음은 [달른]이다.
② '밟는'과 '읊는'의 받침 발음이 다르다.
③ '신라'와 '칼날'의 발음 양상이 동일하다.
④ '앞마당'과 '핥네'에서는 두 번의 발음 변화가 일어난다.
⑤ '흙만'은 음절 끝소리 법칙과 비음화에 의해 [흥만]으로 발음한다.

[해설]
① 자음 어미 앞의 '닳'은 대표음 [달]로 발음되어 [달는]이 된 후, 유음화에 따라 [달른]이 됨.
② → '밟는[밥는→밤는]', '읊는[읍는→음는]'이 되어 받침 발음이 일치함.
③ '신라[실라]'와 '칼날[칼랄]'은 유음화에 의한 [ㄹㄹ] 발음으로 그 양상이 동일함.
④ '앞바당'은 [압마당→암마당], '핥네'는 [할네→할레]로 각각 두 번의 발음 변화가 일어남.
⑤ '흙만'은 먼저 대표음 법칙에 따라 '흑'이 되고 조사 '만'과 만나면 비음화에 의해 [흥만]이 됨.

[정답] 2

문 1. 다음 밑줄 친 부분의 표준 발음으로 가장 적절한 것은?

① 닭장[닥짱]에 들어가다.
② 오늘 점심은 김밥[김:밥]이다.
③ 공부를 할수록[할수록] 힘들다.
④ 이 감은 떫지[떨:지] 않으니 먹어도 돼.
⑤ 인간의 물질[물질]의 굴레에서 벗어나야 돼.

[해설]
① → [닥짱]. 받침 'ㄹ' 뒤에 연결되는 'ㄱ'은 된소리로 발음함.
② '김밥'은 [김:밥]과 [김:빱]의 발음을 표준 발음으로 인정함.
③ → [할쑤록]. 관형사형 '-(으)ㄹ' 뒤에 연결되는 'ㄱ, ㄷ, ㅂ, ㅅ, ㅈ'은 된소리로 발음함.
④ → [떨:찌]. 어간 받침 'ㄼ, ㄾ' 뒤에 결합되는 어미의 첫소리 'ㄱ, ㄷ, ㅅ, ㅈ'은 된소리로 발음함.
⑤ → [물찔]. 한자어에서, 'ㄹ' 받침 뒤에 연결되는 'ㄷ, ㅅ, ㅈ'은 된소리로 발음함.

[정답] 2

문 2. 다음 표준 발음에 대한 설명으로 적절하지 <u>않은</u> 것은?

① 그는 딸을 껴안다[껴안따].
② 갑자기[갑짜기] 비가 내린다.
③ 다리에 밧줄이 감기다[감끼다].
④ 바람결[바람결]에 머리가 날리다.
⑤ 만날 사람[만날싸람]이 있으니 따라 와.

[해설]
① 어간 받침 'ㄴ(ㄵ)' 뒤에 결합되는 어미의 첫소리 'ㄱ, ㄷ, ㅅ, ㅈ'은 된소리로 발음하기에, [껴안따]로 발음함.
② 받침 'ㅂ(ㅍ, ㄼ, ㄿ, ㅄ)' 뒤에 연결되는 'ㄱ, ㄷ, ㅂ, ㅅ, ㅈ'은 된소리로 발음하기에, [갑짜기]로 발음함.
③ → [감기다]. 어간 받침 'ㄴ(ㄵ), ㅁ(ㄻ)' 뒤에 결합하는 피, 사동의 접미사 '-기-'는 된소리로 발음하지 않음.
④ 관형격 기능의 사이시옷이 있어야 할(휴지가 성립) 합성어의 뒤 첫소리 'ㄱ, ㄷ, ㅂ, ㅅ, ㅈ'을 된소리로 발음함.
⑤ 관형사형 '-(으)ㄹ' 뒤에 연결되는 'ㄱ, ㄷ, ㅂ, ㅅ, ㅈ'은 된소리로 발음하기에 [만날싸람]으로 발음함.

[정답] 3

문 1. <보기>의 과정으로, 표준 발음이 인정되는 예로 가장 적절한 것은?

막일 → [막닐] → [망닐]

① 국물[궁물]
② 검열[검:녈/거:멸]
③ 솜이불[솜:니불]
④ 색연필[생년필]
⑤ 홑이불[혼니불]

[해설]
① → [궁물]은 비음화에 의한 표준 발음만 나타남.
② → [검:녈/거:멸]은 'ㄴ' 첨가에 의한 발음과 연음에 의한 발음 두 가지가 나타남.
③ → [솜:니불]은 'ㄴ' 첨가에 의한 표준 발음만 나타남.
④ '색연필'은 'ㄴ' 첨가([색+년필])와 비음화([생년필])가 실현되어, <보기>의 '막일'과 동일한 발음 과정이 나타남.
⑤ → [혼니불]은 음절 말 끝소리 법칙과 'ㄴ' 첨가 그리고 비음화 현상이 일어남.

[정답] 4

문 2. <보기>의 과정으로, 표준 발음이 인정되는 예로 적절하지 않은 것은?

들일 → [들:닐] → [들:릴]

① 솔잎[솔립]
② 물약[물략]
③ 선릉[설릉]
④ 서울역[서울력]
⑤ 불여우[불려우]

[해설]
① → '솔잎'은 'ㄴ' 첨가의 [솔닙]을 거쳐 유음화에 의해 [솔립]으로 발음됨.
② → '물약'은 'ㄴ' 첨가의 [물냑]을 거쳐 유음화에 의해 [물략]으로 발음됨.
③ '선릉'는 유음화에 의한 [설릉]으로 발음된다. 'ㄴ'음이 첨가되는 환경('이, 야, 여, 요, 유')을 만족하지 않음.
④ → '서울역'은 'ㄴ' 첨가의 [서울녁]을 거쳐 유음화에 의해 [서울력]으로 발음됨.
⑤ → '불여우'는 'ㄴ' 첨가의 [불녀우]를 거쳐 유음화에 의해 [불려우]로 발음됨.

[정답] 3

문 1. 다음 중, 외래어 표기법으로 가장 적절한 것은?

① <u>후라이팬</u>에 기름을 두르다.
② 내일 학교 <u>커피숖</u>에서 만나자.
③ 전시장에서 안마 <u>써비스</u>를 받다.
④ 핫도그에 토마토 <u>케챂</u>을 발라 먹었다.
⑤ 먹다 남은 음식은 <u>랩</u>에 싸서 냉장고에 넣어라.

[해설]

① → 'frypan'의 발음은 [fraipæn]이다. 외래어 표기법의 [f]는 'ㅍ'에 대응하기에 '프라이팬'으로 표기함.
② → 'coffee shop'은 '커피숍'으로 표기한다. 외래어의 받침에는 'ㅍ'을 쓰지 않고 'ㅂ'을 사용함.
③ → 외래어의 파열음 표기에는 된소리를 사용하지 않기에 '서비스'로 표기함.
④ → 'ketchup'의 발음 [ketʃəp]을 외래어로 표기하면, 'k:ㅋ, e:ㅔ, tʃ:ㅊ, ə:어, p:ㅂ'에 대응하여 '케첩'이 됨.
⑤ 'wrap[ræp]'은 '랩으로 표기한다. 이를 '랲'으로 잘못 쓰는 경우가 있는데, 외래어의 받침 자음에 유의해야 함.

[정답] 5

문 2. 다음 중, 외래어 표기법으로 적절하지 <u>않은</u> 것은?

① 내일 버스 <u>터미널</u>로 오세요.
② 재미있는 <u>콩트</u>를 보며 웃는다.
③ 파리는 맛있는 <u>바게트</u>로 유명하다.
④ 부족한 학점으로 <u>써머 스쿨</u>을 신청했다.
⑤ 그의 <u>아틀리에</u>는 많은 작품이 전시되어 있다.

[해설]

① 외래어 'terminal'의 표기는 '터미널'로, 철자 그대로 '터미날'로 표기할 수 없음.
② 프랑스어 'conte'는 된소리 대신 거센소리를 사용해서 '콩트'라고 표기한다. '꽁트'는 잘못임.
③ 프랑스어 'baguette'는 '바게뜨'가 아닌 '바게트'로 표기함.
④ → 'summer school'의 외래어 표기는 '서머스쿨'로, 된소리를 사용하지 않기에 '써머스쿨'로 표기할 수 없음.
⑤ 프랑스어 'atelie'는 된소리 대신 거센소리를 사용해서 '아틀리에'라고 표기한다. '아뜰리에'는 잘못임.

[정답] 4

문 1. 다음 중, 외래어 표기법으로 가장 적절한 것은?

① <u>스켓치북</u>에 그림을 그리다.
② <u>벤취</u>에 앉아 휴식을 취하다.
③ 그는 <u>플루트</u> 연주자로 유명하다.
④ 시험을 볼 때 <u>컨닝</u>을 해서는 안 돼.
⑤ 연말에는 상점마다 크리스마스 <u>캐롤</u>이 흘러 나와.

[해설]
① → 'sketchbook[sketʃbʊk]'의 올바른 외래어 표기는 '스케치북'이다. 자음 앞의 파찰음 [tʃ]는 '치'로 표기함.
② → 'bench[bentʃ]'는 '벤취'가 아닌 '벤치'로 표기함. 어말의 파찰음 [tʃ]는 '치'로 표기함.
③ 'flute[fluːt]'의 경우 어말의 't'는 긴 모음 뒤에 놓여 '으'를 붙여 받침으로 표기함.
④ → 'cunning[kʌniŋ]'은 '커'[kʌ], '닝'[niŋ]에 해당되어 '커닝'으로 표기함.
⑤ → 'carol[kærəl]'은 '캐'[kæ], '럴'[rəl]로, '캐롤'이 아니라, '캐럴'로 표기함.

[정답] 3

문 2. 다음 중, 외래어 표기법으로 적절하지 <u>않은</u> 것은?

① 영화관에서 <u>스넥</u>을 먹다.
② 그녀는 유명한 <u>탤런트</u>가 출연하다.
③ 탁상 <u>캘린더</u>에 회의 날짜를 기록하다.
④ 그는 자신의 외모에 <u>콤플렉스</u>를 가지고 있다.
⑤ 날씨가 쌀쌀해져서 <u>카디건</u>을 가지고 외출을 했다.

[해설]
① → 'snack[snæk]'의 [æ]이 한글의 'ㅐ'에 해당하기에 '스낵'으로 표기함.
② 'talent[tælənt]'의 바른 외래어 표기는 '탤런트'로, '탤렌트'에 해당하는 국제 음성 기호[a/ɛ]가 나타나지 않음.
③ 'calender'의 발음 [kæləndə]는 '캘런더'이지만 관용을 존중해서 둘째 음절을 '린'으로 표기함. '캘린더'가 옳음.
④ 'com[kɔm-]'의 발음에 따라 '컴'으로 표기할 수 없음. [ɔ]에 해당하는 '오'를 사용한 '콤플렉스'가 바른 표기임.
⑤ 'cardigan[káːdigən]'의 발음에 따라 바른 외래어 표기는 '카디건'임.

[정답] 1

문 1. 다음 중, 외래어 표기법으로 가장 적절한 것은?

① 고호의 전시회에 가다.
② 모짜르트 교향곡을 연주하다.
③ 콜럼버스는 신대륙을 발견한 탐험가이다.
④ 세익스피어는 잉글랜드의 시인이자 극작가이다.
⑤ 호치민은 베트남의 혁명가이자 독립 운동가이다.

[해설]

① → 'Gogh, Vincent Van'의 바른 외래어 표기는 '고흐, 빈센트 반'임.
② → 'Mozart'의 바른 외래어 표기는 '모차르트'임.
③ 'Columbus'의 올바른 표기는 '콜럼버스'로, '콜롬버스'가 아님에 주의.
④ → 'Shakespeare'의 바른 외래어 표기는 '셰익스피어'임.
⑤ → 'Ho Chi Minh'의 바른 표기는 '호찌민'임. * 태국어/베트남어에 표기에 한정해 된소리를 허용함.

[정답] 3

문 2. 다음 중, 외래어 표기법으로 적절하지 않은 것은?

① 중국 하얼빈 얼음 축제를 즐기다.
② 태국 푸껫에서 여름 휴가를 보내다.
③ 수많은 영화들이 헐리우드에서 제작된다.
④ 이 책은 미국 로스앤젤레스의 여행기이다.
⑤ 천년 고도 교토에서 일본의 역사와 문화를 만나다.

[해설]

① '哈爾濱'(Hā'ěrbīn : Hārbīn)의 바른 표기는 '하얼빈'임.
② 'Phuket'의 바른 표기는 '푸껫'임. '타이어 표기법'(된소리 허용)에 따름.
③ → 'Hollywood'의 바른 표기는 '할리우드'임. '헐리우드'는 비표준어임.
④ 'Los Angeles'의 바른 표기는 '로스앤젤레스'임.
⑤ 'Kyôto'(경도(京都))의 바른 표기는 '교토'임.

[정답] 3

문 1. 다음 중, 밑줄 친 부분의 로마자 표기법으로 가장 적절한 것은?

낚시를 가서 큰 고기를 낚아라.

① naksi - nakkara
② naksi - nagara
③ nakssi - naggara
④ nakkssi - nakara
⑤ nakkssi - nakkara

[해설]
① '낚시[낙씨]'는 'naksi', '낚아라[나까라]'는 'nakkara'임. 된소리 받침은 반영하지 않고, 모음 앞의 된소리는 표기함.
② → '낚아라[나까라]'의 표기 'nagara'의 로마자 표기는 'nakkara'임.
③ → '낚시'의 표기 'nakssi'는 'naksi'로, '낚아라[나까라]'의 표기 'naggara'는 'nakkara'임.
④ → '낚시'의 표기 'nakkssi'는 'naksi'로, '낚아라[나까라]'의 표기 'nakara'는 'nakkara'임.
⑤ → '낚시'의 표기 'nakkssi'는 'naksi'임.

[정답] 1

문 2. 다음 중, 로마자 표기법으로 적절하지 않은 것은?

① 경주는 신라[Silla]의 수도였다.
② 한국의 김치[gimchi] 맛이 좋다.
③ 한국의 국기는 태권도[taegwondo]이다.
④ 종로[Jongno]의 파고다 공원에는 노인들이 많다.
⑤ 제주도를 가기 위해 김포[Kimpo] 공항으로 갔다.

[해설]
① '신라'의 표준 발음 [실라]에 대한 로마자 표기는 'Silla'임.
② '김치'의 로마자 표기는 'gimchi'가 원칙임, 다만 제품명으로 이미 쓰이거나 기타 필요한 경우 'kimchi'도 허용함.
③ '태권도'의 로마자 표기는 'taegwondo'로 써야 함. 다만 이미 사용해 오고 있는 경우 'taekwondo'도 허용함.
④ '종로'의 표준 발음 [종노]의 로마자 표기는 'Jongno'임.
⑤ → '김포'는 어두의 'ㄱ'이 로마자 'G'에 해당하기에 'Gimpo'로 표기해야 함.

[정답] 5

문 1. <보기>의 로마자 표기법에 대한 설명으로 가장 적절한 것은?

낙동강: Nakdonggang / 경복궁: Gyeongbokgung

① 반모음 'i'는 'y'로 표기한다.　② 된소리되기 현상을 표기한다.
③ 어말 'ㄱ'은 'g/k'로 표기한다.　④ 모음 앞의 'ㄱ'은 'g'로 표기한다.
⑤ 모음 앞의 'ㄷ'은 't'로 표기한다.

[해설]
① → 이중 모음 'ㅕ'의 로마자가 'yeo'이므로 반모음 'i'는 'y'임을 알 수 있음. = 반모음 'ㅣ' + 모음 'ㅓ'.
② → 된소리를 같은 자음(kk 등)으로 표기하는 것은 맞지만, <보기>에서는 된소리 로마자 표기가 반영되지 않음.
③ → 어말 'ㄱ'은 '낙', '복'에서 모두 동일한 로마자 'k'로 표기하고 있음.
④ '강', '경', '궁'의 모음 앞에 'ㄱ'에 대한 로마자 표기는 모두 'g'로 나타고 있음.
⑤ → '동'의 모음 앞의 'ㄷ'에 대한 로마자는 'd'로 나타남. 자음 앞이나 어말의 'ㄷ'은 로마자 't'로 표기함.

[정답] 4

문 2. 다음 중, 로마자 표기법으로 적절하지 <u>않은</u> 것은?

① 울릉[Ulleung]에는 많은 눈이 내렸다.
② 경기도 광주[Gwangju]에 볼 일이 있다.
③ 청량리[Cheongnyangri]에서 기차를 타다.
④ 지리산의 화엄사[Hwaeomsa]는 유명한 사찰이다.
⑤ 세종은 집현전[Jiphyeonjeon]에서 한글을 창제하셨다.

[해설]
① [ㄹㄹ]은 로마자 'll', 모음 'ㅡ'는 'eu'로 표기하기에 '울릉[Ulleung]'은 바른 표기임.
② 모음 앞의 'ㄱ'은 로마자 'g'에 대응함. 그리고 고유 명사인 관계로 대문자 'G'를 사용한 바른 표기임.
③ → 발음 '청량리[청량니]'에 따라 'Cheongnyangni'가 바른 표기. 행정 구역 명의 '리'만 'ri'로 표기함.
④ '화엄사'의 로마자 표기로 'Hwaeomsa'가 타당함. 특히 모음 'ㅓ'의 로마자 'eo'에 주의해야 함.
⑤ '집현전[지편전]'의 로마자 표기 'Jiphyeonjeon'에는 체언의 거센소리 'ㅎ'을 표기한다는 점에 주의해야 함.

[정답] 3

- 모의 평가 정답 -

(1) 한글 맞춤법

- 문1 ⑤
- 문2 ②
- 문3 ④
- 문4 ④
- 문5 ⑤
- 문6 ①
- 문7 ③
- 문8 ④
- 문9 ①
- 문10 ③
- 문11 ①
- 문12 ②
- 문13 ④
- 문14 ②
- 문15 ③
- 문16 ⑤
- 문17 ③
- 문18 ④
- 문19 ⑤
- 문20 ②
- 문21 ⑤
- 문22 ③
- 문23 ②
- 문24 ① / ⑤

(2) 표준어 / 표준 발음법

- 문1 ⑤
- 문2 ②
- 문3 ④
- 문4 ④
- 문5 ③
- 문6 ①
- 문7 ③
- 문8 ②
- 문9 ①
- 문10 ②
- 문11 ③
- 문12 ⑤
- 문13 ②
- 문14 ⑤
- 문15 ④
- 문16 ②
- 문17 ③
- 문18 ④
- 문19 ⑤
- 문20 ②
- 문21 ⑤
- 문22 ②
- 문23 ④
- 문24 ② / ④

(3) 외래어 / 로마자 표기법

- 문1 ④
- 문2 ①
- 문3 ②
- 문4 ⑤
- 문5 ③
- 문6 ②
- 문7 ③
- 문8 ②
- 문9 ②
- 문10 ⑤
- 문11 ④
- 문12 ④
- 문13 ①
- 문14 ④
- 문15 ②
- 문16 ④
- 문17 ①
- 문18 ②
- 문19 ③
- 문20 ③ / ④

- 한글 맞춤법 -

제1장 총 칙

제 1 항 한글 맞춤법은 표준어를 소리대로 적되, 어법에 맞도록 함을 원칙으로 한다.
제 2 항 문장의 각 단어는 띄어 씀을 원칙으로 한다.
제 3 항 외래어는 '외래어 표기법'에 따라 적는다.

제2장 자 모

제 4 항 한글 자모의 수는 스물넉 자로 하고, 그 순서와 이름은 다음과 같이 정한다.

ㄱ(기역)	ㄴ(니은)	ㄷ(디귿)	ㄹ(리을)	ㅁ(미음)
ㅂ(비읍)	ㅅ(시옷)	ㅇ(이응)	ㅈ(지읒)	ㅊ(치읓)
ㅋ(키읔)	ㅌ(티읕)	ㅍ(피읖)	ㅎ(히읗)	
ㅏ(아)	ㅑ(야)	ㅓ(어)	ㅕ(여)	ㅗ(오)
ㅛ(요)	ㅜ(우)	ㅠ(유)	ㅡ(으)	ㅣ(이)

[붙임 1] 위의 자모로써 적을 수 없는 소리는 두 개 이상의 자모를 어울러서 적되, 그 순서와 이름은 다음과 같이 정한다.

ㄲ(쌍기역)	ㄸ(쌍디귿)	ㅃ(쌍비읍)	ㅆ(쌍시옷)	ㅉ(쌍지읒)
ㅐ(애)	ㅒ(얘)	ㅔ(에)	ㅖ(예)	ㅘ(와)
ㅙ(왜)	ㅚ(외)	ㅝ(워)	ㅞ(웨)	ㅟ(위)
ㅢ(의)				

[붙임 2] 사전에 올릴 적의 자모 순서는 다음과 같이 정한다.

자음 ㄱ ㄲ ㄴ ㄷ ㄸ ㄹ ㅁ ㅂ ㅃ ㅅ ㅆ ㅇ ㅈ ㅉ
      ㅊ ㅋ ㅌ ㅍ ㅎ
모음 ㅏ ㅐ ㅑ ㅒ ㅓ ㅔ ㅕ ㅖ ㅗ ㅘ ㅙ ㅚ ㅛ ㅜ
      ㅝ ㅞ ㅟ ㅠ ㅡ ㅢ ㅣ

제3장 소리에 관한 것

제1절 된소리

제 5 항 한 단어 안에서 뚜렷한 까닭 없이 나는 된소리는 다음 음절의 첫소리를 된소리로 적는다.

   1. 두 모음 사이에서 나는 된소리

      소쩍새   어깨   오빠   으뜸   아끼다   기쁘다   깨끗하다
      어떠하다   해쓱하다   가끔   거꾸로   부썩   어찌   이따금

   2. 'ㄴ, ㄹ, ㅁ, ㅇ' 받침 뒤에서 나는 된소리

      산뜻하다   잔뜩   살짝   훨씬   담뿍   움찔   몽땅
      엉뚱하다

   다만, 'ㄱ, ㅂ' 받침 뒤에서 나는 된소리는, 같은 음절이나 비슷한 음절이 겹쳐나는 경우가 아니면 된소리로 적지 아니한다.

      국수   깍두기   딱지   색시   싹둑(~싹둑)   법석   갑자기   몹시

제2절 구개음화

제 6 항 'ㄷ, ㅌ' 받침 뒤에 종속적 관계를 가진 '-이(-)'나 '-히-'가 올 적에는 그 'ㄷ, ㅌ'이 'ㅈ, ㅊ'으로 소리 나더라도 'ㄷ, ㅌ'으로 적는다. (ㄱ을 취하고, ㄴ을 버림.)

ㄱ	ㄴ	ㄱ	ㄴ
맏이	마지	핥이다	할치다
해돋이	해도지	걷히다	거치다
굳이	구지	닫히다	다치다
같이	가치	묻히다	무치다
끝이	끄치		

제3절 'ㄷ' 소리 받침

제 7 항 'ㄷ' 소리로 나는 받침 중에서 'ㄷ'으로 적을 근거가 없는 것은 'ㅅ'으로 적는다.

      덧저고리   돗자리   엇셈   웃어른   핫옷   무릇   사뭇   얼핏   자칫하면
      뭇[衆]   옛   첫   헛

제4절 모음

제 8 항 '계, 례, 몌, 폐, 혜'의 'ㅖ'는 'ㅔ'로 소리 나는 경우가 있더라도 'ㅖ'로 적는다. (ㄱ을 취하고, ㄴ을 버림.)

ㄱ	ㄴ	ㄱ	ㄴ
계수(桂樹)	게수	연몌(連袂)	연메
사례(謝禮)	사레	폐품(廢品)	페품
혜택(惠澤)	헤택	핑계	핑게
계집	게집	계시다	게시다

다만, 다음 말은 본음대로 적는다.

게송(偈頌)   게시판(揭示板)   휴게실(休憩室)

제 9 항 '의'나, 자음을 첫소리로 가지고 있는 음절의 'ㅢ'는 'ㅣ'로 소리 나는 경우가 있더라도 'ㅢ'로 적는다. (ㄱ을 취하고, ㄴ을 버림.)

ㄱ	ㄴ	ㄱ	ㄴ
의의(意義)	의이	닁큼	닝큼
본의(本義)	본이	띄어쓰기	띠어쓰기
무늬[紋]	무니	씌어	씨어
보늬	보니	틔어	티어
오늬	오니	희망(希望)	히망
하늬바람	하니바람	희다	히다
늴리리	닐리리	유희(遊戲)	유히

제5절 두음 법칙

제 10 항 한자음 '녀, 뇨, 뉴, 니'가 단어 첫머리에 올 적에는, 두음 법칙에 따라 '여, 요, 유, 이'로 적는다. (ㄱ을 취하고, ㄴ을 버림.)

ㄱ	ㄴ	ㄱ	ㄴ
여자(女子)	녀자	유대(紐帶)	뉴대
연세(年歲)	년세	이토(泥土)	니토
요소(尿素)	뇨소	익명(匿名)	닉명

다만, 다음과 같은 의존 명사에서는 '냐, 녀' 음을 인정한다.

냥(兩)   냥쭝(兩-)   년(年)(몇 년)

[붙임 1] 단어의 첫머리 이외의 경우에는 본음대로 적는다.
　　　　남녀(男女)　　　당뇨(糖尿)　　　결뉴(結紐)　　　은닉(隱匿)

[붙임 2] 접두사처럼 쓰이는 한자가 붙어서 된 말이나 합성어에서, 뒷말의 첫소리가 'ㄴ' 소리로 나더라도 두음 법칙에 따라 적는다.
　　　　신여성(新女性)　　　공염불(空念佛)　　　남존여비(男尊女卑)

[붙임 3] 둘 이상의 단어로 이루어진 고유 명사를 붙여 쓰는 경우에도 붙임 2에 준하여 적는다.
　　　　한국여자대학　　　대한요소비료회사

제 11 항　한자음 '랴, 려, 례, 료, 류, 리'가 단어의 첫머리에 올 적에는, 두음 법칙에 따라 '야, 여, 예, 요, 유, 이'로 적는다. (ㄱ을 취하고, ㄴ을 버림.)

ㄱ	ㄴ	ㄱ	ㄴ
양심(良心)	량심	용궁(龍宮)	룡궁
역사(歷史)	력사	유행(流行)	류행
예의(禮義)	례의	이발(理髮)	리발

다만, 다음과 같은 의존 명사는 본음대로 적는다.
리(理): 몇 리냐?
리[理]: 그럴 리가 없다.

[붙임 1] 단어의 첫머리 이외의 경우에는 본음대로 적는다.

개량(改良)	선량(善良)	수력(水力)	협력(協力)
사례(謝禮)	혼례(婚禮)	와룡(臥龍)	쌍룡(雙龍)
하류(下流)	급류(急流)	도리(道理)	진리(眞理)

다만, 모음이나 'ㄴ' 받침 뒤에 이어지는 '렬, 률'은 '열, 율'로 적는다. (ㄱ을 취하고, ㄴ을 버림.)

ㄱ	ㄴ	ㄱ	ㄴ
나열(羅列)	나렬	분열(分裂)	분렬
치열(齒列)	치렬	선열(先烈)	선렬
비열(卑劣)	비렬	진열(陣列)	진렬
규율(規律)	규률	선율(旋律)	선률
비율(比率)	비률	전율(戰慄)	전률
실패율(失敗率)	실패률	백분율(百分率)	백분률

[붙임 2] 외자로 된 이름을 성에 붙여 쓸 경우에도 본음대로 적을 수 있다.
   신립(申砬)   최린(崔麟)   채륜(蔡倫)   하륜(河崙)

[붙임 3] 준말에서 본음으로 소리 나는 것은 본음대로 적는다.
   국련(국제 연합)   한시련(한국 시각 장애인 연합회)

[붙임 4] 접두사처럼 쓰이는 한자가 붙어서 된 말이나 합성어에서, 뒷말의 첫소리가 'ㄴ' 또는 'ㄹ' 소리로 나더라도 두음 법칙에 따라 적는다.
   역이용(逆利用)   연이율(年利率)   열역학(熱力學)
   해외여행(海外旅行)

[붙임 5] 둘 이상의 단어로 이루어진 고유 명사를 붙여 쓰는 경우나 십진법에 따라 쓰는 수(數)도 붙임 4에 준하여 적는다.
   서울여관   신흥이발관   육천육백육십육(六千六百六十六)

제 12 항 한자음 '라, 래, 로, 뢰, 루, 르'가 단어의 첫머리에 올 적에는, 두음 법칙에 따라 '나, 내, 노, 뇌, 누, 느'로 적는다. (ㄱ을 취하고, ㄴ을 버림.)

ㄱ	ㄴ	ㄱ	ㄴ
낙원(樂園)	락원	뇌성(雷聲)	뢰성
내일(來日)	래일	누각(樓閣)	루각
노인(老人)	로인	능묘(陵墓)	릉묘

[붙임 1] 단어의 첫머리 이외의 경우에는 본음대로 적는다.
   쾌락(快樂)   극락(極樂)   거래(去來)   왕래(往來)
   부로(父老)   연로(年老)   지뢰(地雷)   낙뢰(落雷)
   고루(高樓)   광한루(廣寒樓)   동구릉(東九陵)   가정란(家庭欄)

[붙임 2] 접두사처럼 쓰이는 한자가 붙어서 된 단어는 뒷말을 두음 법칙에 따라 적는다.
   내내월(來來月)   상노인(上老人)   중노동(重勞動)   비논리적(非論理的)

제6절 겹쳐 나는 소리

제 13 항 한 단어 안에서 같은 음절이나 비슷한 음절이 겹쳐 나는 부분은 같은 글자로 적는다. (ㄱ을 취하고, ㄴ을 버림.)

ㄱ	ㄴ	ㄱ	ㄴ
딱딱	딱닥	꼿꼿하다	꼿곳하다
쌕쌕	쌕색	놀놀하다	놀롤하다
씩씩	씩식	눅눅하다	눙눅하다
똑딱똑딱	똑닥똑닥	밋밋하다	민밋하다
쓱싹쓱싹	쓱삭쓱삭	싹싹하다	싹삭하다
연연불망(戀戀不忘)	연련불망	쌉쌀하다	쌉살하다
유유상종(類類相從)	유류상종	씁쓸하다	씁슬하다
누누이(屢屢—)	누루이	짭짤하다	짭잘하다

제 4 장 형태에 관한 것

제1절 체언과 조사

제 14 항 체언은 조사와 구별하여 적는다.

떡이	떡을	떡에	떡도	떡만
손이	손을	손에	손도	손만
팔이	팔을	팔에	팔도	팔만
밤이	밤을	밤에	밤도	밤만
집이	집을	집에	집도	집만
옷이	옷을	옷에	옷도	옷만
콩이	콩을	콩에	콩도	콩만
낮이	낮을	낮에	낮도	낮만
꽃이	꽃을	꽃에	꽃도	꽃만
밭이	밭을	밭에	밭도	밭만
앞이	앞을	앞에	앞도	앞만
밖이	밖을	밖에	밖도	밖만
넋이	넋을	넋에	넋도	넋만
흙이	흙을	흙에	흙도	흙만
삶이	삶을	삶에	삶도	삶만
여덟이	여덟을	여덟에	여덟도	여덟만
곬이	곬을	곬에	곬도	곬만
값이	값을	값에	값도	값만

제2절 어간과 어미

제 15 항 용언의 어간과 어미는 구별하여 적는다.

먹다	먹고	먹어	먹으니
신다	신고	신어	신으니
믿다	믿고	믿어	믿으니
울다	울고	울어	(우니)
넘다	넘고	넘어	넘으니
입다	입고	입어	입으니
웃다	웃고	웃어	웃으니
찾다	찾고	찾아	찾으니
좇다	좇고	좇아	좇으니
같다	같고	같아	같으니
높다	높고	높아	높으니
좋다	좋고	좋아	좋으니
깎다	깎고	깎아	깎으니
앉다	앉고	앉아	앉으니
많다	많고	많아	많으니
늙다	늙고	늙어	늙으니
젊다	젊고	젊어	젊으니
넓다	넓고	넓어	넓으니
훑다	훑고	훑어	훑으니
읊다	읊고	읊어	읊으니
옳다	옳고	옳아	옳으니
없다	없고	없어	없으니
있다	있고	있어	있으니

[붙임 1] 두 개의 용언이 어울려 한 개의 용언이 될 적에, 앞말의 본뜻이 유지되고 있는 것은 그 원형을 밝히어 적고, 그 본뜻에서 떨어진 것은 밝히어 적지 아니한다.

(1) 앞말의 본뜻이 유지되고 있는 것

넘어지다	늘어나다	늘어지다	돌아가다	되짚어가다
들어가다	떨어지다	벌어지다	엎어지다	접어들다
들어지다	흩어지다			

(2) 본뜻에서 멀어진 것

| 드러나다 | 사라지다 | 쓰러지다 |

[붙임 2] 종결형에서 사용되는 어미 '-오'는 '요'로 소리 나는 경우가 있더라도 그 원형을 밝혀 '오'로 적는다. (ㄱ을 취하고, ㄴ을 버림.)

ㄱ	ㄴ
이것은 책이오.	이것은 책이요.
이리로 오시오.	이리로 오시요.
이것은 책이 아니오.	이것은 책이 아니요.

[붙임 3] 연결형에서 사용되는 '이요'는 '이요'로 적는다. (ㄱ을 취하고, ㄴ을 버림.)

ㄱ	ㄴ
이것은 책이요, 저것은 붓이요, 또 저것은 먹이다.	이것은 책이오, 저것은 붓이오, 또 저것은 먹이다.

제 16 항 어간의 끝음절 모음이 'ㅏ, ㅗ'일 때에는 어미를 '-아'로 적고, 그 밖의 모음일 때에는 '-어'로 적는다.

1. '-아'로 적는 경우

나아	나아도	나아서
막아	막아도	막아서
얇아	얇아도	얇아서
돌아	돌아도	돌아서
보아	보아도	보아서

2. '-어'로 적는 경우

개어	개어도	개어서
겪어	겪어도	겪어서
되어	되어도	되어서
베어	베어도	베어서
쉬어	쉬어도	쉬어서
저어	저어도	저어서
주어	주어도	주어서
피어	피어도	피어서
희어	희어도	희어서

제 17 항 어미 뒤에 덧붙는 조사 '요'는 '요'로 적는다.

읽어	읽어요
참으리	참으리요
좋지	좋지요

제 18 항 다음과 같은 용언들은 어미가 바뀔 경우, 그 어간이나 어미가 원칙에 벗어나면 벗어나는 대로 적는다.

1. 어간의 끝 'ㄹ'이 줄어질 적

갈다:	가니	간	갑니다	가시다	가오
놀다:	노니	논	놉니다	노시다	노오
불다:	부니	분	붑니다	부시다	부오
둥글다:	둥그니	둥근	둥급니다	둥그시다	둥그오
어질다:	어지니	어진	어집니다	어지시다	어지오

[붙임] 다음과 같은 말에서도 'ㄹ'이 준 대로 적는다.

마지못하다   마지않다
(하)다마다   (하)자마자
(하)지 마라   (하)지 마(아)

2. 어간의 끝 'ㅅ'이 줄어질 적

긋다:	그어	그으니	그었다
낫다:	나아	나으니	나았다
잇다:	이어	이으니	이었다
짓다:	지어	지으니	지었다

3. 어간의 끝 'ㅎ'이 줄어질 적

그렇다:	그러니	그럴	그러면	그러오
까맣다:	까마니	까말	까마면	까마오
동그랗다:	동그라니	동그랄	동그라면	동그라오
퍼렇다:	퍼러니	퍼럴	퍼러면	퍼러오
하얗다:	하야니	하얄	하야면	하야오

4. 어간의 끝 'ㅜ, ㅡ'가 줄어질 적

푸다:	퍼	펐다	뜨다:	떠	떴다
끄다:	꺼	껐다	크다:	커	컸다
담그다:	담가	담갔다	고프다:	고파	고팠다
따르다:	따라	따랐다	바쁘다:	바빠	바빴다

5. 어간의 끝 'ㄷ'이 'ㄹ'로 바뀔 적

걷다[步]:	걸어	걸으니	걸었다
듣다[聽]:	들어	들으니	들었다
묻다[問]:	물어	물으니	물었다
싣다[載]:	실어	실으니	실었다

6. 어간의 끝 'ㅂ'이 'ㅜ'로 바뀔 적

깁다:	기워	기우니	기웠다
굽다[炙]:	구워	구우니	구웠다
가깝다:	가까워	가까우니	가까웠다
괴롭다:	괴로워	괴로우니	괴로웠다
맵다:	매워	매우니	매웠다
무겁다:	무거워	무거우니	무거웠다
밉다:	미워	미우니	미웠다
쉽다:	쉬워	쉬우니	쉬웠다

다만, '돕-, 곱-'과 같은 단음절 어간에 어미 '-아'가 결합되어 '와'로 소리 나는 것은 '-와'로 적는다.

돕다[助]:	도와	도와서	도와도	도왔다
곱다[麗]:	고와	고와서	고와도	고왔다

7. '하다'의 활용에서 어미 '-아'가 '-여'로 바뀔 적

하다:	하여	하여서	하여도	하여라	하였다

8. 어간의 끝음절 '르' 뒤에 오는 어미 '-어'가 '-러'로 바뀔 적

이르다[至]:	이르러	이르렀다	누르다:	누르러	누르렀다
노르다:	노르러	노르렀다	푸르다:	푸르러	푸르렀다

9. 어간의 끝음절 '르'의 'ㅡ'가 줄고, 그 뒤에 오는 어미 '-아/-어'가 '-라/-러'로 바뀔 적

가르다:	갈라	갈랐다	부르다:	불러	불렀다
거르다:	걸러	걸렀다	오르다:	올라	올랐다
구르다:	굴러	굴렀다	이르다:	일러	일렀다
벼르다:	별러	별렀다	지르다:	질러	질렀다

제3절 접미사가 붙어서 된 말

제 19 항 어간에 '-이'나 '-음/-ㅁ'이 붙어서 명사로 된 것과 '-이'나 '-히'가 붙어서 부사로 된 것은 그 어간의 원형을 밝히어 적는다.

1. '-이'가 붙어서 명사로 된 것

길이	깊이	높이	다듬이	땀받이	달맞이
먹이	미닫이	벌이	벼훑이	살림살이	쇠붙이

2. '-음/-ㅁ'이 붙어서 명사로 된 것

걸음　　　묶음　　　믿음　　　얼음　　　엮음　　　울음
웃음　　　졸음　　　죽음　　　앎

3. '-이'가 붙어서 부사로 된 것

같이　　　굳이　　　길이　　　높이　　　많이　　　실없이
좋이　　　짓궂이

4. '-히'가 붙어서 부사로 된 것

밝히　　　익히　　　작히

다만, 어간에 '-이'나 '-음'이 붙어서 명사로 바뀐 것이라도 그 어간의 뜻과 멀어진 것은 원형을 밝히어 적지 아니한다.

굽도리　　　다리[髢]　　　목거리(목병)　　　무녀리
코끼리　　　거름(비료)　　　고름[膿]　　　노름(도박)

[붙임] 어간에 '-이'나 '-음' 이외의 모음으로 시작된 접미사가 붙어서 다른 품사로 바뀐 것은 그 어간의 원형을 밝히어 적지 아니한다.

(1) 명사로 바뀐 것

귀머거리　　까마귀　　너머　　뜨더귀　　마감　　마개
마중　　　무덤　　　비렁뱅이　쓰레기　　올가미　　주검

(2) 부사로 바뀐 것

거뭇거뭇　너무　　　도로　　　뜨덤뜨덤　바투
불긋불긋　비로소　　오긋오긋　자주　　　차마

(3) 조사로 바뀌어 뜻이 달라진 것

나마　　　부터　　　조차

제 20 항　명사 뒤에 '-이'가 붙어서 된 말은 그 명사의 원형을 밝히어 적는다.

1. 부사로 된 것

곳곳이　　낱낱이　　몫몫이　　샅샅이　　앞앞이　　집집이

2. 명사로 된 것

곰배팔이　바둑이　　삼발이　　애꾸눈이　육손이　　절뚝발이/절름발이

[붙임] '-이' 이외의 모음으로 시작된 접미사가 붙어서 된 말은 그 명사의 원형을 밝히어 적지 아니한다.

꼬락서니 끄트머리 모가치 바가지 바깥 사타구니
싸라기 이파리 지붕 지푸라기 짜개

제 21 항 명사나 혹은 용언의 어간 뒤에 자음으로 시작된 접미사가 붙어서 된 말은 그 명사나 어간의 원형을 밝히어 적는다.

1. 명사 뒤에 자음으로 시작된 접미사가 붙어서 된 것
   값지다 홑지다 넋두리 빛깔 옆댕이 잎사귀

2. 어간 뒤에 자음으로 시작된 접미사가 붙어서 된 것
   낚시 늙정이 덮개 뜯게질
   갉작갉작하다 갉작거리다 뜯적거리다 뜯적뜯적하다
   굵다랗다 굵직하다 깊숙하다 넓적하다
   높다랗다 늙수그레하다 얽죽얽죽하다

   다만, 다음과 같은 말은 소리대로 적는다.
   (1) 겹받침의 끝소리가 드러나지 아니하는 것
      할짝거리다 널따랗다 널찍하다 말끔하다 말쑥하다
      말짱하다 실쭉하다 실큼하다 얄따랗다 얄팍하다
      짤따랗다 짤막하다 실컷
   (2) 어원이 분명하지 아니하거나 본뜻에서 멀어진 것
      넙치 올무 골막하다 납작하다

제 22 항 용언의 어간에 다음과 같은 접미사들이 붙어서 이루어진 말들은 그 어간을 밝히어 적는다.

1. '-기-, -리-, -이-, -히-, -구-, -우-, -추-, -으키-, -이키-, -애-'가 붙는 것
   맡기다 옮기다 웃기다 쫓기다 뚫리다 울리다
   낚이다 쌓이다 핥이다 굳히다 굽히다 넓히다
   앉히다 얽히다 잡히다 돋구다 솟구다 돋우다
   갖추다 곧추다 맞추다 일으키다 돌이키다 없애다

   다만, '-이-, -히-, -우-'가 붙어서 된 말이라도 본뜻에서 멀어진 것은 소리대로 적는다.
   도리다(칼로 ~) 드리다(용돈을 ~) 고치다
   바치다(세금을 ~) 부치다(편지를 ~) 거두다
   미루다 이루다

2. '-치-, -뜨리-, -트리-'가 붙는 것

   놓치다   덮치다   떠받치다   받치다   밭치다
   부딪치다   뻗치다   엎치다   부딪뜨리다/부딪트리다
   쏟뜨리다/쏟트리다   젖뜨리다/젖트리다
   찢뜨리다/찢트리다   흩뜨리다/흩트리다

[붙임] '-업-, -읍-, -브-'가 붙어서 된 말은 소리대로 적는다.

   미덥다   우습다   미쁘다

제 23 항   '-하다'나 '-거리다'가 붙는 어근에 '-이'가 붙어서 명사가 된 것은 그 원형을 밝히어 적는다. (ㄱ을 취하고, ㄴ을 버림.)

ㄱ	ㄴ	ㄱ	ㄴ
깔쭉이	깔쭈기	살살이	살사리
꿀꿀이	꿀꾸리	쌕쌕이	쌕쌔기
눈깜짝이	눈깜짜기	오뚝이	오뚜기
더펄이	더퍼리	코납작이	코납자기
배불뚝이	배불뚜기	푸석이	푸서기
삐죽이	삐주기	홀쭉이	홀쭈기

[붙임] '-하다'나 '-거리다'가 붙을 수 없는 어근에 '-이'나 또는 다른 모음으로 시작되는 접미사가 붙어서 명사가 된 것은 그 원형을 밝히어 적지 아니한다.

   개구리   귀뚜라미   기러기   깍두기   꽹과리   날라리
   누더기   동그라미   두드러기   딱따구리   매미   부스러기
   뻐꾸기   얼루기   칼싹두기

제 24 항   '-거리다'가 붙을 수 있는 시늉말 어근에 '-이다'가 붙어서 된 용언은 그 어근을 밝히어 적는다. (ㄱ을 취하고, ㄴ을 버림.)

ㄱ	ㄴ	ㄱ	ㄴ
끔찍이다	끔짜기다	속삭이다	속사기다
꾸벅이다	꾸버기다	숙덕이다	숙더기다
끄덕이다	끄더기다	울먹이다	울머기다
뒤척이다	뒤처기다	움직이다	움지기다
들먹이다	들머기다	지껄이다	지꺼리다
망설이다	망서리다	퍼덕이다	퍼더기다
번득이다	번드기다	허덕이다	허더기다
번쩍이다	번쩌기다	헐떡이다	헐떠기다

제 25 항 '-하다'가 붙는 어근에 '-히'나 '-이'가 붙어서 부사가 되거나, 부사에 '-이'가 붙어서 뜻을 더하는 경우에는 그 어근이나 부사의 원형을 밝히어 적는다.

1. '-하다'가 붙는 어근에 '-히'나 '-이'가 붙는 경우
급히   꾸준히   도저히   딱히   어렴풋이   깨끗이

[붙임] '-하다'가 붙지 않는 경우에는 반드시 소리대로 적는다.
갑자기   반드시(꼭)   슬며시

2. 부사에 '-이'가 붙어서 역시 부사가 되는 경우
곰곰이   더욱이   생긋이   오뚝이
일찍이   해죽이

제 26 항 '-하다'나 '-없다'가 붙어서 된 용언은 그 '-하다'나 '-없다'를 밝히어 적는다.

1. '-하다'가 붙어서 용언이 된 것
딱하다   숱하다   착하다   텁텁하다   푹하다

2. '-없다'가 붙어서 용언이 된 것
부질없다   상없다   시름없다   열없다   하염없다

제4절 합성어 및 접두사가 붙은 말

제 27 항 둘 이상의 단어가 어울리거나 접두사가 붙어서 이루어진 말은 각각 그 원형을 밝히어 적는다.
국말이   꺾꽂이   꽃잎   끝장   물난리
밑천   부엌일   싫증   옷안   웃옷
젖몸살   첫아들   칼날   팥알   헛웃음
홀아비   홑몸   흙내
값없다   겉늙다   굶주리다   낮잡다   맞먹다
받내다   벋놓다   빗나가다   빛나다   새파랗다
샛노랗다   시꺼멓다   싯누렇다   엇나가다   엎누르다
엿듣다   옻오르다   짓이기다   헛되다

[붙임 1] 어원은 분명하나 소리만 특이하게 변한 것은 변한 대로 적는다.
할아버지   할아범

[붙임 2] 어원이 분명하지 아니한 것은 원형을 밝히어 적지 아니한다.

    골병   골탕   끌탕   며칠
    아재비   오라비   업신여기다   부리나케

[붙임 3] '이[齒, 虱]'가 합성어나 이에 준하는 말에서 'ㄴ' 또는 '리'로 소리 날 때에는 '니'로 적는다.

    간니   덧니   사랑니   송곳니   앞니   어금니
    윗니   젖니   톱니   틀니   가랑니   머릿니

제 28 항 끝소리가 'ㄹ'인 말과 딴 말이 어울릴 적에 'ㄹ' 소리가 나지 아니하는 것은 아니 나는 대로 적는다.

    다달이(달-달-이)   따님(딸-님)   마되(말-되)
    마소(말-소)   무자위(물-자위)   바느질(바늘-질)
    부삽(불-삽)   부손(불-손)   싸전(쌀-전)
    여닫이(열-닫이)   우짖다(울-짖다)   화살(활-살)

제 29 항 끝소리가 'ㄹ'인 말과 딴 말이 어울릴 적에 'ㄹ' 소리가 'ㄷ' 소리로 나는 것은 'ㄷ'으로 적는다.

    반짇고리(바느질~)   사흗날(사흘~)   삼짇날(삼질~)
    섣달(설~)   숟가락(술~)   이튿날(이틀~)
    잗주름(잘~)   푿소(풀~)   섣부르다(설~)
    잗다듬다(잘~)   잗다랗다(잘~)

제 30 항 사이시옷은 다음과 같은 경우에 받치어 적는다.

1. 순우리말로 된 합성어로서 앞말이 모음으로 끝난 경우

    (1) 뒷말의 첫소리가 된소리로 나는 것

        고랫재   귓밥   나룻배   나뭇가지   냇가   댓가지
        뒷갈망   맷돌   머릿기름   모깃불   못자리   바닷가
        뱃길   볏가리   부싯돌   선짓국   쇳조각   아랫집
        우렁잇속   잇자국   잿더미   조갯살   찻집   쳇바퀴
        킷값   핏대   햇볕   혓바늘

    (2) 뒷말의 첫소리 'ㄴ, ㅁ' 앞에서 'ㄴ' 소리가 덧나는 것

        멧나물   아랫니   텃마당   아랫마을   뒷머리
        잇몸   깻묵   냇물   빗물

(3) 뒷말의 첫소리 모음 앞에서 'ㄴㄴ' 소리가 덧나는 것

| 도리깻열 | 뒷윷 | 두렛일 | 뒷일 | 뒷입맛 |
| 베갯잇 | 욧잇 | 깻잎 | 나뭇잎 | 댓잎 |

2. 순우리말과 한자어로 된 합성어로서 앞말이 모음으로 끝난 경우

(1) 뒷말의 첫소리가 된소리로 나는 것

귓병	머릿방	뱃병	봇둑	사잣밥
샛강	아랫방	자릿세	전셋집	찻잔
찻종	촛국	콧병	탯줄	텃세
핏기	햇수	횟가루	횟배	

(2) 뒷말의 첫소리 'ㄴ, ㅁ' 앞에서 'ㄴ' 소리가 덧나는 것

| 곗날 | 제삿날 | 훗날 | 툇마루 | 양칫물 |

(3) 뒷말의 첫소리 모음 앞에서 'ㄴㄴ'소리가 덧나는 것

| 가욋일 | 사삿일 | 예삿일 | 훗일 |

3. 두 음절로 된 다음 한자어

| 곳간(庫間) | 셋방(貰房) | 숫자(數字) |
| 찻간(車間) | 툇간(退間) | 횟수(回數) |

제 31 항 두 말이 어울릴 적에 'ㅂ' 소리나 'ㅎ' 소리가 덧나는 것은 소리대로 적는다.

1. 'ㅂ' 소리가 덧나는 것

댑싸리(대ㅂ싸리)	멥쌀(메ㅂ쌀)	볍씨(벼ㅂ씨)
입때(이ㅂ때)	입쌀(이ㅂ쌀)	접때(저ㅂ때)
좁쌀(조ㅂ쌀)	햅쌀(해ㅂ쌀)	

2. 'ㅎ' 소리가 덧나는 것

머리카락(머리ㅎ가락)	살코기(살ㅎ고기)	수캐(수ㅎ개)
수컷(수ㅎ것)	수탉(수ㅎ닭)	안팎(안ㅎ밖)
암캐(암ㅎ개)	암컷(암ㅎ것)	암탉(암ㅎ닭)

제5절 준말

제 32 항 단어의 끝모음이 줄어지고 자음만 남은 것은 그 앞의 음절에 받침으로 적는다.

본말	준말	본말	준말
기러기야	기럭아	어제그저께	엊그저께
가지고, 가지지	갖고, 갖지	어제저녁	엊저녁
디디고, 디디지	딛고, 딛지		

제 33 항 체언과 조사가 어울려 줄어지는 경우에는 준 대로 적는다.

본말	준말	본말	준말
그것은	그건	너는	넌
그것이	그게	너를	널
그것으로	그걸로	무엇을	뭣을/무얼/뭘
나는	난	무엇이	뭣이/무에
나를	날		

제 34 항 모음 'ㅏ, ㅓ'로 끝난 어간에 '-아/-어, -았-/-었-'이 어울릴 적에는 준 대로 적는다.

본말	준말	본말	준말
가아	가	가았다	갔다
나아	나	나았다	났다
타아	타	타았다	탔다
서어	서	서었다	섰다
켜어	켜	켜었다	켰다
펴어	펴	펴었다	폈다

[붙임 1] 'ㅐ, ㅔ' 뒤에 '-어, -었-'이 어울려 줄 적에는 준 대로 적는다.

본말	준말	본말	준말
개어	개	개었다	갰다
내어	내	내었다	냈다
베어	베	베었다	벴다
세어	세	세었다	셌다

[붙임 2] '하여'가 한 음절로 줄어서 '해'로 될 적에는 준 대로 적는다.

본말	준말	본말	준말
하여	해	하였다	했다
더하여	더해	더하였다	더했다
흔하여	흔해	흔하였다	흔했다

제 35 항 모음 'ㅗ, ㅜ'로 끝난 어간에 '-아/-어, -았-/-었-'이 어울려 'ㅘ/ㅝ, ㅘㅆ/ㅝㅆ'으로 될 적에는 준 대로 적는다.

본말	준말	본말	준말
꼬아	꽈	꼬았다	꽜다
보아	봐	보았다	봤다
쏘아	쏴	쏘았다	쐈다
두어	둬	두었다	뒀다
쑤어	쒀	쑤었다	쒔다
주어	줘	주었다	줬다

[붙임 1] '놓아'가 '놔'로 줄 적에는 준 대로 적는다.

[붙임 2] 'ㅚ' 뒤에 '-어, -었-'이 어울려 'ㅙ, ㅙㅆ'으로 될 적에도 준 대로 적는다.

본말	준말	본말	준말
괴어	괘	괴었다	괬다
되어	돼	되었다	됐다
뵈어	봬	뵈었다	뵀다
쇠어	쇄	쇠었다	쇘다
쐬어	쐐	쐬었다	쐤다

제 36 항 'ㅣ' 뒤에 '-어'가 와서 'ㅕ'로 줄 적에는 준 대로 적는다.

본말	준말	본말	준말
가지어	가져	가지었다	가졌다
견디어	견뎌	견디었다	견뎠다
다니어	다녀	다니었다	다녔다
막히어	막혀	막히었다	막혔다
버티어	버텨	버티었다	버텼다
치이어	치여	치이었다	치였다

제 37 항 'ㅏ, ㅕ, ㅗ, ㅜ, ㅡ'로 끝난 어간에 '-이-'가 와서 각각 'ㅐ, ㅖ, ㅚ, ㅟ, ㅢ'로 줄 적에는 준 대로 적는다.

본말	준말	본말	준말
싸이다	쌔다	누이다	뉘다
펴이다	폐다	뜨이다	띄다
보이다	뵈다	쓰이다	씌다

제 38 항 'ㅏ, ㅗ, ㅜ, ㅡ' 뒤에 '-이어'가 어울려 줄어질 적에는 준 대로 적는다.

본말	준말		본말	준말	
싸이어	쌔여	싸여	뜨이어	띄어	
보이어	뵈어	보여	쓰이어	씌어	쓰여
쏘이어	쐬어	쏘여	트이어	틔어	트여
누이어	뉘어	누여			

제 39 항 어미 '-지' 뒤에 '않-'이 어울려 '-잖-'이 될 적과 '-하지' 뒤에 '않-'이 어울려 '찮-'이 될 적에는 준 대로 적는다.

본말	준말	본말	준말
그렇지 않은	그렇잖은	만만하지 않다	만만찮다
적지 않은	적잖은	변변하지 않다	변변찮다

제 40 항 어간의 끝음절 '하'의 'ㅏ'가 줄고 'ㅎ'이 다음 음절의 첫소리와 어울려 거센소리로 될 적에는 거센소리로 적는다.

본말	준말	본말	준말
간편하게	간편케	다정하다	다정타
연구하도록	연구토록	정결하다	정결타
가하다	가타	흔하다	흔타

[붙임 1] 'ㅎ'이 어간의 끝소리로 굳어진 것은 받침으로 적는다.

않다	않고	않지	않든지
그렇다	그렇고	그렇지	그렇든지
아무렇다	아무렇고	아무렇지	아무렇든지
어떻다	어떻고	어떻지	어떻든지
이렇다	이렇고	이렇지	이렇든지
저렇다	저렇고	저렇지	저렇든지

[붙임 2] 어간의 끝음절 '하'가 아주 줄 적에는 준 대로 적는다.

본말	준말	본말	준말
거북하지	거북지	넉넉하지 않다	넉넉지 않다
생각하건대	생각건대	못하지 않다	못지않다
생각하다 못하여	생각다 못해	섭섭하지 않다	섭섭지 않다
깨끗하지 않다	깨끗지 않다	익숙하지 않다	익숙지 않다

[붙임 3] 다음과 같은 부사는 소리대로 적는다.

결단코	결코	기필코	무심코	아무튼	요컨대
정녕코	필연코	하마터면	하여튼	한사코	

제 5 장 띄어쓰기

제1절 조사

제 41 항 조사는 그 앞말에 붙여 쓴다.

꽃이	꽃마저	꽃밖에	꽃에서부터	꽃으로만	꽃이나마	꽃이다
꽃입니다	꽃처럼	어디까지나	거기도	멀리는	웃고만	

제2절 의존 명사, 단위를 나타내는 명사 및 열거하는 말 등

제 42 항 의존 명사는 띄어 쓴다.

아는 **것**이 힘이다. 나도 할 **수** 있다.
먹을 **만큼** 먹어라. 아는 **이**를 만났다.
네가 뜻한 **바**를 알겠다. 그가 떠난 **지**가 오래다.

제 43 항 단위를 나타내는 명사는 띄어 쓴다.

한 **개**	차 한 **대**	금 서 **돈**
소 한 **마리**	옷 한 **벌**	열 **살**
조기 한 **손**	연필 한 **자루**	버선 한 **죽**
집 한 **채**	신 두 **켤레**	북어 한 **쾌**

다만, 순서를 나타내는 경우나 숫자와 어울리어 쓰이는 경우에는 붙여 쓸 수 있다.

두시 삼십분 오초	제일과	삼학년	육층
1446년 10월 9일	2대대	16동 502호	제1**실습실**
80원	10개	7미터	

제 44 항 수를 적을 적에는 '만(萬)' 단위로 띄어 쓴다.

십이억 삼천사백오십육만 칠천팔백구십팔
12억 3456만 7898

제 45 항 두 말을 이어 주거나 열거할 적에 쓰이는 다음의 말들은 띄어 쓴다.

    국장 **겸** 과장   열 **내지** 스물
    청군 **대** 백군   책상, 걸상 **등**이 있다.
    이사장 **및** 이사들 사과, 배, 귤 **등등**
    사과, 배 **등속**   부산, 광주 **등지**

제 46 항 단음절로 된 단어가 연이어 나타날 적에는 붙여 쓸 수 있다.

    좀더 큰것   이말 저말   한잎 두잎

제3절 보조 용언

제 47 항 보조 용언은 띄어 씀을 원칙으로 하되, 경우에 따라 붙여 씀도 허용한다. (ㄱ을 원칙으로 하고, ㄴ을 허용함.)

      ㄱ   ㄴ
    불이 꺼져 **간다**.   불이 꺼져**간다**.
    내 힘으로 막아 **낸다**. 내 힘으로 막아**낸다**.
    어머니를 도와 **드린다**. 어머니를 도와드린다.
    그릇을 깨뜨려 **버렸다**. 그릇을 깨뜨려**버렸다**.
    비가 올 **듯하다**.   비가 올듯하다.
    그 일은 할 **만하다**. 그 일은 할만하다.
    일이 될 **법하다**.   일이 될법하다.
    비가 올 **성싶다**.   비가 올성싶다.
    잘 아는 **척한다**.   잘 아는**척한다**.

   다만, 앞말에 조사가 붙거나 앞말이 합성 용언인 경우, 그리고 중간에 조사가 들어갈 적에는 그 뒤에 오는 보조 용언은 띄어 쓴다.

    잘도 놀아만 **나는구나**! 책을 읽어도 **보고**….
    네가 덤벼들어 **보아라**. 이런 기회는 다시없을 **듯하다**.
    그가 올 듯도 **하다**.   잘난 체를 **한다**.

제4절 고유 명사 및 전문 용어

제 48 항 성과 이름, 성과 호 등은 붙여 쓰고, 이에 덧붙는 호칭어, 관직명 등은 띄어 쓴다.

| 김양수(金良洙) | 서화담(徐花潭) | 채영신 씨 |
| 최치원 선생 | 박동식 박사 | 충무공 이순신 장군 |

다만, 성과 이름, 성과 호를 분명히 구분할 필요가 있을 경우에는 띄어 쓸 수 있다.
남궁억/남궁 억   독고준/독고 준   황보지봉(皇甫芝峰)/황보 지봉

제 49 항   성명 이외의 고유 명사는 단어별로 띄어 씀을 원칙으로 하되, 단위별로 띄어 쓸 수 있다. (ㄱ을 원칙으로 하고, ㄴ을 허용함.)

ㄱ	ㄴ
대한 중학교	대한중학교
한국 대학교 사범 대학	한국대학교 사범대학

제 50 항   전문 용어는 단어별로 띄어 씀을 원칙으로 하되, 붙여 쓸 수 있다. (ㄱ을 원칙으로 하고, ㄴ을 허용함.)

ㄱ	ㄴ
만성 골수성 백혈병	만성골수성백혈병
중거리 탄도 유도탄	중거리탄도유도탄

제 6 장   그 밖의 것

제 51 항   부사의 끝음절이 분명히 '이'로만 나는 것은 '-이'로 적고, '히'로만 나거나 '이'나 '히'로 나는 것은 '-히'로 적는다.

1. '이'로만 나는 것

가붓이	깨끗이	나붓이	느긋이	둥긋이
따뜻이	반듯이	버젓이	산뜻이	의젓이
가까이	고이	날카로이	대수로이	번거로이
많이	적이	헛되이		
겹겹이	번번이	일일이	집집이	틈틈이

2. '히'로만 나는 것

| 극히 | 급히 | 딱히 | 속히 | 작히 |
| 족히 | 특히 | 엄격히 | 정확히 | |

3. '이, 히'로 나는 것

| 솔직히 | 가만히 | 간편히 | 나른히 | 무단히 |

각별히	소홀히	쓸쓸히	정결히	과감히
꼼꼼히	심히	열심히	급급히	답답히
섭섭히	공평히	능히	당당히	분명히
상당히	조용히	간소히	고요히	도저히

제 52 항 한자어에서 본음으로도 나고 속음으로도 나는 것은 각각 그 소리에 따라 적는다.

본음으로 나는 것	속음으로 나는 것
승낙(承諾)	수락(受諾), 쾌락(快諾), 허락(許諾)
만난(萬難)	곤란(困難), 논란(論難)
안녕(安寧)	의령(宜寧), 회령(會寧)
분노(忿怒)	대로(大怒), 희로애락(喜怒哀樂)
토론(討論)	의논(議論)
오륙십(五六十)	오뉴월, 유월(六月)
목재(木材)	모과(木瓜)
십일(十日)	시방정토(十方淨土), 시왕(十王), 시월(十月)
팔일(八日)	초파일(初八日)

제 53 항 다음과 같은 어미는 예사소리로 적는다. (ㄱ을 취하고, ㄴ을 버림.)

ㄱ	ㄴ	ㄱ	ㄴ
-(으)ㄹ거나	-(으)ㄹ꺼나	-(으)ㄹ지니라	-(으)ㄹ찌니라
-(으)ㄹ걸	-(으)ㄹ껄	-(으)ㄹ지라도	-(으)ㄹ찌라도
-(으)ㄹ게	-(으)ㄹ께	-(으)ㄹ지어다	-(으)ㄹ찌어다
-(으)ㄹ세	-(으)ㄹ쎄	-(으)ㄹ지언정	-(으)ㄹ찌언정
-(으)ㄹ세라	-(으)ㄹ쎄라	-(으)ㄹ진대	-(으)ㄹ찐대
-(으)ㄹ수록	-(으)ㄹ쑤록	-(으)ㄹ진저	-(으)ㄹ찐저
-(으)ㄹ시	-(으)ㄹ씨	-올시다	-올씨다
-(으)ㄹ지	-(으)ㄹ찌		

다만, 의문을 나타내는 다음 어미들은 된소리로 적는다.

-(으)ㄹ까?   -(으)ㄹ꼬?   -(스)ㅂ니까?
 (으)리까?   -(으)ㄹ쏘냐?

제 54 항 다음과 같은 접미사는 된소리로 적는다. (ㄱ을 취하고, ㄴ을 버림.)

ㄱ	ㄴ	ㄱ	ㄴ
심부름꾼	심부름군	귀때기	귓대기
익살꾼	익살군	볼때기	볼대기
일꾼	일군	판자때기	판자대기

장꾼	장군	뒤꿈치	뒷굼치
장난꾼	장난군	팔꿈치	팔굼치
지게꾼	지겟군	이마빼기	이맛배기
때깔	땟갈	코빼기	콧배기
빛깔	빛갈	객쩍다	객적다
성깔	성갈	겸연쩍다	겸연적다

제 55 항 두 가지로 구별하여 적던 다음 말들은 한 가지로 적는다. (ㄱ을 취하고, ㄴ을 버림.)

ㄱ	ㄴ
맞추다(입을 맞춘다. 양복을 맞춘다.)	마추다
뻗치다(다리를 뻗친다. 멀리 뻗친다.)	뻐치다

제 56 항 '-더라, -던'과 '-든지'는 다음과 같이 적는다.

1. 지난 일을 나타내는 어미는 '-더라, -던'으로 적는다. (ㄱ을 취하고, ㄴ을 버림.)

ㄱ	ㄴ
지난겨울은 몹시 춥더라.	지난겨울은 몹시 춥드라.
깊던 물이 얕아졌다.	깊든 물이 얕아졌다.
그렇게 좋던가?	그렇게 좋든가?
그 사람 말 잘하던데!	그 사람 말 잘하든데!
얼마나 놀랐던지 몰라.	얼마나 놀랐든지 몰라.

2. 물건이나 일의 내용을 가리지 아니하는 뜻을 나타내는 조사와 어미는 '(-)든지'로 적는다. (ㄱ을 취하고, ㄴ을 버림.)

ㄱ	ㄴ
배든지 사과든지 마음대로 먹어라.	배던지 사과던지 마음대로 먹어라.
가든지 오든지 마음대로 해라.	가던지 오던지 마음대로 해라.

제 57 항 다음 말들은 각각 구별하여 적는다.

가름	둘로 가름.
갈음	새 책상으로 갈음하였다.
거름	풀을 썩힌 거름.
걸음	빠른 걸음.
거치다	영월을 거쳐 왔다.
걷히다	외상값이 잘 걷힌다.

걷잡다	걷잡을 수 없는 상태.
겉잡다	겉잡아서 이틀 걸릴 일.
그러므로(그러니까)	그는 부지런하다. 그러므로 잘 산다.
그럼으로(써)	그는 열심히 공부한다. 그럼으로(써)
(그렇게 하는 것으로)	은혜에 보답한다.
노름	노름판이 벌어졌다.
놀음(놀이)	즐거운 놀음.
느리다	진도가 너무 느리다.
늘이다	고무줄을 늘인다.
늘리다	수출량을 더 늘린다.
다리다	옷을 다린다.
달이다	약을 달인다.
다치다	부주의로 손을 다쳤다.
닫히다	문이 저절로 닫혔다.
닫치다	문을 힘껏 닫쳤다.
마치다	벌써 일을 마쳤다.
맞히다	여러 문제를 더 맞혔다.
목거리	목거리가 덧났다.
목걸이	금목걸이, 은목걸이.
바치다	나라를 위해 목숨을 바쳤다.
받치다	우산을 받치고 간다.
	책받침을 받친다.
받히다	쇠뿔에 받혔다.
밭치다	술을 체에 밭친다.
반드시	약속은 반드시 지켜라.
반듯이	고개를 반듯이 들어라.
부딪치다	차와 차가 마주 부딪쳤다.
부딪히다	마차가 화물차에 부딪혔다.

부치다	힘이 부치는 일이다.
	편지를 부친다.
	논밭을 부친다.
	빈대떡을 부친다.
	식목일에 부치는 글.
	회의에 부치는 안건.
	인쇄에 부치는 원고.
	삼촌 집에 숙식을 부친다.
붙이다	우표를 붙인다.
	책상을 붙였다.
	흥정을 붙인다.
	불을 붙인다.
	감시원을 붙인다.
	조건을 붙인다.
	취미를 붙인다.
	별명을 붙인다.
시키다	일을 시킨다.
식히다	끓인 물을 식힌다.
아름	세 아름 되는 둘레.
알음	전부터 알음이 있는 사이.
앎	앎이 힘이다.
안치다	밥을 안친다.
앉히다	윗자리에 앉힌다.
어름	두 물건의 어름에서 일어난 현상.
얼음	얼음이 얼었다.
이따가	이따가 오너라.
있다가	돈은 있다가도 없다.
저리다	다친 다리가 저린다.
절이다	김장 배추를 절인다.
조리다	생선을 조린다. 통조림, 병조림.
졸이다	마음을 졸인다.

주리다	여러 날을 주렸다.
줄이다	비용을 줄인다.
하노라고	하노라고 한 것이 이 모양이다.
하느라고	공부하느라고 밤을 새웠다.
-느니보다(어미)	나를 찾아오느니보다 집에 있거라.
-는 이보다(의존 명사)	오는 이가 가는 이보다 많다.
-(으)리만큼(어미)	나를 미워하리만큼 그에게 잘못한 일이 없다.
-(으)ㄹ 이만큼(의존 명사)	찬성할 이도 반대할 이만큼이나 많을 것이다.
-(으)러 (목적)	공부하러 간다.
-(으)려 (의도)	서울 가려 한다.
-(으)로서 (자격)	사람으로서 그럴 수는 없다.
-(으)로써 (수단)	닭으로써 꿩을 대신했다.
-(으)므로(어미)	그가 나를 믿으므로 나도 그를 믿는다.
(-ㅁ, -음)으로(써)(조사)	그는 믿음으로(써) 산 보람을 느꼈다.

- 한글 맞춤법 단어 목록 -

- 데
- -(으)ㄹ 거야
- -(으)ㄹ 텐데
- -(으)ㄹ걸
- -(으)ㄹ게
- -(으)ㄹ게요
- -(으)ㄹ까
- -(으)ㄹ꼬
- -(으)ㄹ려고
- -(으)ㄹ지

가까이
가물
가뭄
가엽다
가엾다
가오리연
가을걷이
간(間)
간간이
간지럽히다
간질이다
갊음
갑자기
갑절
강낭콩
강냉이
갖다
같다(같은)
같이
개개다
개구쟁이
개기다
개발새발
거꾸로

거방지다
거슴츠레하다
거시기
거치다
거치적거리다
거칠다
건울음
걷잡다
걸리적거리다
걸판지다
겉울음
게송
게슴츠레하다
게시판
게양대
겸
경로석
계묘년
-고 싶다
고까
고랭지
고맙다
-고서부터
고운대
-고프다
곰곰이
곱다
곱절
공난
과감히
광주리
괴롭다
괴발개발
구름양

구안괘사
구안와사
구절
굽신
굽실
귀때기
귀띔
귀머거리
귓밥
귓병
그렇잖다
글귀
-기에
기역
길라잡이
-길래
길잡이
김칫국
깊숙이
까다롭다
까탈스럽다
깍두기
깍정이
깡충깡충
깨끗이
깨끗하다(깨끗지 않다)
깨뜨려 버렸다
꺼림직하다
꺼림칙하다
께름직하다
께름칙하다
꼬까
꼬리연
꼬시다

꼭두각시	넙치	-더라
꼼꼼히	넝쿨	더욱이
꾀다	네	-던
끄적거리다	-녘	-던데
끼	년	-던지
끼어들기	노랗다(노라네/노랗네)	덩굴
끼적거리다	노을	-데
-ㄴ바	놀	데
나다	놀음	도와드리다
나래	놀잇감	도저히
나룻배	놓다	돈
나무꾼	눈곱	돋구다
나무라다	눈꼬리	돋우다
나뭇가지	눈두덩	돌아가다
나열	눈두덩이	동구릉
나흘날	눈초리	동그랗다(동그라네/동그랗네)
낚시꾼	느긋이	동녘
날개	-는데	동쪽
날다	늘어지다	되다(돼)
남녀	늘이다	두루뭉술하다
남사스럽다	늴리리	두리뭉실하다
남우세스럽다	닁큼	둘째
남존여비	님	뒤꿈치
낫다	다치다	뒤뜰
낱알	닫치다	드러나다
낳다	달이다	-든(가)
내(內)	담그다	-든(지)
내음	담배꽁초	들락날락
냄새	담쟁이	들랑날랑
냇가	당당이	들르다
냇물	대	듯
너그러이	대가	듯하다
너머	대구법	등물
넉넉하다(넉넉지 않다)	대단치	디귿
넋두리	대로	따님
넓적하다	대장장이	딱따구리
넙죽	-더-	딴죽

딴지	맹숭맹숭	밖에
떠들썩하다	머리말	반드시
터뜨리다	머릿기름	반듯이
터트리다	머릿돌	받치다
떡볶이	머릿방	받히다
떨구다	머무르다	밭다리
떨어뜨리다	머물다	배다
똑딱똑딱	먹거리	배불뚝이
똬리	먹을거리	백분율
뚝배기	먹음직하다	뱉다(뱉었다)
뜨락	멋쩍다(멋쩍은)	버러지
뜨이다	멍게	번(番)
뜰	메꾸다	번번이
띠다	메우다	벌어지다
띄우다	며칠	벌이다
띠다	멸치	법석
-라고	명중률	법하다
말다(마/마라/마요)	목거리	변변찮다
말다(말아/말아라/말아요)	목물	보늬
마실	못	보다
마을	못하다	복사뼈
막냇동생	묏자리	복숭아뼈
막다(막아 내다)	못자리	본새
만날	무	본의
만둣국	무시당하다	봉선화
만만찮다	문구	봉숭아
만이라도	물난리	뵈다
만치	-므로	부럼
만큼	미닫이	부엌
만하다	미장이	부조
망태	바	부치다
망태기	바동바동	북엇국
맞추다	바둑이	붇다
맞히다	바둥바둥	붙이다
맨날	바람	비계
맨송맨송	바치다	비율
맨숭맨숭	박사	빌다

빌리다	셋방	쌍둥이
빗다	소고기	쌍룡
빨갛다	소홀이	썩이다
뺨따귀	속병	쏘이다
뻐개다	속앓이	쐐다
뻐꾸기	손자(孫子)	쐬다
뻗치다	손주	쓰이다
뿐(뿐만 아니라)	솔직히	씌다
삐죽이	쇄다	씨
삐지다	쇠고기	아니요
삐치다	수	아래로
사그라들다	수꿩	아랫방
사그라지다	수놈	아름답다
사글세	수두룩하다	아무튼
사돈	수벌	아서라
사흘날	수사자	아옹다옹
산뜻하다	수소	아웅다웅
삼가다	수출량	아주
상판대기	수탉	아지랑이
새초롬하다	수탕나귀	안
새치름하다	순댓국	안성맞춤
생각하다(생각건대)	순조롭다	안절부절못하다
생긋이	숫염소	앉히다
생산량	스포츠난	알다(알다시피/아시다시피)
서	시가	알칼리양
서른다섯	시들다(시들어 가다)	앎
서슴다(서슴지)	시옷	암꿩
서울내기	시키다	암놈
선생	식히다	암사자
설거지	실몽당이	암소
섦다	실뭉치	암염소
섬뜩	실패율	암톨쩌귀
섬찟	심술꾸러기	암평아리
세	심술쟁이	애달프다
세간	심심찮다	야멸차다
세간살이	쌉싸래하다	야멸치다
세우다	쌉싸름하다	양(孃)

어구	위쪽	잠투정
어름	위층	장
어리숙하다	윗니	장군
어린이난	윗옷	장난감
어수룩하다	유유상종	장난꾸러기
어이없다	으레	저이다
어처구니없다	-으로(서)	적잖다
얼음	-으로(써)	전세방
-에는	-으므로	전셋집
-에서부터	-은/는커녕	정결히
엘랑	-음(음에)	조그맣다(조그마네/조그맣네)
여직	의논(議論)	조리다
여쭙다	의론(議論)	조용히
여태	-이다	졸업연월
연달아	이따가	좇다
연방	이쁘다	주리다
연신	-이어요	주책
연이율	-이에요	주책없다
예	이응	주책이다
예쁘다	이크	쥐락펴락
예사말	이키	지
예삿일	이튿날	지게꾼
예스럽다	이파리	지그시
-오	익숙하다(익숙지 않다)	지긋이
오누이	인사말	짓다
오뉘	일다	짜리
오뚝이	일대일	짜장면
오른쪽	일찍이	짬짬이
오른편	잇달아	쯤
오순도순	있다(있음)	찌뿌둥하다
옥수수	잎사귀	찌뿌듯하다
왠지	자두	차지다
왼손잡이	자장면	찰지다
-요	작장초	찾잔
우렁쉥이	잔	척하다
우레	잔뜩	천장
웃어른	잠그다(잠갔다)	첫돌

체
초장초
초점
총각무
추근거리다
추어올리다
추켜세우다
추켜올리다
치과
치근거리다
치르다
치켜세우다
치켜올리다
큰소리
키읔
탐탁하다(탐탁지 않다)
태껸
택견
털썩
털어먹다
토담

토란대
틈틈이
틔다
파랗다
푸르다
푸르르다
푿소
품세
피읖
피자집
핑계
-하느라고
하늬바람
하마터면
하얗다
한번
한턱내다
한턱하다
할인율
해님
해쓱하다

해죽이
해질녘
햅쌀
허드레옷
허섭스레기
허접스럽다
허접쓰레기
허접하다
홀몸
홀쭉이
홑몸
휭하니
휴게소
흙담
흩어지다
흩트리다
휑허케
히읗
히죽이

- 표준어 목록 -

가엾다	새벽녘	웃옷
간질이다	냥	위쪽
강낭콩	서럽다	위층
개방정	설거지	윗마을
곱빼기	섧다	윗목
과녁	쇠고기	윗몸
광주리	소고기	윗변
길잡이	수소	윗사람
깡충깡충	수캐	윗옷
깨뜨리다	수평아리	육개장
꼬투리	숫염소	으레
꼭두각시	시누이	-예요
끼어들기	시뉘	이쁘다
나무라다	신출내기	-(으)려고
나부랭이	쌉싸름하다	있음
느지막하다(느지막하게)	쌍둥이	재떨이
담배꽁초	아등바등	저녁놀
당기다	아서라	졸리다
돌잔치	안절부절못하다	주책
두루뭉술하다	척	지새우다
털어먹다	알은척	짜깁기
멍게	체	천장
며칠	알은체	총각무
무더기	암퇘지	케케묵다(케케묵은)
무	애달프다	피우다
미루나무	애송이	칸
바람	얄팍하다(얄팍하게)	허드레
버러지	열둘째	헛갈리다
벌거숭이	열두째	헷갈리다
봉숭아	우레	호루라기
부스스하다	움큼	
부조금	웃국	
빌리다(빌려)	윗도리	
뾰족뾰족	웃어른	

- 외래어 목록 -

가스 gas
계란프라이 fry
그리스 Greece
껌 gum
클럽 club
난센스 nonsense
내레이션 narration
넘버 number
네거티브 negative
노트북 notebook
뉴스 news
다이내믹 dynamic
다큐멘터리 documentary
댐 dam
도넛 doughnut
돈가스 (일) とんカツ
동경/도쿄 東京/Tôkyô
디지털 digita
라스베이거스 Las Vegas
랜드 land
랩 lap
레이저 laser
로봇 robot
로브스터 lobster
로켓 locket
리더십 leadership
마니아 mania
말레이시아 Malaysia
메뉴 menu
메시지 message
미스터리 mystery
바게트 (프) baguette
바비큐 barbecue
배터리 battery
버스 bus

벤치 bench
보트 boat
북경/베이징 北京/Beijing
뷔페 (프) buffet
샐러드 salad
서머스쿨 summer school
서비스 service
서비스 센터 service center
쇼윈도 show window
수프 soup
슈퍼마켓 supermarket
스낵 snack
스케줄 schedule
스케치북 sketchbook
시그널 signal
아틀리에 (프) atelier
앙코르 (프) encore
애니메이션 animation
애드리브 ad lib
어댑터 adapter
옐로 yellow
워크숍 workshop
윈도 window
제스처 gesture
주스 juice
지그재그 zigzag
차트 chart
초콜릿 chocolate
카디건 cardıgan
카운슬러 counselor
카운슬링 counseling
카페 (프) café
캐럴 carol
캘린더 calendar
커닝 cunning

커피숍 coffee shop
컬러 color
케이크 cake
케첩 ketchup
콤팩트디스크 compact disk
콤플렉스 complex
콩트 (프) conte
쿠킹 포일 cooking foil
클리닉 clinic
타깃 target
타워 tower
탤런트 talent
터미널 terminal
테이프 tape
텔레비전 television
템스 강 Thames江
톱클래스 top class
팀 team
파리 Paris
파이팅 fighting
파일 file
패밀리 family
페널티 penalty
포일 foill
프라이드 fried
프라이팬 frypan
플라자 plaza
플루트 flute
하우스 house
하이라이트 highlight
핼러윈 Halloween
햄버거스테이크 hamburg steak
헬로 hello

부록-외래어 목록 235

- 로마자 목록 -

가락 Garak	백마 Baengma	인왕리 Inwang-ri
가천대학교 Gachon (univ)	벚꽃 beotkkot	임실 Imsil
같이 gachi	별내 Byeollae	잡혀 japyeo
경기도 Gyeonggi-do	복정동 Bokjeong-dong	제주도 Jeju-do
경복궁 Gyeongbokgung	부산 Busan	종로 Jongno
광주 Gwangju	북악 Bugak	좋고 joko
광희문 Gwanghuimun	불고기 bulgogi	집 jib
구미 Gumi	불국사 Bulguksa	집현전 Jiphyeonjeon
굳이 gud-i	비빔밥 bibimbap	청량리 Cheongnyangri
극락전 Geungnakjeon	삼죽면 Samjuk-myeon	태권도 taegwondo/taekwondo
금강 Geumgang	선릉 Seolleung	팔당 Paldang
김치 gimchi/kimchi	설악 Seorak	학여울 Hangnyeoul
김포 Gimpo	성남 Seongnam	한강 Hangang
김포 공항 Gimpo Airport	세종 Sejong	한라산 Hallasan
낙동강 Nakdonggang	속리산 Songnisan	한밭 Hanbat
낚시 naksi	수정구 Sujeong-gu	한복남 Han Boknam
낚다(낚아라) nakkara	시청 City Hall	Han Bok-nam
남산 Namsan	신라 Silla	합정 Hapjeong
남한산성 Namhansanseong	신림동 Sillim-dong	합천 Hapcheon
낳지 nachi	안압지 Anapji	해돋이 haedoji
놓다 nota	알약 allyak	호법 Hobeop
다보탑 Dabotap	압구정 Apgujeong	홍길동 Hong Gildong
당산동 Dangsan-dong	앞집 apjip	Hong Gil-dong
대관령 Daegwallyeong	영동 Yeongdong	화엄사 Hwaeomsa
대구 Daegu	오죽헌 Ojukheon	흥부 Heungbu
대전 Daejeon	옥천 Okcheon	
도봉구 Dobong-gu	올림픽 공원 Olympic Park	
독립 dongnip	울릉 Ulleung	
독립문 Dongnimmun	울산 Ulsan	
만둣국 mandutguk	육개장 yukgaejang	
맞히다 machida	을지로 Euljiro/Eulji-ro	
먹는 meogneun	을지문덕 Euljimundeok	
묵호 Mukho	의정부 Uijeongbu	
물엿 mul-yeos	익산 Iksan	

참고 문헌

강희숙, 2003, 『국어 정서법의 이해』, 역락.
_____, 2007, 『시로 읽는 국어 정서법』, 글누림.
高永根, 1989, 『國語形態論硏究』, 서울大出版部.
고영근·구본관, 2008, 『우리말 문법론』, 집문당.
고창운, 2006, 『한글 맞춤법 해설과 이해』, 경진문화사.
국립국어연구원, 2001, 『국어연구원에 물어 보았어요』-국어 생활 질의응답 자료집(일반용)-, 국립국어연구원.
국립국어원, 2001, 『한국 어문 규정집』, 국립국어연구원.
국어국문학편찬위원회 편, 2004, 『국어국문학사전』, 한국사전연구사.
김광해, 2003, "기초어휘의 개념과 중요성", 『새국어생활』 13-3, 국립국어연구원.
김남미, 2020, 『더 맞춤법』, 태학사.
김동식, 1980, "현대국어 부정법의 연구", 『국어연구』 42호, 국어연구회.
김성옥, 2013, "두음법칙의 표기에 대한 고찰", 『韓國言語文學』 第88輯, 韓國言語文學會.
김정은, 1995, 『국어 단어형성법 연구』, 박이정.
김정태, 2005, 『한글맞춤법의 이해와 실제』, 충남대학교출판부.
김주미, 2005, 『현대인의 바른 국어 생활』, 경진문화사.
김진규, 2005, 『맞춤법과 표준어』, 공주대학교출판부.
김진호, 2004, 『언어학의 이해』, 역락.
_____, 2006, 『재미있는 한국어 이야기』, 박이정.
김진호·정영벽, 2012, 『생활 속 글쓰기의 어문 규범』, 박이정.
나찬연, 2003, 『한글 맞춤법의 이해』, 월인.
남기심·고영근, 1993, 『표준국어문법론』(개정판), 탑출판사.
남영신, 2002, 『나의 한국어 바로 쓰기 노트』, 까치.
남태현, 1999, 『새한글 맞춤법 띄어쓰기와 교정의 실제』, 연암출판사.
노대규, 1997, 『한국어의 감탄문』, 국학자료원.
리의도, 2004, 『이야기 한글 맞춤법』(다듬판), 석필.

리의도, 2005, 『올바른 우리말 사용법』, 예담.
문교부, 1988, 『국어 어문 규정집』, 대한교과서주식회사.
미승우, 2000, 『새 맞춤법과 교정의 실제』, 어문각.
박갑수, 1994, 『올바른 언어생활』, 한샘출판사.
_____, 1999, 『아름다운 우리말 가꾸기』, 집문당.
박종덕, 2008, 『한글 맞춤법 연구』, 파미르.
배주채, 2011, 『국어음운론개설』(개정판), 신구문화사.
서덕주, 2013, 『한글 맞춤법과 어법』, 형설.
서정수, 2005, 『한국어의 부사』, 서울대학교 출판부.
성기지, 1997, 『맞춤법 사슬을 풀어주는 27개의 열쇠』, 박이정.
_____, 2000, 『생활 속의 맞춤법 이야기』, 역락.
송철의, 1993, "자음의 발음", 『새국어생활』 3-1, 국립국어연구원.
신지영, 2011, 『한국어의 말소리』, 지식과 교양.
신지영 외, 2012, 『쉽게 읽은 한국어학의 이해』, 지식과 교양.
신지영·차재은, 2003, 『우리말 소리의 체계』, 한국문화사.
신창순, 1992, 『국어정서법연구』, 집문당.
연규동, 1998, 『통일시대의 한글맞춤법』, 박이정.
유태영, 2007, 『한글 맞춤법』, 신구문화사.
유현경, 1997, 『국어 형용사 연구』, 한국문화사.
이관규, 2005, 『학교 문법론』(개정판), 월인.
이관규 외, 2012, 『차곡차곡 익히는 우리말 우리글 1, 2』, 박이정.
이삼형 외, 2112, 『독서와 문법』, 지학사.
이선웅, 2002, 『우리말 우리글 묻고 답하기』, 태학사.
이선웅·정희창, 2010, 『우리말 우리글 묻고 답하기』, 태학사.
이성구, 2004, 『띄어쓰기 사전』, 국어닷컴.
이성복, 2003, 『우리말 바른 표기』, 세창미디어.

이승구, 2001, 『띄어쓰기 편람』, 대한교과서주식회사.
이승재, 1993, "모음의 발음", 『새국어생활』 3-1, 국립국어연구원.
이은정, 1988, 『한글맞춤법 표준어 해설』, 대제각.
이익섭, 1992, 『국어표기법연구』, 서울대학교 출판부.
_____, 1997, "로마자 표기법의 성격", 『새국어생활』 7-2, 국립국어연구원.
_____, 1997, 『한국의 언어』, 신구문화사.
_____, 1999, 『국어문법론강의』, 학연사.
_____, 2002, "띄어쓰기의 현황과 전망", 『새국어생활』 12-1, 국립국어연구원.
이종운, 2006, 『국어의 맞춤법 표기』, 세창출판사.
이주행, 2013, 『어문 규범의 이해』, 보고사.
이진호, 2012, 『한국어의 표준 발음과 현실 발음』, 아카넷.
이현복, 1997, 『한글 맞춤법 무엇이 문제인가』, 태학사.
이호권·고성환, 2017, 『맞춤법과 표준어』, 한국방송통신대학교출판문화원.
이희승·안병희, 1989, 『한글 맞춤법 강의』, 신구문화사.
_____, 2010, 『한글 맞춤법 강의』(증보), 신구문화사.
정경일, 2012, 『국어 로마자표기의 오늘과 내일』, 역락.
_____, 2016, 『외래어 표기법』, 커뮤니케이션북스.
정희성, 2002, "틀리기 쉬운 띄어쓰기", 『새국어생활』 12-1, 국립국어연구원.
정희원, 2000, "새 로마자 표기법의 특징", 『새국어생활』 10-4, 국립국어연구원.
정희창, 2007, 『우리말 맞춤법 띄어쓰기』, 랜덤하우스코리아.
조영희, 1988, 『새 한글맞춤법 띄어쓰기의 이론과 실제』, 신이출판사.
최병선, 2005, 『좋은 글의 시작 올바른 맞춤법』, 동광출판사.
_____, 2009, 『교양의 조건 한글 맞춤법』, 역락.
최윤곤·김성주, 2013, 『한국어 어문 규정 입문』, 한국문화사.
한재영·안병희 외, 2018, 『보정 한글 맞춤법 강의』, 신구문화사.
허재영, 2011, 『나는 국어의 정석이다』, 행성:B잎새.

한국어 어문 규범의 이해와 평가

초판 1쇄 인쇄일	| 2025년 6월 7일
초판 1쇄 발행일	| 2025년 6월 13일
지은이	| 김진호
펴낸이	| 한선희
편집/디자인	| 정구형 이보은 박재원 안솔비
마케팅	| 정진이 근지은
영업관리	| 정찬용 한선희
책임편집	| 안솔비
인쇄처	| 으뜸사
펴낸곳	| 국학자료원 새미(주)
	등록일 2005 03 15 제 395-3240000251002005000008 호
	경기도 고양시 덕양구 권율대로 656 클래시아더퍼스트 1519, 1520호
	Tel 02)442-4623 Fax 02)6499-3082
	www.kookhak.co.kr
	kookhak2010@hanmail.net
ISBN	| 979-11-6797-238-5 *93700
가격	| 18,000원

* 저자와의 협의하에 인지는 생략합니다.
　잘못된 책은 구입하신 곳에서 교환하여 드립니다.
　국학자료원·새미·북치는마을·LIE는 국학자료원 새미(주)의 브랜드입니다.

이 저서는 2024년도 가천대학교 교내연구비 지원에 의한 결과임. (GCU-202405900001)